기묘한 일본 풍속을 알면 일본의 국민성이 보인다!

게이샤의 첫날밤에서
사무라이 할복까지

이 책의 내용은 임진왜란 전후 사정을 주요 줄거리로 하면서 고대부터 현대까지 일본의 이면 풍습이 시공을 초월하여 망라되어 있다. 사실에 근거를 두고 엽기적인 야사와 문화에 천착하였으되, 등장인물 묘사에는 가공을 가미하였다. 일부 실존인물에 대한 희화화는 온전히 상상의 표출로써 독서의 재미로 삼았다.

게이샤의 첫날밤에서
사무라이 할복까지

초판 1쇄 인쇄 • 2019년 08월 15일
지은이 • 박동균
펴낸이 • 이승훈
펴낸곳 • 해드림출판사
주 소 • 서울 영등포구 경인로82길 3-4(문래동1가 39)
　　　　센터플러스빌딩 1004호(우편07371)
전 화 • 02-2612-5552
팩 스 • 02-2688-5568
E-mail • jlee5059@hanmail.net

등록번호 • 제2013-000076
등록일자 • 2008년 9월 29일

* 책값은 표지에 있습니다
* 잘못된 책은 바꿔드립니다

ISBN 979-11-5634-361-5

기묘한 일본 풍속을 알면
일본의 국민성이 보인다!

게이샤의 첫날밤에서 사무라이 할복까지

박동균 지음

무차별 쏟아내는 일본인의 험한 발언
한글을 일본이 만들었다고 주장하는 엽기적인 일본인
한국을 혐오하면서도 한국에서 신나게 장사하는 일본인
전쟁터에서 굶주리고 목마른 자국 병사들에게 밥과 물을 팔았던 일본인 등.
이 기묘한 습성에는 일본의 엽기적 문화가 깔려 있다.

해드림출판사

목차

1
혼욕에서 매춘으로

· 절간에 나뒹구는 가마꾼의 목 ———————— 10
· 조선 땅, 대마도 ———————————————— 14
· 생전 장례식의 붉은 묘비명 ————————— 21
· 뒤로 앉아 똥 누는 왜인들 —————————— 26
· 문文의 배신과 무武의 우라기리 ——————— 32
· 백 년 묵은 쥐, 도요토미 히데요시豊臣秀吉 ——— 36
· 행불 처리된 오다 노부나가織田信長 —————— 42
· 혼욕과 여탕의 남자 때밀이 ————————— 51
· 깨어진 다기의 유행 ————————————— 57
· 임진왜란을 막으려다 할복한 다장茶匠 ———— 62
· 히데요시를 경멸한 명인의 최후 ——————— 68
· 눈꺼풀을 가위로 자른 스님 ————————— 72
· 다도의 첫 번째 의식은 개구멍 통과 ————— 77

2

성애性愛와 할복

- 마음만 먹으면 처제, 시아주버니하고도 ------- 84
- 일본으로 망명한 양귀비 ------------------ 89
- 첫날밤에 반드시 날계란을 찾는 이유 -------- 96
- 봄가을엔 청춘 남녀가 산에 올라 집단 섹스 ---- 103
- 이혼 신청은 절에서 -------------------- 112
- 자장가를 부르면서 아이를 죽이는 어미들 ----- 117
- 소원 성취하려 절에서 투신자살 ------------ 121
- 일 년 운세가 모두 같은 일본인 ------------- 125
- 담배 피우는 꿈이 길몽 ------------------ 129
- 자신의 목을 베어 땅에 묻는 사무라이 -------- 135
- 공부의 신과 천둥의 신, 그 정체 ------------ 143
- 시아버지와 맞담배질하는 며느리 ---------- 148
- 조선 장기將棋는 살육전, 일본 장기는 휴머니즘 -- 153
- 사무라이 복수 종결편 ------------------ 157

3

가미카제와
엽기 상혼商魂

- 가미카제神風의 실상 —————————— 166
- 도라! 도라! 도라! —————————— 172
- 까마귀 천국 일본의 심벌 삼족오 ————— 178
- 변조의 달인 ———————————— 184
- 당파와 바꾼 국운國運 ————————— 190
- 김성일의 최후, 논개와 개다니무라 ———— 197
- 전쟁보다 급한 호랑이 사냥 ——————— 206
- 왜란 선봉대장은 전쟁 반대파 —————— 211
- 이순신을 파직시킨 왜군 스파이 ————— 217
- 120cc와 420cc의 전쟁 ————————— 222
- 죽어가는 병사에게 물을 파는 상인 ———— 227
- 조선인은 강아지 일본인은 고양이 ———— 231

4

세오녀와 알몸의 기모노

- 왜놈의 별명 이비 ―――――――――――― 241
- 임진왜란은 인신매매 왜란 ――――――――― 249
- 천상여신으로 일본에 강림한 세오녀細烏女 ――― 255
- 알몸에 입어야 하는 기모노 ――――――――― 261
- 다꾸앙은 조선 스님 이름, 고구마는 일본어 ―― 266
- 개고기 포식 국가 일본, 말고기 즐긴 조선 ――― 273
- 한국인도 야스쿠니靖國 신사 참배해야 ―――― 278
- 장인정신이 일본에 왓쇼이! 왓쇼이! ――――― 285
- 일본 천황이 된 의자왕의 아들 ――――――― 291
- 손톱깎이로 조선인 대학살 ――――――――― 297
- 참새 혓바닥을 자르는 할머니 ―――――――― 301
- 마루타 생체실험으로 만들어 낸 정로환 ――― 308
- A형 혈액형으로 뭉쳐가는 일본 ―――――――― 315

에필로그 - 백말띠 여자에 관한 진실 혹은 거짓 ―― 321

1. 혼욕에서 매춘으로

- 절간에 나뒹구는 가마꾼의 목
- 조선 땅, 대마도
- 생전 장례식의 붉은 묘비명
- 뒤로 앉아 똥누는 왜인들
- 문文의 배신과 무武의 우라기리
- 백년 묵은 쥐, 도요토미 히데요시豊臣秀吉
- 행불 처리된 오다 노부나가織田信長
- 혼욕과 여탕의 남자 때밀이
- 깨어진 다기의 유행
- 임진왜란을 막으려다 할복한 다장茶匠
- 히데요시를 경멸한 명인의 최후
- 눈꺼풀을 가위로 자른 스님
- 다도의 첫 번째 의식은 개구멍 통과

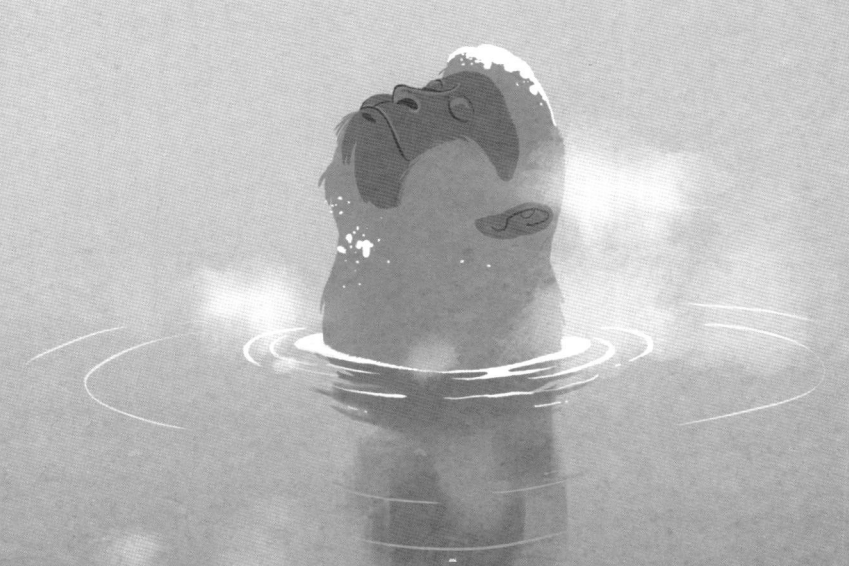

절간에 나뒹구는 가마꾼의 목

임진왜란 발발 2년 전. 일본 대마도 정원 한편 구석에 비껴들었던 햇살이 중천으로 올라서자 기다리다 지친 김 부사金副使가 재촉했다.

"어이, 역관, 빨랑빨랑 통역해 봐. 기다린 지 오래 되었는데 왜 오지 않느냐고 물어보란 말이야."

"벌써 세 번이나 물어보았는데 같은 말 자꾸 하면 쟤들이 화낼 건데요?"

"이 자슥이 확 그냥! 몇 번이고 해 봐."

다그침에 못 이긴 역관이 일본 의전 담당의 눈치를 살피며 다가갔다.

"야, 우리 부사께서 재촉하는 바람에 나도 할 짓이 아니다. 그래 너희 대마도 도주島主인지 동동주인지 어디쯤 왔나 말해 보거라."

"저기 오네데스. 들어온다데스."

가리키는 쪽을 바라보자 고쿠분사國分寺 마당 한가운데로 가마를 맨 왜인들이 땀을 흘리며 들어오고 있었다. 이윽고 가마가 멈추자 문이 열리며 사무라이 풍의 사나이가 불그스레한 얼굴을 의기양양하게 내밀었다. 대마도 측 영접관인 소 요시토시宗義智이다.

그때 김성일 부사 옆에 서 있던 선전관 겸 호위 무관인 황진이 걸걸한 목소리로 말했다.

"부사 영감. 이런 방자한 일이 어디 있소. 저놈을 그냥 확 베어 버리겠소이다."

불같은 성격의 황 무관인지라 이미 손은 칼자루에 가 있었다. 정사正使 황윤길이 조용히 손을 들어 제지했지만 김성일이 자리를 박차고 일어섰다. 그도 그럴 것이 대마도가 어디인가. 세종 때 삼군도제찰사 이종무가 정벌한 이후 줄곧 조공을 바치며 쌀을 얻어 연명해 가는 자들이 아닌가. 그런데 조선 통신사의 접대를 이렇게 홀대하다니. 그리고 이건 또 뭔가. 우리더러는 산문 밖 멀찌감치 가마에서 내려 걸어 들어가라고 해 놓고선 정작 손님맞이를 할 자기네들은 가마를 타고 법당 코앞까지 들이닥치다니.

김성일이 곁에 있던 외교문서 담당인 종사관 허성에게 말했다.

"저놈의 무례를 용서할 수가 없구려. 퇴장합시다."

"아니, 대감, 어쩌시려고… 허."

허성이 우물쭈물하는 사이 대마도주가 가마에서 내렸다.

두세 걸음 움직이던 도주가 분위기를 살펴보니 상단의 조선 사절단들의 얼굴이 붉으락푸르락 심상치 않았다.

"무슨 일인가데스"하고 얼굴 붉은 도주가 물었다.

역관이 통역하자 김 부사가 언성을 누르며 말했다.

"아무리 섬나라의 못 배워먹은 풍습이라고는 하나 이렇게 늑장을 부리는 이유는 무엇인가. 그리고 우리더러는 가마에서 내려 들어가라고 해놓고 너는 왜 가마를 타고 안까지 들어오느냐. 그리고 가마에서 내리는 그 거만한 태도는 또 무엇이냐, 일말의 미안함도 전혀 느끼지 못하는 얼굴이 아니냐!"

'왜 늦었느냐, 왜 가마 타고 안까지 들어왔느냐, 미안하다고 해라'

역관이 도주의 눈치를 보며 띄엄띄엄 짧게 통역을 마치자 김 부사의 불호령이 떨어졌다.

"네 이놈, 내가 한말 토씨 하나도 빠뜨리지 말고 그대로 전하지 못하겠느냐!"

눈을 부라리며 호통을 치자 움찔한 역관이 다시 한 번 천천히 되풀이했다.

대마도주는 빤히 역관의 얼굴을 바라보며 말귀를 알아들었다는 듯 느린 어투로 말했다.

"잘 전해라. 내가 늦은 것은 이놈들 가마꾼의 발걸음이 늦어서 그랬다. 이놈들이 꾸물거리지만 않았더라도 벌써 도착을 했을 터인데…… 그리고 가마를 안에까지 들어오게 된 것도 이놈들의 불찰이다. 내가 자꾸 재촉을 했더니 그만 안에까지 들어오고 말았다. 사과하는 뜻으로 내가 이놈들에게 벌을 내리겠다."

역관이 통역하는 사이에 대마도주는 가마꾼들을 앞으로 나오게 하더니 무릎을 꿇렸다. 그리고 느린 어투가 이어졌다.

"네놈들이 꾸물거리는 통에 대조선 사신들이 노했다. 너희 주군인 나에게 이런 치욕스러운 일을 당하게 했으니 목을 내놓아라."

 조용했지만 위엄이 있었고 거스를 수 없는 목소리가 주위를 압도했다. 이 말을 채 통역하기도 전에 가마꾼들이 일렬로 늘어앉았다. 대마도주가 칼을 빼 다가가도 그들은 미동도 하지 않고 앉아 있었다. 일순 법당의 분위기가 찬물을 끼얹은 듯 조용했다. 한 사람의 목이 시뻘건 피를 튀기며 쓰러지자 다음 사람이 목을 내밀었다. 누구 하나 울부짖거나 살려달라거나 도망을 치려거나 하지 않고 흐트러짐 없는 자세로 주군의 칼을 받을 자세로 목을 늘어뜨리고 있었다. 법당 안의 조선 사절 단원들은 아연실색하였다. 살생이 금지된 사찰의 안마당에서 피보라를 일으키며 잘려 나가 뒹구는 왜인의 목을 보고 있자니 모골이 송연하여 벌린 입을 다물지 못했다. 더구나 김성일은 자신의 항의로 인해 불쌍한 가마꾼들이 죽어가는 모습을 보고 망연자실했다.

 네 명이나 되는 가마꾼들이 죽어 나갈 동안에 조선 사신들은 꼼짝도 하지 못한 채 그 광경을 지켜보아야만 하였다. 화사한 햇살 아래로 이따금 불어대는 봄바람에 벚꽃 잎이 무심히 떨어지고 있었다. 칼에 묻은 피를 닦고 나서 대마도주가 조선 사신들을 향했다.

"이제 들어가도 되겠습니까?"

 때는 1590년 4월, 임진왜란이 일어나기 꼭 2년 전의 일이었다.

조선 땅, 대마도

　이곳 왜나라에 와서 느낀 점은 왜인들도 조선인과 얼굴 생김새는 같은데 행동거지는 딴판이었다는 것이다. 조선인들에게는 걸음걸이나 말투에서 거침없는 호연지기가 느껴지는데, 왜인들은 자세를 움츠리고 항상 상전 앞에 서 있는 노비의 자세였다. 대화를 할 때도 상대방의 말끝마다 고개를 연신 아래위로 주억거리는 꼴이 경박스러워 보이기는 하나 우선은 상대의 마음을 헤아려 주는 것 같아 기분은 좋았다. 가벼운 웃음을 띠며 최대한 겸손하려는 자세, 그것만큼은 조선인과 달랐다.
　그러던 차에 일어난 가마꾼 즉결처분은 이제까지의 생각을 일거에 무너뜨릴 만큼 소름 끼치는 사건이었다. 웃음 뒤에 감춰진 섬뜩한 사무라이의 칼날을 보고 등줄기에 전율이 일어났다.
　갈매기가 노니는 바닷가로 나온 역관은 지난번 가마꾼 즉결처분 때부터 알게 된 왜나라 역관을 불렀다.
　"어이, 거기 일본 통역, 잠깐 보세."

"그대는 조선의 역관 아니신가? 오늘은 홀로 유유자적하니 웬일이신가?"

"이곳 대마도에서 바라보는 정경이 너무 아름다워 시 한 수 읊으려고 나왔다. 그대도 한 수 읊으려나?"

"조선보다 왜나라는 문文보다는 무武쪽을 숭상하다 보니 문장력이 빈약하여 시를 읊기는 좀…."

"그렇지? 하기야 가는 곳마다 우리가 지은 문장을 서로 차지하려고 난리를 칠 때부터 알아봤다만…. 나는 처음에 사인 받으려고 몰려드는 줄 알고 내 이름을 멋있게 휘갈겨 줬잖아. 그래도 그게 진귀한 거라고 줄을 서는 바람에, 역시 한류 붐이 다르긴 다르다고 생각했었지. 험험, 근데 너희 대마도는 우리 조선의 속국이면서 어찌 그리 미개하더란 말이냐?"

"저희가 좀 그렇죠?"

"미개하고 미천하고 문화도 다르고. 조선의 영토이면서도 좀 그렇구나."

"대마도가 조선의 영토라니 무슨, 아실만한 위치에 계신 분이 어찌 그런 소리를…."

"들어 봐, 너희 대마도가 역사적으로 우리 조선 영토라는 걸 이야기해 줄 테니까 잘 들어. 우선 대마도를 너희는 쓰시마라고 하잖느냐? 그 쓰시마라는 이름이 사실은 조선어라는 말이거든."

"무슨 귀신 씻나락 까먹는 소리를 계속하시는지…."

"너희 대마도가 섬이 두 개잖아. 그래서 조선인들은 예부터 두 섬이라고 불렀어. 그리고 조선 땅에서 보면 두 말이 서로 쳐다보고 있는 것 같다고 대마도라고도 하고 또 마한馬韓 땅과 마주보고 있는 섬이라고 해서 대마도라고도 했던 거야. 어쨌든 두 섬이라 부르면서 그 '두'라는 발음이 '뚜'로 변했다가 '쓰'로 바뀌었고 '섬'이 '서머'로 그다음에 '시마'로 차츰 변했단 말이다. 그리고……"

"그리고?"

"거리상으로 따져 보자. 부산 앞바다 태종대나 용두산 공원에서 바라보면 대마도가 훤히 보인다. 너희 집 안마당까지 다 보이고 네가 젓가락으로 다꾸앙 집는 것까지 다 보인단 말이다. 그런데 너희 일본 본토에서 보면 대마도가 보이냐? 안 보이잖아. 그럼 생각해 봐라. 보이는 쪽에서 사람이 건너왔겠냐? 안 보이는 쪽에서 왔겠냐? 내가 이곳에 오기 전에 조사한 게 있는데 부산 영도 태종대 끝에서 대마도까지가 26.5리, 그러니까 미터법으로 49.5킬로미터인데 비해 일본 큐슈九州에서 대마도까지는 47리, 147킬로미터나 된다. 그리고……"

"그리고?"

"문헌상에도 대마도는 경상도 계림땅으로 되어 있는 거야. 고려 때는 너희 번주藩主에게 대마도주 도절제사 겸 판중추부사라는 관직도 주었고 결정적인 것이 세종대왕 9년에 병조판서 조말생이 대마도주에게 보낸 항복권고서 가운데 '대마도는 본디 경상도 계림 소속으로 조선 땅인데 너희가 왜 그리 깝죽거리고 돌아다니느냐, 죽을래?'하고 기록되어 있단 말이다. 그전에도…"

"그전에도?"

"그러니까 세종이 즉위하자마자 너희가 왜구가 되어 연평도에 들어와 난리를 쳤잖냐. 감히 조선 군선을 일곱 척이나 불 지르고 약탈을 해대니까 '이것들 안 되겠다, 손 좀 봐야겠다.' 해서 박살을 낸 적이 있지. 그때 중신회의에 옵서버로 내가 참석했었지. 들어볼래?"

상왕上王 태종은 격노했다.

'대마도는 조선의 땅임에도 바닷길이 멀고 땅이 척박할뿐더러 사람 살 곳이 못 된다 하여 방치해 두었더니 어느 때부터 왜국의 부랑자들이 모여 살기에 측은히 여겨 미곡을 하사하였는데 감히 노략질을 하다니… 이놈들을 그냥. 오늘 중신회의에 참석하여 왜구 놈들을 응징하라는 명을 내려야지, 안 되겠다.'

상왕이 상석에 자리하고 세종이 중신회의를 주관했다.

"중신들의 생각은 어떻소. 쓰시마, 그러니까 대마도 저것들이 감히 우리 연평도까지 들어와 연평해전을 일으키다니. 잠수함을 보내서 박살을 내고는 싶은데 전작권 문제도 걸려 있어서… 그대들의 기탄없는 생각을 말해보시오."

"참, 전하도 답답하십니다요. 아니 생각하고 자시고 할 게 있는가요? 미사일을 장착한 최신예 이지스함인 세종대왕함을 보내서 이번 기회에 싹 쓸어버립시다. 이럴 때 쓰라고 전하의 이름을 붙인 거 아니겠습니까?"

"그러고는 싶지만 지금 우리가 군사를 대마도로 보내면 두만강 쪽 경계가 허술해져서 곤란한데…."

"제게 기발한 아이디어가 있습니다. 사형수들을 모아서 실미도

1. 혼욕에서 매춘으로   17

에다 대마도 정벌 특수부대를 만들고 안성기 대장을 임명하는 것이… 설경구를 선발대로 해서….”

"무슨…기탄없이 이야기하라고 했지만 그래도 그렇게 막 지껄이면….”

이때 상왕이 나섰다.

"험험, 내가 한마디 하리다. 내가 현직에서는 은퇴하였다고 하나 상왕으로 아직 병권을 쥐고 있으니 군사를 움직이는 것은 내 권한이오. 이번 참에 화끈하게 대마도 접수하더라고.”

"아바마마. 대마도는 바다 건너이고 우리 군선도 그리 많지 않은데, 이게 무슨 선죽교에서 정몽주 때려잡는 식도 아니고. 그렇게 막가파식으로 하시면….”

"아니 금상今上은 똥 마려운 강아지마냥 뭘 그리 안절부절못하는 게요? 혹시 임기가 끝난 후 거주할 땅을 대마도에 아들 이름으로 슬쩍 사놓은 거 아니오?”

"제가 백성의 혈세인 국고를 그렇게 막 쓰는 천하의 망나니로 보이시다니요. 흑흑. 그게 아니라, 지금 제 머릿속에는 어린 백성들을 위해 훈민정음을 만들려는 구상으로 가득 차 있는데… 이럴 때 자꾸 싸움을 하면 구상이 흐트러지니까….”

"'나랏말싸미 듕귁에 달아… 어린 백성이 니르고져 할빼있어도….'

그거? 금상이야 성군聖君이니 거기에 올인 해야겠지만 나는 이미 왕자의 난에다 정몽주 테러 사건으로 낙인찍힌 사람이니 내가 총대를 메리다. 어이, 이종무 장군!”

"옛, 장군 이종무!"

"다음 달 6월에 출진해랏!"

"신 이종무! 명 받들어 출진하겠습니다. 충성!"

"어디 보자. 가능한 동원 군사와 군선이 얼마나 되는가 보자. 내가 이렇게 스마트폰에 저장해 놓고 매일 체크하잖냐. 군사 17,285명에다가 배는 234척이네. 됐지? 이 정도면."

"227척입니다. 지난번 왜구 침략 때 7척이 소실되었습니다."

"그래? 이거 최신 스마트폰인데 어째 정보가….."

"그리하여 이종무는 대마도에 출전하여 초토화를 시켜버렸지. 선박 109척을 불태웠고, 1,939채나 되는 가옥을 없앴고 항복안하고 깝죽거리는 놈들만 도륙했는데 그 숫자는 114명. 손바닥만 한 섬에 말 그대로 쓰나미가 휩쓸고 간 지경으로 만들었던 거야.

그런데도 정신을 못 차렸던지 또 노략질을 해댄 거야. 성종 때 동국여지승람에는 '고거, 대마도. 옛날부터 우리나라 땅이었는데 어느 때부터 저노무시키들이 살게 되었는지 도통 알 수 없네. 확 쓸어버릴까?'라고 쓰여 있단 말이다. 그리고……"

"그리고?"

"너 김정호 알지?"

"김정호? 가수 김정호? 알지. 요즘 한류 붐이잖냐."

"김정호하고 한류하고 무슨… 그 김정호가 아니고 대동여지도를 그린 김정호 말이야. 그게 1860년대에 그린 지도인데 대마도가 조선 영토라고 나온다니까."

"우리들 이야기 전개가 아직 그 시기까지 가지 않았는데… 어쨌든 알았어. 근데 그래서 어쩌라고?"

"그리고 지금도 우리 조선에 조공을 바치고 있잖냐. 근데 너네 대마도주인지 뭔지 하는 자는 어째서 그렇게 건방지냐고. 너희 도주 이야기만 하면 소름이 끼치고 목이 탄다. 물 한 잔 마시고 하자."

생전 장례식의 붉은 묘비명

"저번에 너희 도주가 가마꾼을 즉결 처분한 거 말이야. 잘못은 자기가 해 놓고 무고한 가마꾼들의 목을 아무렇지도 않게 댕강 잘라 내다니. 그것도 감히 조선통신사 면전에서 말이야. 무슨 사람 목숨이 파리 목숨도 아니고…."

"나도 그렇게 생각하지만, 우리 주군이 대의명분을 위해서 그렇게 했다고 하는데 어찌하겠냐. 죽은 놈만 불쌍하지. 그래도 주군이 죽은 자들의 영혼을 잘 모시라고 해서 잘 모셔 두었다."

"아무리 그래도 그렇지 죽고 나면 무슨 소용 있냐? 그 사람들도 처자식이 있고 그럴 텐데…."

"그야 그렇지만 우리에게도 법도라는 게 있으니 어쩔 수 없지."

"너희 나라에서는 잘못을 저지르면 그렇게 목을 쳐야 되는 법도만 있냐? 우리처럼 곤장으로 다스린다든지 하는 게 없어?"

"왜 없겠냐. 아스카飛鳥 시대부터 내려오는 형벌이 있어. 형벌로는 태笞 장杖 도徒 류流 사死의 5종류가 있지. 태와 장은 채찍형이고 도는 징역, 류는 유배, 사는 사형이야."

"그거 우리 조선 거네. 조선 거 수입했구나."

"잉? 조선 거였어? 중국에서 수입해 온 걸로 아는데?"

"싼 티 나게 중국산을… 우리 조선산이 퀄리티가 있지."

"아냐. 이건 중국에서 직수입한 거래. 710년에 만든 대보율령大寶律令에는 형벌에 관한 내용이 기록되어 있는데 중국 법을 모방해서 만든 것이래. 어쨌든 엊그제 죽은 그 친구들은 사형에 해당하는 죄인지라 목을 친 거야."

"하기야 너네 대마도는 예로부터 우리 조선에 조공을 바치던 속국이던 터라 우리 통신사에게 결례를 했으니 그보다 큰 죄가 또 어디 있겠냐. 이해가 간 간다마는 지가 잘못해놓고 애매한 가마꾼들을 죽이는 걸 보니 영 상종 못 할 놈들이야 그치?"

"그런 것 같기도 하고 아닌 것 같기도 하고…."

"쯧, 예부터 대마도인들은 줏대가 없고 간사하고 털끝만 한 이익만 보면 죽을 둥 살 둥 모르고 달려든 다더니 너를 보니 대충 알겠다."

"조선과 일본의 중간에 끼어 살다보니 그렇게 된 걸 어쩌겠습니까? 그냥 봐주세요. 그건 그렇고 저기 저 공동묘지에 왼쪽에서 세 번째 네 개의 비석이 나란히 보이지. 저게 어제 목이 달아난 가마꾼들을 위해 새로 만든 묘야."

"아니 집 바로 앞에 비석이 즐비하게 있는 저곳이 공동묘지란 말이냐? 하긴 가는 곳마다 마을 한가운데에 비석들을 잔뜩 세워놓았더라만 그게 공동묘지였구나. 제대로 된 봉분도 없는데 묘비만 늘어놓았군. 그럼 어제 죽은 자들의 시체를 여기 묘비 아래에 묻었단 말이지? 나도 가서 묵념이라도 해야겠다. 그렇지?"

"그건 알아서 하고. 근데 왜 시체를 여기에다 묻냐? 너희 조선은 그런 식으로 하냐? 우리 왜에서는 그렇게 하지 않아. 화장을 하고 유골만 이곳에 묻는 거야. 죽은 사람의 유골을 자택에 두는 기간은 49일까지야. 49일까지 묘지를 정하지 못하면 절에 맡기지. 묘지가 너무 비싸 절이나 납골당에 맡기는 경우가 일반적이야. 죽은 저 친구들은 그래도 복 받은 거야. 저렇게 묘지도 만들어 주었으니…."[1]

"이런 해괴한 장묘문화를 보았나. 어떻게 유해가 없이 뼛가루만 넣은 묘가 있을 수 있단 말인가."

"무얼 그것으로 그렇게 놀라나? 아예 유골도 없는 묘도 있고, 심지어…."

"심지어?"

"아직 살아 있는 사람의 장례식을 지낸 후에 묘비를 세우는 일도 있는데."

"목숨이 살아있는 사람을 장례를 치르고 묘비를 세운다고? 어떻게 그게 가능하냐? 엊그제 죽은 가마꾼들처럼 언제 죽을지 모르니 미리 당겨서 하는 거냐?"

"아니, 예순이나 칠순이 넘은 사람 중에 간소하게 장례식을 한단다. 실제로 친구나 친척들이 와서 영정 앞에 꽃을 바치고 하는 거지. 그런 다음에 공동묘지에 묘비를 세우는데 아직 살아 있으니 붉은 글씨로 이름을 새겨. 나중에 죽게 되면 유골을 묻고 붉은 글씨를 벗겨내는 거지. 엊그제 우리 아버지도 생전 장례식[2]을 했어."

"참으로 기괴하구나. 산 사람을 어떻게."

"묘비에는 죽은 사람의 영혼이 깃들어 있는 거야. 몸은 죽으면 아무것도 아니야. 그냥 썩어 없어지는 것이지. 그러나 영혼은 몸을 떠나서 자신의 이름을 새긴 이 묘비에 들어가는 거야. 그래서 항상 우리와 함께 사는 것이고. 지금도 영혼들이 우리 주위를 맴돌고 있는 거야.

죽어도 함께 하는 거니까 죽음에 대해 초연한 거지. 가마꾼들 죽을 때 표정 봤잖아? 웃음을 머금고 목을 내놓은 것을… 호호호."

---

1) 중국의 삼장법사로부터 사사를 받고 일본에 돌아와 포교에 전념한 승려 도소道昭는 70세로 세상을 뜨면서 화장을 하라고 유언하게 되는데 이것이 화장문화의 시초이다. 도소를 존경하던 지토持統천황도 천황으로서는 처음으로 화장을 하였다. 702년경에 시작된 일본의 화장문화는 현재 백퍼센트에 이른다.

2) 일본의 생전 장례식은 현대에도 실행되고 있다. 이제껏 살아오는 동안 여러 사람들에게 신세진 것에 대해 감사하다는 마음을 되새기고자 하는 차원에서 행하는 것으로, 일반 장례식과는 달리 이벤트적 성격이 농후하다. 뷔페식 분위기에다 가라오케를 곁들이고 주최자의 자서

전을 배부하기도 한다. 대체적으로 교제 범위가 넓은 사회인이 활동을 접으면서 은퇴기념식을 겸한다. 생전 장례식으로 사후 장례식을 대신하고 있으나 유족들에 의해 사후 장례식을 다시 하는 경우도 있다.

뒤로 앉아 똥 누는 왜인들

임진왜란 발발 1년 6개월 전. 교토京都 손톱만큼도 싸울 마음이 없었는데 싸움이 붙고 말았다.

교토 구경을 하던 중 좁다란 오솔길에서 마주 오는 사나이와 스친 것이 발단이었다. 호신용으로 들고 다니는 칼이 그 사나이의 칼과 부딪힌 것이다. 좁은 길이라서 응당 그럴 수 있는 일이거니 대수롭지 않게 '스미마셍'하고 지나치려는 역관을 사나이가 불러 세웠다.

"인마. 이게 스미마셍으로 끝날 일이야?"

험상궂은 얼굴의 사무라이는 말을 마치기가 무섭게 칼을 빼 들었다.

"에이. 아저씨. 지나가다 조금 부딪힌 것 가지고. 칼까지 빼 들고… 미안하다니깐요."

"칙쇼! 이 자식이. 안 되겠군, 자 받아라!"

막무가내로 그의 칼이 역관을 향해 돌진해 왔다. 기세로 보아 정말 사생결단할 작정이었다.

"아니, 좃또맛떼! 스미마세엥이라니까요."

사실 칼이라 해봐야 장식용으로 들고 다닐 뿐 칼싸움 한 번 해 보지 못한 역관으로서는 갑작스러운 돌발 상황에 정신이 혼미해 지고 말았다. 더구나 점심때 부사 영감과 함께 와사비 듬뿍 찍어 먹은 덴뿌라가 영 맞질 않아서인지 아까부터 아랫배가 사르르 아 파오면서 항문이 반쯤 열려 있는 지경이라 칼을 빼 들고 싸울 여 력 따윈 아예 없는 상황이었다.

하지만 상대는 가차 없이 칼을 빼고 달려들었다. 그때 번개처럼 머리를 스치는 생각이 떠올랐다. 역관으로 차출되어 일본으로 들 어가기 직전, 일본어 스승인 표류 어부 노가리 다나까는 역관을 불러 앉혀놓고 심각한 얼굴로 말했다.

"너 내 말 잘 들어야 일본에서 살아 돌아온다!"
"무슨?"
"일본에 가서 사무라이들을 만나면 절대로 시비를 걸지 마라. 시비 걸면 십중팔구 너희는 죽는다."
"호~."
"거짓말 아니다. 사무라이들은 밥 먹고 검법만 연마한 사람들이 다. 그 집 사람들은 8세만 되면 어김없이 칼을 차고 다닌다. 너희 조선 아이들이 종이에다 하늘 천 따지 천자문 쓸 때 사무라이 아 이들은 칼로 종이 베는 연습을 한다. 너희처럼 책이나 읽고 잔머 리 굴리는 사람들 아니다. 칼에 살고 칼에 죽는다."

"호~"

"또한 그들은 명예를 하늘처럼 여긴다. 그러니 사무라이들에게 쪽발이가 어떻다느니 게다짝이 어떠니 하면 안 된다. 특히 조선식 욕을 삼가라."

"조선식 욕이라니?"

"조선 욕은 일단 개가 한 마리 들어가야 제법 욕이 되고 남녀 성기가 삽입되어야 욕다운 욕이 되어 간에 기별이 조금 온다, 맞지?"

"그러긴 하는데, 일본 욕은 달라?"

"일본 욕이라 해봐야 서너 가지밖에 없다. 칙쇼! 빠가야로! 쿠소! 뭐, 이 정도. 조선처럼 다양한 욕이 발달하지 않았어. 이거 하난 우리가 자랑할 만하지."

"근데 그게 무슨 뜻이냐?"

"칙쇼는 한자어로 축생畜生인데 짐승을 가리키는 것이고 빠가야로는 바보! 쿠소는 똥!"

"똥? 그게 욕이냐. 이런 똥! 이러면 상대방이 열 받는 거야?"

"칙쇼가 제일 무서운 욕이지. 그다음이 빠가야로!"

"짐승? 하긴 짐승이라고 하면 욕이 될 것도 같긴 한데, 아닌 것 같기도 하고."

"사람보고 짐승이라는데 욕이 아니라고?"

"야, 요즘 조선에서는 짐승남이라고 하면 야성적이고 멋진 남자를 가리키는 말이야. 그리고 여자가 남자 가슴을 토닥토닥 치면서 '이런 바보! 바보!' 라고 하면 그게 아양이지 욕이냐? 적어도 개나 쌍이나 성기 하나쯤 걸쭉하게 넣어야 듣는 사람 심금을 조금이라도 울리는 거 아니냐고."

"어쨌든 사무라이의 칼날 앞에서는 욕이 발달할 수 없는 사정을 헤아려 왜 나라에 가면 사무라이 앞에서 욕하지 마라. 또 하나 명심해야 할 일은 조금이라도 사무라이의 칼을 건드리지 마라. 그 칼은 단순한 칼이 아니라 영혼이 깃든 신물神物이다. 일본인들은 칼을 조상 모시듯 한다. 사시미 뜨는 주방장도 회칼은 목숨보다 소중히 여긴다. 사무라이를 만나 어쩔 수 없이 싸움이 벌어지면 일단 도망가라."

"고단수 검법을 쓰는 사무라이에게서 도망가라고? 그게 가능해?"

"좃또맛떼! 하고 고함을 지르고는 등을 돌려 도망치면 목숨은 건질 거다."

이판사판이었다. 그 말을 의심하고 자시고 할 계제가 아니었다. 역관은 사무라이를 향해 소리쳤다.

"좃또맛떼~!"

사무라이가 주춤하는 사이에 역관은 냅다 돌아서서 내빼기 시작했다.

"이 자식이. 거기 안 서?"

쫓아오는 사무라이를 뒤로하며 걸음아 날 살려라 하고 뛰었다. 태어나서 처음으로 정말 열심히 뛰었다. 사무라이의 모습이 보이지 않자 다시 배가 아파왔다. 공동변소를 발견하고 들어섰다. 바지춤을 내리고 일을 보려는데 변소의 구조가 희한했다. 얼기설기 걸쳐놓은 나무판이 변기의 구실을 하고 있는 것이야 조선의 그것과 닮았으니 그렇다 하더라도, 앉아 일을 보는 위치가 생소하였다. 보통 일을 보려면 거적때기인 문을 열고 들어와서 다시 들어온 방향을 향해 쭈그리고 앉아야 하는데 이곳에서는 들어온 자세 그대로 앉는 구조였다. 홀라당 벗은 엉덩이를 입구 쪽으로 완전히 노출하고 앉아있으려니 일을 제대로 볼 수가 없었다.

'참으로 이 나라는 별의별 게 다 별스럽구나!'

어렵사리 일을 마치고 밖으로 나오자 날 선 눈매의 사무라이가 서 있었다. 퍼런 칼날이 햇빛을 받아 괴기스럽게 빛나고 있었다. 도망가기에는 그와의 거리가 너무 짧았다. 정신이 아득해지고 금방이라도 그의 칼끝에 피를 쏟으며 바닥에 쓰러지는 자신을 상상해보았다. 다시 배가 사르르 아파지기 시작하면서 항문이 열리기 시작했다.

'아, 항문이든 칼이든 하나라도 멈춰다오! 제발.'

상대의 칼끝이 목을 향해 들어오려고 할 순간 역관은 다급하게 외쳤다.

"잠깐, 춋또마떼!"

상대가 멈칫하며 의아한 눈으로 역관을 쳐다보았다.

"잠깐 있다가 하자. 내가 볼 일이 있다."

"무시기데스까?"

"사실 내가 배탈이 나서 오늘 너와의 결투가 진정성이 없다."

"이런, 쳐 죽일, 방금 일 보고 나왔잖아."

"맞다, 그런데 또 배가 아프다."

"이런, 된장 맞을! 닥치고. 이 칼을 받아라!"

그렇게 소리치고 덤벼드는 사나이를 뒤로하고 뒷간을 향해 몸을 돌렸다. 그러자 거짓말처럼 금방이라도 내리치려던 사나이의 칼이 그 자리에 멈췄다. 돌아보며 씩 웃음을 띤 역관은 유유히 변소 안으로 들어갔다. 다시 엉덩이를 까고 볼일을 보고 있는데 뒤에서 거적이 열리더니 사무라이가 안을 들여다보는 것이었다. 마침 역관의 열린 항문에서 보란 듯이 배설물이 쏟아져 나오고 있었다.

"쿠웩, 냄새. 에잇. 빠가야로."

그가 사라지는 소리가 들렸다. 역관은 회심의 미소를 짓고 노가리상에게 감사를 했다. 노가리상은 이렇게 말했었다.

'사무라이가 뒤에서 칼로 치는 것은 철저히 금지되어 있다. 만약 뒤에서 공격했다가는 사무라이 세계에서는 비겁한 자로 낙인찍히게 된다.'

'뒤에서는 절대로 치지 않는다. 등을 보이는 자에겐 칼을 뽑지 않는다.'

화장실 구조의 의문이 풀렸다. 볼일을 볼 때도 당할 수 있으니 뒤를 향해 앉으면 되는구나. 일을 다 본 역관은 예의 바른 사무라이가 사라진 방향을 향해 묵례를 했다. 노가리의 말이 다시 떠올랐다.

조선어로 '배신'을 일본어로 쓰면 '우라기리'이고 한자어로는 裏切, 뜻은 '뒤에서 친다.'가 된다.

문文의 배신과 무武의 우라기리

교토. 김 대감 숙소.

"대감, 별 바쁘시지 않은 것 같은데 한 가지 여쭤봐도 되겠습니까?"

"네 눈에는 내가 한가해 보이느냐?"

"예."

"내가 이래봬도 밤낮으로 나라 걱정한다고 시간 가는 줄 모른다, 이놈아. 그래 용건이 뭐냐?"

"우리나라에서는 '배신한다' 그러면 등 배背에 믿을 신信, 말하자면 신의를 저버린다는 거잖아요. 근데 일본에서는 배신을 '뒤에서 친다'라고 하는데 어째서 다른가요?"

성격대로 즉답이 이어졌다.

"그야 섬나라 놈들이니까 자기들 마음대로 했겠지."

"아니, 대감님은 입만 열면 왜놈들의 문화는 우리가 다 전수해 준 것이라고 하시지 않았습니까. 그런데 왜 그건 다르냐고요."

"말해 줄 테니까 잘 들어. 에헴. 너도 알다시피 우리나라는 양반문화 아니냐. 선비문화라 이거야. 선비가 누구냐. 글을 읽는 사람 아니냐. 날 봐라. 머릿속에 먹물이 그냥 꽉 차 있지 않냐. 에헴. 근데 알랑가 모르겠다만 선비문화는 유교에서 비롯되고 정착됐잖냐. 유교경전을 알려면 천자문부터 배우고 소학과 명심보감을 익히고 사서삼경으로 들어가는 거야. 근데 너 사서삼경이 뭔지는 아냐?"

"사서삼경… 말씀이십니까?"

"몰라? 그것도 모르면서 어떻게 잡과에 등과해서 사역원司譯院에 들어 왔냐?"

"…"

"너 커닝해서 들어온 것 아냐? 아니면 부정입학?"

"무슨 그런 섭섭하신, 저야말로 정정당당하게 유성룡 대감의 뒷빽으로…"

"알았어. 내가 물을 걸 물었어야지. 그래 사서삼경은 말이다. 논어, 맹자, 중용, 대학 이 넷을 가리켜 사서라 하고, 삼경은 시경, 서경, 역경 이 셋을 삼경이라 하는 거야. 오경이라고 하면 여기에 예경 춘추경을 더하는 것이고. 사실 경전을 다하려면 열세 가지나 돼. 자그마치 십삼경十三經이 되는 거지."

"제목만 들어도 어지러운데 그걸 다 공부한단 말입니까?"

"그럼 너, 삼강오륜은 알지?"

"…"

"것도 몰라?"

1. 혼욕에서 매춘으로

"삼강이면… 한강, 낙동강, 영산강 말씀이십니까?"

"지럴을 허세요, 초딩들도 알고 있는 삼강은 군위신강, 부위부강, 부위자강. 오륜은 군신유의, 부자유친, 부부유별, 장유유서, 그리고 붕우유신이잖냐. 바로 이 삼강오륜을 머릿속 깊숙이 넣고 실천하는 것이 선비문화라 이 말씀이야. 노블레스 오블리주, 뭐, 그런 것이지."

"그거하고는…."

"폐일언하고 사상과 이념을 몸에 익히는 것인데 이념이라는 것이 사람의 정신을 지배하는 것인즉 그 정신의 바탕에서 나온 선비의 한마디는 천금보다 무거운 거야. 믿음을 뜻하는 한자 신信자는 사람이 말을 하는 형상이잖냐. 모든 것은 입에서 시작하고 입으로 끝이 나는데 그 안에 믿음이 존재한다, 이 말이야. 그런데 바로 이 믿음을 등진다는 것, 등배 믿을 신, 배신은 바로 자신의 정신, 영혼을 팔아버린다는 이야기가 되는 거지. 추상적이긴 하지만 믿음은 정신의 바탕이다 이 말이다. 반면 왜의 문화는 칼의 문화인 거라. 사무라이, 즉 칼잡이는 온종일 싸울 것만을 생각한다. 그래서 항상 긴장하고 상대방의 움직임을 관찰해야 하지. 정정당당히 연마하여 일대일로 싸우는 것이 사무라이들의 명예인 거야. 집단 전투가 아니라 각개전투인 거라. 그들이 제일 불명예스럽게 생각하는 것이 뒤에서 찌르는 것, 이거야. 이 짓이 바로 배신이지! 왜 다른 사람을 속이는 것을 두고 뒤통수친다고 하잖아? 그 뜻과 같은 거야. 결론적으로 말하자면 문의 문화는 정신의 문화이고, 무의 문화는 행동의 문화인 것이다. 됐냐?"

"아하, 그렇게 깊은 뜻이! 몰랐습니다요. 그렇다면 믿음을 등지면 곧 선비의 직분을 벗어난, 말하자면 사람으로서 자격을 포기한 것이고 마찬가지로 왜나라에서는 뒤통수를 치는 것이 가장 비열한 것이다, 이 말이겠군요."

"말귀는 잘 알아듣는 구나. 통역도 그렇게 잘 좀 하지."

대감은 진정 나라 걱정하는 듯 다시 눈을 감았다.

백 년 묵은 쥐 도요토미 히데요시 豊臣秀吉

임진왜란 발발 1년 5개월 전. 교토. 취락정聚樂亭
'허걱!'

그를 보는 순간 역관은 발끝에서부터 타고 올라오는 소름에 머리털이 쭈뼛하여 하마터면 소리를 지를 뻔했다. 사람만 한 쥐가 까만 눈을 굴리며 역관의 몸을 대각선으로 내리훑고 지나가는 것이었다. 사실 기다란 장지문이 열리고 그가 나타나기 전까지 통신사 그 누구도 그에 대해서 아는 바가 전혀 없었다.

조선에서는 그에 대한 정보가 없었을 뿐 아니라 일본에 당도하여서도 누구는 왕이라 하고 누구는 왕은 아니되 왕이나 다름없다고 하는 둥 도시 종잡을 수가 없었다.

조선에서 출발하여 석 달 만에 교토에 당도하고도 또 석 달이 지난 1590년 11월하고도 7일, 히데요시의 일정이 바쁘다는 핑계로 차일피일 면담이 미루어진 것에 이미 육신은 비에 젖어 떨어진 요시노산吉野山의 낙엽처럼 후줄근해져 기력이 쇠진해갈 즈음,

느닷없이 면담이 결정되었다 하여 모두가 마음을 추스르고 모여든 것이다.

그러나 막상 그가 나타나자 상상을 벗어난 용모와 태도에 일동은 얼어붙은 듯 한동안 어찌할 바를 몰랐다. 거무튀튀한 얼굴에 작은 체구를 감싸듯 검은 도포를 걸치고 등장한 그는 아무리 보아도 사람의 형상이 아니었다.

경쾌하고도 거침없이 들어선 그는 빈손이 아니었다. 소중한 보물인 양 보따리를 안고 있었다. 모두 숨죽여 바라보는 가운데 건너편에 도열한 일본 측 대신들 쪽에서 가벼운 웃음소리와 함께 중얼거리는 소리가 들려왔다.

"크크, 또, 또."

"오늘도 여전하시군."

정 중앙의 상석 보료에 털썩 주저앉은 그는 품에 안은 보따리를 바라보며 연신 고개를 주억거렸다. 목을 빼내어 그곳을 바라보던 역관은 또 한 번 얼어붙고 말았다. 새끼 쥐 꼴을 한 빨간 아기가 포대기에 싸인 채 새까만 눈망울을 들어 아비 쥐를 바라보고 있는 것이 아닌가. 순간 역관의 가슴 한쪽에서 부아가 치밀어 올랐다. 도대체 이 나라의 법도는 어떻게 된 일이기에 이렇듯 오만방자하단 말인가. 일국의 사신들이 도열해 있는 공식 석상에 갓난아이를 안고 등장하다니!

하긴 교토로 오는 도중에 대마도에서 겪었던 일로 치자면 사십 평생을 살아온 역관으로서도 참으로 황당하고도 기괴하여 심장이 벌렁거렸다. 눈앞에서 아무렇지도 않게 사람의 목을 검으로

처 내는 것을 보고 온전한 상식으로 이 사람들을 대해서는 안 될 것 같다는 생각은 일찌감치 했던 터이다.

고개를 들어 앞을 바라보니 정사 황 대감의 창백한 얼굴에는 식은땀이 흐르고 있다. 노쇠하여 기력이 없기도 하거니와 인간의 탈을 쓴 듯한 백 년 묵은 쥐의 무례함에 놀란 심장이 반쯤은 멈춰 있을 터였다. 그 옆에 도열해 있는 부사 김대감의 얼굴이 붉으락푸르락 일그러져 있는 것은 온 힘을 다해 치욕스러움을 참아내고 있기 때문이리라. 그때였다. 백 년 묵은 쥐의 들릴락 말락 한 목소리가 들려왔다. 아득히 저 먼 밑바닥 끝에서 조그맣게 울리는 소리였다. 혹여 그 말을 놓칠세라 온 신경을 곤두세우고 귀를 기울였다.

"그래 먼 길 온다고 고생이 많았소."

그 말을 조용히 통역하자 황정사가 고개를 주억거리며 대답했다.

"극진한 환영에 감사드립니다."

여전히 식은땀은 이마에 송골송골 맺혀 있었다.

아비 쥐는 품에 안긴 간난 쥐의 얼굴에서 눈을 떼지 않고 다음 말을 이어갔다.

"후룩 까꿍, 그래, 조선 왕은 강녕하신가?"

갑작스럽게 튀어나온 '후룩 까꿍'에 넋을 잃은 역관이 통역을 놓쳤다. 흠칫하는 사이의 여백이 너무 길었다. 부사가 고개를 돌려 날카로운 눈매로 재촉을 했다. 겨우 정신을 수습한 역관이 더듬거리며 뜻을 전했다. 정사도 '후룩 까꿍'에 놀랐던 탓일까, 더욱

떨리는 목소리로 답을 이었다.

"태합太閤전하³⁾의 덕택에 강녕하십니다."

순간 부사의 안면이 더욱 일그러지며 마른 입술이 달싹거렸다. 입술의 움직임으로 보아 분명 '태합전하는 무슨 놈의'하는 불평이었다.

조선에서 출발할 때부터 정사와 부사는 의견이 맞지 않았다. 하기야 서로가 속한 당파가 다르니 더더욱 그랬을 것이다. 하지만 조선 안에서야 그렇다 하더라도 오랫동안 함께 외국에 와서 고생했으면 이젠 친해질 만도 한데….

그렇게 생각하는 역관의 머리 위로 백 년 묵은 쥐가 짤막하게 외치는 소리가 들렸다.

"앗, 치치. 이런 치칫."

빈약한 엉덩이를 들썩거리며 소리치자 시립해 있던 시동이 황급히 다가와 아이를 받아 안았다. 아이가 오줌을 지린 것이다.

"합하, 괜찮으십니까. 죄송합니다."

그는 연신 머리를 조아리는 시동에게 아이를 넘겨주며 쇳소리 섞인 너털웃음을 웃었다.

"칼칼칼. 괜찮아. 귀엽구나. 칼칼칼"

그러고는 몸을 돌려 장지문 뒤로 사라졌다. 시선을 부사에게 돌리자 부사가 눈을 치켜세워 역관을 바라보고 있었다. 도요토미 히데요시가 한 말은 한마디도 빼지 말고 통역하라는 부사의 지시를 깜박하고 만 것이다.

"부사 어른, 아기가 오줌을 지렸습니다."

1. 혼욕에서 매춘으로

부사는 '쯧'하는 소리가 들릴 정도로 혀를 차고는 시선을 거두었다.

그때였다. 장지문이 열리더니 옷을 갈아입은 쥐가 다시 나타났다.

잠자리 날개보다 가벼운 연한 하늘빛이 감도는 옷깃이 바람을 일으켰다. 향긋한 향기가 감돌았다. 까만 쥐에 어울리지 않는다고 생각하는 순간 아찔한 현기증이 머리를 흔들고 지나갔다.

털썩 자리에 앉은 쥐가 거침없이 말을 이어갔다.

"'60여 주를 통일한 대업을 이룬 국왕 도요토미 히데요시에게 친선교류를 더욱 돈독히 하고자 한다.'는 조선왕의 친서를 잘 받았다. 조선왕에 대한 짐의 답은 이러하다."

양은그릇 밑바닥을 긁는 듯한 쇳소리가 이어졌다.

"짐은 이미 일본 천하를 통일하였다.[4] 이제보다 더 큰 대업을 완수하기 위해 대명국大明國에 들어가 400여 주를 통일하고자 하니 조선은 앞장을 서도록 하라!"

일순 사위가 먹먹해지고 숨소리 하나 들리지 않았다. 떨리는 입술을 달싹이며 간신히 통역을 했지만, 정사의 입은 실룩거릴 뿐 즉답을 하지 못했다. 갓난아기를 안고 외국 사신을 영접하던 파격적인 모습에 모두 혼이 나가 있던 터라 숨 돌릴 틈도 주지 않고 그가 던진 상상을 초월한 궤변에 대답할 경황이 있을 리 만무했다.

이윽고 정사가 헛기침을 하며 입을 열려고 하자, 들을 필요조차 없다는 듯 까만 눈을 치켜든 쥐가 손을 들어 제지했다.

'헉!'

역관은 또 한 번 입을 벌리고 말았다. 히데요시의 검은 손은 쥐의 발 모양을 한데다 새끼손가락 끝에 또 하나의 작은 손가락이 달려 있었다. 역관의 머리칼이 소름으로 곤두서고 있었다. 육손을 펴든 채로 그가 말을 이었다.

"그대의 왕에게 가서 전하라. 명나라를 정복하고자 하는 나 히데요시의 뜻에 따르라 하라!"

3) 전국을 통일한 막부의 장에게는 정이대장군이라는 호칭을 쓰게 하는 것이 통례이나 가마쿠라막부를 개막한 미나모토 요리토모의 가문, 즉 겐지源氏의 핏줄을 이어받은 자만이 정이대장군이라는 호칭을 쓸 수 있었다. 히데요시는 겐지의 가문이 아니기에 관백과 태합이라는 호칭을 쓰게 된 것이다.

4) 이 시기 일본은 여러 개의 소국으로 나뉘어져 있었기 때문에 이를 가리켜 천하라 명명하고 일본 전체를 장악하면 그것이 곧 천하통일을 이루었다고 한 것이다. 군웅할거시대를 끝내고 통일의 대업을 이룬 히데요시는 그 여세를 몰아 명나라는 물론 인도까지 정복한다는 야심을 품고 첫 단계로 조선을 침공하기에 이른다.

행불 처리된 오다 노부나가 織田信長

들은 바로 히데요시는 태생이 미천하고 대대로 남의 밭에 농사나 붙여먹는 자로 알려져 있다. 역관에게 일본어를 개인 지도해 준 노가리 다나까상의 이야기를 빌리자면 히데요시는 본디 중국에서 도망쳐 일본으로 들어온 부랑자, 요즘 말로 하면 범죄를 저지르고 도망쳐온 불법 체류자로 산속에 숨어 살며 농사꾼으로 연명하다가 시장터에서 바늘 장수를 시작하면서 세상 밖으로 나왔다는 것이다.

바늘 장수로 여기저기를 누비고 다니다 운명처럼 오다 노부나가를 만나게 되는데 말하자면 하늘을 떠돌던 용이 드디어 여의주를 물고 승천하기에 이른 것이다. 그 장면을 노가리 다나까 상의 이야기를 토대로 옮겨 보면 이렇다.

어느 날, 바늘을 팔다 피곤한 나머지 길가 나무 아래에서 낮잠을 자고 있던 히데요시는 갑작스러운 말발굽 소리에 자기를 잡으려 군사들이 몰려온 줄 알고 놀라 도망간다는 것이 그만 대장 행렬의 앞을 가로지르고 말았다. 노부나가가 시정을 살펴보고자 부하들을 대동하고 말을 달리고 있었던 것. 그 이름만 들어도 산천초목조차 떤다는 노부나가 대장에게 불경죄를 저질렀으니 결과는 뻔한 것이었다. 부하들이 히데요시를 붙잡아 처형을 하려 하자 마상에서 내려다보던 노부나가가 제지했다.

"그 자식, 참 꾀죄죄한 것이 호무레스, 그러니까 노숙자인 모양이다. 생긴 것도 원숭이하고 쥐새끼하고 섞어놓은 것 같네, 그냥 살려줘라."

마상에서 씨익 웃고 말머리를 돌리려는 순간 노부나가의 등 뒤로 사나이의 중얼거리는 소리가 들려왔다.

"쯧, 그렇게 웃을 때가 아니지 싶은데요."

이건 또 뭔가 싶어 말머리를 돌리는 대장에게 히데요시는 하늘을 가리켰다.

"저기 저쪽, 새까맣게 몰려오는 저 구름을 보고 생각나는 게 없습니까, 없으면 대장 자격 없고!"

"뭐라?"

하늘을 바라보던 노부나가의 머리에 전광석화와 같은 영감이 떠올랐다. 노부나가는 벼락처럼 말머리를 돌려 달리면서 외쳤다.

"시간 없다. 서둘러라! 그리고 너! 따라와!"[5]

그랬다. 저 구름은 몰려가다 폭우로 돌변하여 쏟아질 것이다. 폭우가 내리치는 곳에 적이 주둔하고 있었다.

"맞다. 거기까지 생각을… 저놈이 제법…."

그날 밤 노부나가는 소수정예 부대를 이끌고 폭우 속에 기습공격을 하여 대승을 거두었다. 며칠 뒤 노부나가는 그를 불렀다. 이때까지만 해도 히데요시는 이름이 없었다.

"어이, 원숭쥐."

"하이!"

"원숭쥐라 했는데 하이! 하고 대답하냐?"

"하이!"

"쩝, 내가 이름 하나 지어줄게."

"하이!"

"네 생긴 꼴은 원숭이도 닮았고 대머리까진 쥐새끼도 닮았는데 그렇다고 사람 이름을 원숭이나 쥐새끼라 지을 수는 없고, 그래서 말인데 널 처음 만났을 때 나무 아래에서 자고 있었다고 했지?"

"하이!"

"그러다가 말발굽 소리에 놀라 허둥지둥 도망쳤다고?"

"하이!"

"그래서 생각해 보았는데 네 이름을 '나무 아래'나 '말발굽' 둘 중 하나로 하려는데 어떤 걸 할래?"

"…."

"왜, 마음에 안 드나?"

"너 같으면 맘에 들겠습니까?"

"잉? 뭐라고?"

"아, 아닙니다. 그중 고르라면 역시 '말발굽'보다는 '나무 아래'

가….”

"카카카. 됐다. 그러면 '나무 아래'로 하자."

그리하여 기노시타木下, 즉 '나무 아래'라는 이름을 갖게 되었다. 원숭쥐가 처음 맡은 직책은 대장의 신발 담당이었다. 그의 신발 관리는 철저하여 한겨울에도 대장의 신발을 품 안에 껴안고 있다가 대장이 나오면 그 신발을 내주었다. 대장은 언제나 따뜻한 신발을 신을 수가 있었다. 그리하여 말 끄는 담당으로 승진하게 된다. 마누라의 무릎에 누워 천장을 바라보며 코털을 뽑고 있는 노부나가.

"요즘 영, 세상 돌아가는 꼬락서니가 맘에 안 들어."

"뭐가 그리 마음에 안 드시나요. 아직도 촛불 집회가 안 끝났어요?"

"그게 아이고. 이번에 동쪽으로 출정을 계획하고 있는데 말이야. 저기 저 뒤쪽 신겐信玄이가, 저거 아무래도 뒤통수를 칠 것 같아."

"그럼 뒤쪽의 옆을 먼저 부숴 버리고 동쪽으로 가면 안 됩니까?"

"이잉? 뭣이라고? 뒤쪽의 옆 뿔따구를 먼저 때리라고?"

그는 번개처럼 스쳐가는 생각에 벌떡 일어섰다.

"칼!"

"여기!"

"활!"

"여기!"

1. 혼욕에서 매춘으로   45

"밥!"

"물에 만 밥, 여기!"

노부나가, 선 채로 물에 밥을 말아 한입에 밀어 넣고서는 밖으로 뛰쳐나오며 히데요시에게 외친다.

"신발!"

"여기!"

"말!"

"여기!"

가히 빈틈이 없었다. 전광석화와 같이 빠른 두뇌의 소유자인 노부나가의 머리를 따라가려면 주위는 언제나 긴장하고 있어야 했다. 히데요시 또한 마찬가지였다. 주군의 목소리로 끌고 올 말을 결정한다. 전장에 나갈 때는 깡마르고 힘센 놈을, 시장을 순회할 것이면 온순하고 느린 놈을 골라오는 것이다.

이런저런 잔머리를 총동원하여 노부나가의 신임을 얻게 된 히데요시는 승승장구하게 되고 지척에서 참모 역할을 하던 그가 드디어 부장 자리에까지 오르게 된다. 부장은 둘, 아케치 미쓰히데 明智光秀와 히데요시. 쌍벽을 이루는 오른팔과 왼팔. 심복 중의 심복이었다.

예나 지금이나 배신은 언제나 심복이 하는 법. 천하의 천재 명장인 노부나가도 그 점을 간과했다.

노부나가는 마누라와 함께 호위무사 몇 명만 거느린 채 혼노사 本能寺에 들러 신겐군에게 대승을 거둔 기념 다회를 열었다. 다회를 끝낸 노부나가는 그날따라 잠자리에 일찍 들었다. 달조차 보이지 않는 그믐날 밤이었다. 깊은 잠에 빠진 그를 호위병이 흔들었다.

"주군, 주군. 큰일 났어요."

"야, 야 곤히 자는데 뭐가 또 큰일이야. 누가 모반이라도 했는 것처럼."

"정말로 모반이 일어났어요."

"캬, 내가 귀신같이 맞추지. 절 앞에 돗자리 한 장 깔아도 되겠지? 그치?"

"그렇게 깝죽거리실 계제가 아닙니다. 지금 모반군이 바로 코앞까지 쳐들어왔다니까요."

"잉? 모반이라니, 누가?"

"주군의 왼팔인 미쓰히데입니다."

"그놈이 언젠가는 모반할지도 모른다는 생각하긴 했지만, 생각보다 일찍 왔네."

"어서 피하셔야…."

"야, 쪽팔리게. 피하긴. 여보 마누라!"

"하이!"

"활!"

"여기!"

"화살!"

"여기!"

사방이 불바다로 변해가는 화염 속으로 어제까지 부하였던 군사들이 쓰나미처럼 밀려들고 있었다. 노부나가는 잠옷 바람으로

1. 혼욕에서 매춘으로   47

쳐들어오는 반란군을 맞아 활시위를 당겼다. 아내는 무릎을 꿇고 한발 한발 화살을 건네주었고 반란군의 목줄을 향해 쏘아대던 노부나가는 이윽고 화살이 떨어지자 부인의 어깨를 얼싸안은 채 등을 돌려 불길 속으로 들어간다.

　미쓰히데가 주군의 명을 어기고 반란을 획책, 군사를 회군하여 주군이 머물고 있는 혼노사를 습격하여 주군을 암살했다는 소식을 들은 히데요시는 즉시 말머리를 돌려 미쓰히데를 공격 참살하고 드디어 천하의 패권을 쥐고 역사의 전면에 등장하게 된다.

　한 치 앞을 알 수 없는 치열한 전투가 히데요시의 승리로 끝난 것은 역설적으로 노부나가의 덕이었다. 노부나가는 불길 속으로 들어가 자신의 유해를 남기지 않았다. 그가 의도했었는지는 알 수 없으나 그의 유해가 발견되지 않아 역사의 물꼬가 바뀌었다. 역모 후에 미쓰히데는 노부나가의 목을 베어 군중에게 보이면서 역적을 토벌했다고 주장하려 했으나 끝내 찾지 못해 민심을 얻는 데 실패했다.

　혼노사의 변이 있을 때 심복 중 하나가 미쓰히데보다 먼저 노부나가의 유해를 수습하여 시즈오카현靜岡縣의 니시야마혼몬사西山本門寺라는 절의 경내에 안치했다고 하여 노부나가의 머리 무덤이라고 불리는 무덤이 있기는 하나 확실한 것은 아니다. 전하는 바로는 히데요시가 그의 유해를 수습하여 매장했다는 설이 있으나 이 또한 사실이 아닌 것으로 추정되며 후에 노부나가의 묘가 교토의 다이토쿠사大德寺라는 절에 세워졌지만 여기에도 노부나가의 유골은 한 줌도 없어 일본 역사상 가장 미스터리로 남아있다.[6]

어쨌거나 노부나가의 시체를 찾지 못했기 때문에 히데요시의 군사들은 노부나가가 살아 있다고 믿었고 그 덕에 미쓰히데군을 격파할 수 있었다.

5) 어느 날 마쓰시다 가베에松下加兵衛라는 무사가 부하 몇명과 말을 타고 길을 가는데 그곳에서 원숭이와 흡사한 남자를 만난다. 꾀죄죄하게 땟국에 절은 원숭이가 '바늘 사려! 바늘!'하고 외쳐 자세히 살펴보니 사람이었다. '이름이 뭐냐?'고 묻자 땅에 엎드려 '원숭이라 합니다' '재미있군, 이름까지도 원숭이인가. 그래 내 밑으로 들어오라' 하고 데려온 것이 히데요시가 무사의 길로 들어선 계기가 되었다. 얼마 후 가베에는 히데요시에게 황금 다섯량을 주며 투구를 사오게 했으나 그 돈을 가지고 도망쳐 노부나가에게 바치고 부하로 들어갔다는 설도 있다.

6) 혼노사의 변에서 주군인 오다 노부나가를 급습한 아게치 미쓰히데. 그는 히데요시군에 패해 도주하는 도중, 패잔병들의 무기나 갑옷등을 노리는 농민들에게 잡혀 죽었다, 라는 것이 통설이다. 그러나 이때 잡혀 죽은 것은 가게무샤影武者이고 진짜 미쓰히데는 살았다고 하는 설이 있다. 미쓰히데의 목은 한여름 사후 며칠 지나 발견되었기 때문에 부패가 심하여 미쓰히데의 머리라고 단정할 수 없었기 때문이다. 그리고 또 하나의 설로 이에야스로부터 이에 미쓰家光까지 3대 장군에 종사했던 덴가이 죠쇼天海僧正라는 승려가 미쓰히데였다는 것이다. 덴가이대사의 호는 혜안대사慧眼大師이고 교토의 혜안사에는 미쓰히데의 목상

과 위패가 있다. 그리고 미쓰히데와 덴가이는 둘 다 나이가 같고 청년기까지의 이력이 확실하지 않다. 게다가 덴가이는 이에야스의 브레인으로 중용되어 도요토미 가문의 멸망에 일조를 했다. 오사카의 호코사 方廣寺에 새겨진 문구를 구실로 삼아 히데요리를 멸문지화에 이르도록 지혜를 낸 것이 덴가이였다는 것이다. 만약 미쓰히데가 덴가이였다고 하면 모처럼 잡은 천하를 3일만에 히데요시에게 빼앗겨 버린데 대한 복수를 한 것이 된다.

혼욕과 여탕의 남자 때밀이

 히데요시와의 면담이 끝나고 조선으로 돌아갈 일만 남았지만, 심신은 지칠 대로 지쳐있었다.
 "대감님, 보아하니 오늘도 별로 할 일이 없으신 것 같은데 절 따라 시내 구경 한번 하러 가시지요."
 "저번에도 내가 얘기했지. 이렇게 한 손에는 부채를 들고 눈을 감고 좌선을 하는 것은 어떻게 하면 우리 조선이 발전하여 OECD 국가 중 으뜸가는 복지국가가 되는 걸까 하고 고민 중이라고. 근데 너 오이시디 뜻은 알고 있기는 하냐?"
 "그건 오이하고 시디하고, 오이를 시디에 담아 세계 시장에 수출하는 그런…."
 "말을 말자. 그래 오늘은 어딜 구경하려고 그러느냐."
 "저기 교토에서 요시노산으로 가는 길에 참 좋은 온천이 있습니다. 그곳에서 오랜만에 몸 좀 담그고 또 고즈넉한 찻집도 있다니까 그곳에서 차도 한잔 드시면서 세상 돌아가는 이야기도 나누시는 것이 어떨지요."

"거 오랜만에 네가 제대로 된 가이드 한 번 하겠구나. 좋다, 가자."

그리하여 대감과 역관은 길을 나섰다.

교토의 기온祇園거리 귀퉁이에 온천 표시가 붙어있는 목욕탕으로 향했다. 천으로 발을 친 노렌暖簾을 들치고 들어서자 남탕과 여탕으로 통로가 나뉘었다. 안으로 들어서자 통로 중간쯤 높은 자리에서 목욕탕 주인 남자가 목욕비를 받고 있었다.

그 남자는 오른쪽으로는 남탕에 들어온 손님에게서, 왼쪽으로는 여탕에 들어온 손님에게서 입장료를 받고 있는 것이다. 위치로 보아 남탕과 여탕이 한눈에 다 볼 수 있는 곳, 말하자면 여탕의 구석구석까지 볼 수 있는 곳에 앉아있었다.

"아니, 이럴 수가, 남녀가 유별한데 어떻게 여탕 안까지 보이는 곳에서… 아핫!"

더욱더 놀라운 것은 이 남자, 대걸레를 들더니 거침없이 여탕 안으로 들어가는 것이었다. 놀란 것은 대감도 마찬가지였다.

"이런 미개한 놈들 같으니. 야, 그만 가자."

"예! 가, 간다고요? 왜요?"

"남녀유별한데 저놈은 벌거벗은 여인들이 득실대는 여탕에도 마음대로 들어가지 않느냐."

"제가 가서 한번 물어볼게요. 이건 필시 무슨 곡절이 있을 거라고요."

"어이, 거기 돈 받는 아저씨, 잠깐 나 좀 보세."

"뭔데스까?"

"그대는 전생에 무슨 좋은 일을 많이 하여, 이 기막힌 자리에 앉아 세월을 낚고 있는가?"

"무슨?"

"아니, 당신 자리에서 여탕을 보면 여탕이 다 보이고, 그뿐만 아니라 여탕 안으로 거침없이 들어가도 여자들이 아무 말 하지 않고, 이런 법이 세상에 어디 있느냐고요."

"보아하니 조선 사람 같은데 설명해 드리리다. 본디 섬나라인 일본에는 목욕 문화가 발달했어요.[7] 습도가 너무 높아 하루라도 씻지 않으면 잠을 잘 수가 없다, 이 말이요. 그래서 목욕만큼은 때와 장소를 가리지 않고 하다 보니 남녀가 섞여도 이해하게 되었기에 혼욕까지 하게 된 거라오. 시대를 앞당겨서 21세기를 배경으로 이야기하고 있지만, 그대들이 통신사로 온 1590년대는 모두 혼욕을 했었고 메이지 시대가 지나서도 혼욕이 진행된다오."[8]

"혼욕이라고? 와우!"

"억수로 좋아한다데스네."

"말하자면 옆집 아저씨도 뒷집 아낙네도 앞집 총각도 건너 마을 처녀도 모두 함께 같은 탕 안에서 목욕하고 때 밀고 면도하고 그랬단 말이지요?"

"그렇다니까. 남자 때밀이가 여자들을 밀어주고 그랬지."

"알몸의 여자를 남자가 밀어주고? 서얼마아."

"산스케三助라는 직업적인 때밀이 남자인데 힘은 좋은데 훈남은 아니야. 훈남은 위험하니까 못생긴 남자를 고용하는 거지. 여자는 알몸이지만 산스케는 아랫도리 거시기만 살짝 가리고 작업에 임하는 거지."

"아슬아슬했겠네."

"그렇게 산스케에게 몸을 맡기고 때를 밀다가 그만 정신이 혼미해져서 산스케하고 갈 데까지 가는 여자도 생기게 되었지. 이때 '애 안 생기는 여인네는 목욕탕에 자주 가면 애기가 생긴다.'는 말이 유행했는데 목욕을 자주 하면 혈액순환이 잘되어 임신이 된다는 말로 들리지만 애 갖는데 산스케가 모종의 역할을 했다는 거지."

"엽기네, 엽기. 근데 저기 2층으로 올라가는 계단은 어디로 가는 거요?"

"1층에서는 그렇게 혼욕을 하고 목도 마르고 그러니까 자연스레 2층에서는 차를 마시게 된 거라. 그런데 차만 마시게 되나, 술도 마시게 되고. 그러다 보니 여자들이 술시중을 들게 되고. 아까 1층 탕에서 본 여체들이 아른거리기도 할 거고."

"그, 그래서?"

"험험. 그러다 보니 드디어 매춘이 성행하기에 이르렀지. 그래서 조정에서 문란한 풍기를 단속한답시고 1층의 혼욕을 금지하기에 이르렀다 이 말씀이오. 그래도 목욕탕 종업원은 남녀 탕 가리지 않고 들락거릴 수 있지요. 탕 정리도 해야 하고…."

"쩝, 그럼 혼욕은 완전히 사라진 건가요?"

"아니 완전히 사라진 건 아니고. 남아 있긴 하지."

"헛, 남아있다고? 정말? 어디?"

"그럼 우리 목욕탕 뒤로 가면 노천탕이 있는데 거긴 아직도 혼욕할 수 있지. 궁금하면 가보셔."

그리하여 역관은 싫다는 대감을 억지로 이끌고 뒷산에 있는 혼탕에 들어갔다. 아니나 다를까. 모락모락 피어오르는 탕 속에 남녀들이 옹기종기 앉아있는 게 아닌가. '옳다구나!' 하고 들어간 역관, 살금살금 탕 안으로 들어가 보니 뒤태가 기가 막힌 여인이 탕 속에 들어 있었다.

"침 꼴깍! 저기 저로 말할 것 같으면 조선에서 온 역관이라고 합니다. 제가 대감님을 모시고 왔는데 한 말씀 나누실래요?"

"누구? 나 말씀입니까. 하이고, 젊은이가 보는 눈은 있어서."

뒤태 종결 여인이 돌아섰다.

"으앗! 할머니상! 실례했습니다."

그랬다. 그곳은 혼탕은 맞지만 다 벗어도 꺼릴 것 없는 노인들이 오는 곳으로 산속의 노천탕은 노인들의 건강에 특효가 있다 하여 노인들 위주로 이용하고 있었다. 2천 년대인 지금이 그렇다는 말이고 혼욕문화는 쇼와昭和 시대까지도 계속되었다는 이야기.

7) 일본의 온천 중에 가장 오래된 온천으로 알려진 도고道後 온천은 시고쿠四國에 있으며, 전해오는 전설로는 백조가 다리를 다쳐 고생하다가 계곡 사이에서 끓어오르는 물을 발견하고 그곳에 다리를 담궈 낫게 했다고 한다. 또한 성덕태자가 병을 고치기 위해 599년 도고온천에 들

렀다는 기록도 보인다. 그러나 일본에서 가장 오래된 온천으로 기네스 북에 오른 곳은 이시가와石川현의 구리쓰粟津호시法師라는 온천숙이다. 718년에 개탕한 곳으로 산에서 수행하고 있던 법사에게 산신령이 나타나 이곳에 온천을 만들어 사람들에게 쓰게 하라고 했다는 것.

8) 에도시대가 끝난 것은 1867년. 메이지 시대가 개막되었지만 혼욕은 아직 남아있었다. 1872년에 도쿄에서는 혼욕금지령이 내려졌으나 욕조한 가운데에 나무판자 하나 가로로 걸쳐놓은 정도였고 1870년대 말에 들어서 도시에서는 차츰 모습을 감추었지만 여전히 농촌에서는 1950년대까지도 혼욕이 유지되고 있었다.

깨어진 다기의 유행

"대감님, 조선으로 가기 전에 일본의 저잣거리 구경 한번 해보시죠. 간단하게 쇼핑도…."

"이놈아. 지금 명나라를 치겠다고 조선 땅으로 쳐들어오겠다는 히데요시 말이 귓가에 쟁쟁한데 그럴 정신이 있긴 하냐."

"아니 그래도 마님께 드릴 박하분 한 통이라도 사가지고 가셔야…."

"싼 티 나게 박하분은 무슨."

"영상대감에게 드릴 와리바시割箸라도 사시고 요즘 모두 침을 흘린다는 짝퉁 명품가방도."

"근데 이시키가, 사람을 뭐로 보고 짝퉁 타령이야?"

"아니, 역관이 통역만 해서 먹고 산답니까? 양반들이 못하는 보따리 무역도 하고 그래야 목에 풀칠할 것 아닙니까? 근데 저기 가게에 진열해 놓은 도자기 같기도 하고 밥그릇 같기도 한데… 헉! 되게 비싸네요."

1. 혼욕에서 매춘으로   57

"조선에서는 개밥그릇으로도 쓰지 않는 것을 가지고. 쯧."

"제가 일본인 친구 노가리한테 들은 이야기인데요. 왜인들 특히 상류층은 조선 도자기를 최고의 보물로 여긴다네요."

"험, 하기야 엊그제 히데요시 면담할 때에도 차가 나왔는데 그때 나온 다기茶器가 조선에서는 강아지 뒷발에 차여 뒹구는 것들 아니더냐. 마, 문화 차이라는 것이 그런 것이지."

"히데요시도 조선 다기라고 하면 껌뻑 죽는다면서요. 제가 들은 얘기인데 들어보시죠."

도요토미 히데요시. 그는 벌써 몇 년째 새벽에 기상해서 아침 명상을 하는 것으로 일과를 시작한다. 며칠 전 조선에서 온 사신들의 접견도 끝났고 명나라를 정벌하고자 하는 자신의 의사를 피력했다. 조선은 그에 따르라고 통첩도 했다. 따르지 않는다면 조선을 칠 수밖에.

계집처럼 하얗게 분칠을 하고 눈썹을 그린 시동이 권하는 세안수로 세수를 하면서도 그는 골똘하게 조선 공략에 대해 구상하고 있었다. 이어 차를 담당하는 자가 들어왔다. 히데요시의 두터운 신망을 받는 센 노리큐千利休이다.

"간빠구關白 전하. 다를 대령하였소이다."

요즘 히데요시가 즐겨 마시는 차는 조선에서 특별히 들여온 조선 녹차이다. 보성만의 청정한 정기를 받아 우러나온 녹차는 일본의 차와는 달리 미각이 무겁지 않고 담백하면서도 향이 깊었다.

"역시 맛이 다르군. 다향茶香 종결이야."

한 모금을 들이킨 히데요시의 눈길이 찻잔으로 옮겨갔다.

"어이, 또 이 잔이야? 이 잔밖에 없는 거야?"

고개를 다시든 센 리큐가 엷은 미소로 히데요시를 바라보았다.

"다른 잔을 가져 올까요?"

히데요시가 손을 내 저었다.

"머, 그럴 것까지. 이 잔이 좋다 이 말이다. 험"

"품!."

다시 미소를 짓는 센 리큐의 얼굴을 보고 히데요시가 물었다.

"어이, 대사. 무슨 기분 좋은 일이라도 있는 거야?"

그러는 히데요시의 얼굴을 여전히 엷은 미소를 띤 채 쳐다보며 센리큐가 입을 열었다.

"합하閤下, 이 잔이 좋다고 하신 것이 벌써 다섯 번이 넘었거든요."

"그런 거야?"

"합하께서 제일 아끼던 잔이 깨져 봉합하였는데도 그렇게 좋아하시니 대명大名들은 물론 백성들이 모두들 칭송을 하고 있답니다."

"칭송? 무슨 그런 일로 칭송을… 하기야 내가 칭송받을 일도 별로 한 게 없긴 하지."

"그러게요. 합하가 내건 공약이 제대로 지켜진 게 없어서….'

"무시기? 방금 칭송하는 자가 있다면서?"

"고걸 말씀드리자면 첫째는 합하께서 애지중지하는 물건을 제대로 관리하지 못한 나인과 소신을 벌하지 않아 합하의 대범함을 칭송하는 것이고, 둘째로는."

"둘째로는?"

"예, 둘째로는 봉합한 다기를 그대로 애용한다고 하여 대명과 백성들 간에 화제가 만발하고 있다네요."

"허, 뭘 그까짓 것을 가지고."

"그게 무슨 본받을 일이라고 지금 장안에서는 깨어진 다기를 다시 봉합하여 사용하는 것이 유행 중이라고…."

"무시기?"

"어떤 정신 나간 대명은 멀쩡한 다기를 일부러 깨뜨린 후 다시 봉합하여 쓰고 있다고도 하고…."

"히히히, 쬬다 스키들 히히히."

흡족하여 웃는 것인지, 어처구니가 없어서 웃는 것인지 아님 둘 다인지 그는 그렇게 두 번이나 웃었다.

바로 한 달 전의 일이다. 똑같은 시각에 차를 마시던 히데요시가 차를 한 모금 마시고 불쑥 내뱉었다.

"으잉? 이기 무시기야?"

찻잔을 쥔 채로 낯빛을 바꾼 히데요시가 센 리큐에게로 시선을 옮겼다.

센 리큐가 공손히, 그러나 고개를 뻣뻣이 쳐든 채로 말했다.

"송구합니다. 합하께서 가장 아끼는 조선 찻잔인데."

히데요시의 눈이 치켜 올라가다가 다시 찻잔으로 옮겨갔다. 찻잔을 다시 입가로 가져가더니 홀짝하고 단숨에 들이켰다. 그리고 빈 잔을 거꾸로 들어 살피기 시작하였다.

"흠."

이윽고 그가 다시 입을 열었다.

"한 잔 더 줘봐."

무슨 까탈을 부리려는지 내심 염려하던 차에 떨어진 그 말은 예상과는 달리 부드러운 목소리였다. 센 리큐가 잔을 받아 대나무 국자로 따라 올리자 히데요시는 만족한 얼굴로 말했다.

"이거이 빵꾸 때우듯이 때운 건데 그러니 더 특별하게 보이는군."

센 리큐의 얼굴에 희미하나마 조소가 번졌다. 오늘 새벽, 찻잔을 담당하던 나인 하나가 실수로 히데요시가 애지중지하던 찻잔을 깨뜨리고 만 것이다. 근래에는 이 잔만을 고집하는지라 센 리큐도 순간 당황하였다. 그러다가 생각해 낸 것이 깨어진 잔을 접착제로 봉합하였던 것이다. 미세하게나마 표시는 났고 그것을 예리한 관찰력의 소유자인 히데요시가 알아낸 것이다. 그런데 뜻밖에도 히데요시가 흠결을 발견하고도 그 흠결이 더욱 마음에 든다는 것이다.[9]

---

9) 도요토미 히데요시의 선대 주군인 오다 노부나가 때부터 조선의 다완이 명품으로 애장되기 시작하였고 그 후 임진왜란 시 끌려온 조선 도공이 빚은 조선 막사발을 이도다완井戸茶碗이라 하여 대명들도 애장품으로 간직하게 된다. 센리큐가 사용하던 것과 도쿠가와 이에야스가 쓰던 것들을 비롯해 42개가 보존되어 있고 국보로 지정된 것도 있다.

임진왜란을 막으려다 할복한 다장茶匠

"저기 저, 센 리큐님이라 하셨지요."

"그대는 조선 역관이 아니던가. 이 밤에 웬일로 나를 찾아왔는고?"

"사실 제가 조선 땅에서 리큐님을 안다는 사람을 만났는데요."

"조선에서… 날?"

"예. 노가리 다나까라고, 리큐님께 말린 노가리를 단골로 보내 드렸다고 하던데요. 자기 아버지가 노가리 나까라상이고 할아버지가 그 유명한 노가리 싹쓰리상 이라던 데요."

"아, 알지 그런데?"

"노가리 다나까 이야기로는 히데요시의 조선 정벌을 막을 사람은 리큐님밖에 없으니 꼭 한번 뵙고 말씀드려 보라고."

"글쎄 말이오. 휴우, 내 이야기 들어 보시우. 나도 이제 살 만큼 살았으니 하고 싶은 이야기나 하리다."

"무슨 그런. 아직 팔팔하신데. 그런 말씀 마시오."

"그대가 조선으로 돌아가 있을 즈음에 나는 이미 이 세상 사람이 아닐 걸세. 이미 그런 징조가 보여. 그러니까 지난여름이었지. 여느 때와 마찬가지로 합하를 모시고 차를 따르던 날이었어."

차를 한 모금 음미하던 히데요시의 시선이 바깥 정원으로 옮겨졌다. 이른 아침의 청량한 공기가 방안까지 들어와 넘쳤다.
"오늘도 낮에는 더울 것 같소이다."
센 리큐의 말에 고개를 주억거리며 바깥을 응시하던 히데요시의 시선이 한곳에 멈추었다. 정교하게 다듬어진 정원 수목 사이로 보랏빛이 하늘거리고 있었다.
"야, 기가 막히네. 저기, 저거 보랏빛, 무슨 꽃이고?"
"나팔꽃 아닌가요?"
풍로를 돌리며 숯불을 지피던 센 리큐가 답하자 히데요시가 말을 이어갔다.
"난 말이야, 세상에 태어나서 가장 기분 좋을 때가 있는데 그게 언제인가 하면, 치열한 전투에서 이기고 나서 한 잔의 차를 마시는 때, 이때가 무엇보다 기분이 좋아. 차를 마시고 나서 꽃을 바라보는 이 마음은 비길 데 없어."
순간 센 리큐의 얼굴에서 웃음이 사라지고 풍로가 멈췄다.
"그 아름다운 마음씨를 언제까지나 간직하시길…."
"당연하지."
"하여 오늘 중신회의에서 말씀하실 조선 정벌 건은 거두시는 것이…."

거기까지 이야기하자 히데요시가 제지했다.

"또 그 소리인가. 도대체 대사는 언제까지 그 말만 할 건가?"

"방금 합하가 최고로 행복할 때는 전투에서 이기고 꽃을 보면서 차를 마실 때라고 했소이다. 그러나 그 전투에서 수많은 사람의 목숨이 죽었소이다. 어찌 살상을 하고 나서 꽃을 감상하는 마음이 우러나오며 차 맛을 음미할 수 있단 말이신지."

"그만 하라니까!"

역정을 내고 히데요시는 자리에서 일어났다.

한식경이 지난 후 히데요시가 중신 회의를 하려고 마당에 내려섰다. 매미들이 힘차게 울어대는 정원을 걸어가면서 아침나절 전투와 꽃과 차에 대해 이야기한 센 리큐의 말을 떠올리고 있었다. 일본 천하를 통일한 그로서는 더는 부러운 것이 없었다. 그러나 갈수록 대명들의 불만이 이어지고 있었다. 논공행상을 유달리 좋아하는 히데요시는 대명들의 환심을 사기 위해 토지와 벼슬자리를 분배해 주었다. 나누어 줄 것을 다 나누어주었지만, 자꾸만 늘어나는 논공행상에 대한 분배가 턱없이 부족하였다. 그래서 생각해 낸 것이 대명들의 시선을 외국으로 돌리는 일이었다.

그 첫 번째로 만만한 것이 중국, 즉 명나라 정벌이었다. 대국인 명나라를 친다는 것은 대단한 모험이었으나 그런 만큼 불만 세력들의 시선을 돌리기에 충분한 것이었다. 명을 치려고 하면 그 전 단계가 필요했으니 그것은 바로 조선을 공략하는 일이다. 조선으로 하여금 앞장을 서라고 하면 당연히 명의 속국인 조선으로서는 일본의 주장을 거절할 것이리라. 그러면 조선을 칠 명분이 생기게 된다. 조선을 손에 넣으면 토지 분배도 이루어지고 조선을 통치하면서 생기게 되는 벼슬자리 또한 당연히 나누어 줄 수 있게 되는 일거양득이다.

마침 조선에서 통신사가 와 대기 중이라는 말을 들은지라 접견에 앞서 오늘은 우선 대명들과 조선 정벌 건을 의논할 참이었다. 머릿속은 온통 조선 정벌 계획으로 가득 찼다.

그런데 뜻하지 않은 암초에 부딪힌 것이 심복 중의 심복이라 할 수 있는 센 리큐가 제동을 걸고 나선 것이다. 이제까지의 경과를 보면 센 리큐의 말이 틀린 적은 없었다. 고도의 수양을 한 센 리큐는 언제나 앞을 내다보는 혜안을 가졌고 선대 주군인 오다 노부나가도 그것을 인정하여 그를 단순한 차 담당이 아닌 정치 상담역으로 여겼었다. 그래서 자신 또한 그대로 이어받아 센 리큐를 항상 곁에 머물게 하면서 정치 보좌 역할을 하도록 하고 있었다.

"덥구나, 날씨가."

걸음을 옮기던 그가 마치 해괴한 것을 보았다는 얼굴로 멈춰 섰다.

"이, 이, 이럴 수가!"

히데요시의 얼굴은 일그러지고 있었다. 그가 바라보고 있는 곳에는 아침까지도 고운 자태를 뽐내고 있었던 나팔꽃이 누군가에 의해 뜯겨 흔적도 없이 사라지고 만 것이다. 도대체 누가 이런 짓을 했단 말인가. 감히 최고 권력을 쥔 간빠꾸가 그토록 심취했던 정원의 아름다운 꽃을 뜯어버리다니. 한식경 전까지만 해도 그렇게 아름답게 핀 꽃을 보면서 찬탄을 금하지 못했던 히데요시인지라 심사가 뒤틀리고 말았다. 히데요시는 얼굴을 찌푸리며 회의장으로 들어갔다. 중신들이 도열해 있는 가운데를 지나 상단에 오르던 그가 다시 한 번 걸음을 멈추고 눈을 의심했다. 상단 한 귀퉁이의 꽃병에 나팔꽃이 아름답게 꽂혀 있었다. 다다미방의 한 귀퉁이를 장식하고 있는 보랏빛 나팔꽃은 정원에 있을 때보다도 한결 고고한 자태로 아름다움을 뽐내고 있었다.

"흠, 과연!"

히데요시는 또 다른 아름다움에 한동안 나팔꽃을 바라보았다. 아마도 이건 센 리큐의 짓이 틀림없다. 이토록 내 마음을 정확히 읽는 것은 그치밖에 없다.

"이 늙은이가…."

히데요시는 한쪽으로는 보랏빛 꽃들이 뿜어내는 아름다움에 감탄을 하면서도 한편으로는 센 리큐가 보낸 고도의 암시에 미간을 찌푸렸다.

그날 밤 히데요시는 꿈을 꾸었다.

붉은 망토를 휘날리며 붉은 갈기의 적토마에 채찍을 가하면서 출렁이는 바다를 건너 온통 하얀 옷으로 치장을 한 사람들이 모여 있는 초록빛 들판을 내달리고 있었다. 휘하의 장수들도 붉은 옷 일색으로 무장한 채 초록 들판을 질주하고 있었다.

순간 맞은편에 있던 백의의 군중들 쪽으로부터 거대한 광풍이 일어나는가 싶더니 백마를 몰고 질풍처럼 달려오는 장수가 있었다. 하얀 모시를 입고 철가면을 쓴 장수의 모습은 초록빛 들판에 한줄기 하얀 섬광이라도 비치듯 찬란하게 배색되어 빛을 발하고 있었다. 그자에게서 일진광풍이 휘몰아치자 휘하의 장수들이 뒤죽박죽 엉키며 뒤뚱거리기 시작했다. 히데요시의 적토마도 거대한 광풍에 뒤집힐 듯 요동쳤다.

이대로 두었다가는 모두들 전멸할 것이다. 정신을 수습하고 검을 빼어 그자를 향해 말을 몰았다. 철가면 아래로 튀어나온 목젖이 유난히 돋보였다. 히데요시의 검이 섬광을 일으키며 장수의 목젖을 정확히 꿰뚫었다고 느끼는 순간 장수는 말 위에서 떨어졌고 광풍은 멈추었다. 분수처럼 치솟는 피를 뿜어내며 장수가 뒹굴었다. 가까이 다가간 히데요시는 장수의 철가면을 벗기었다.

"허억!"

히데요시의 입이 쩍 벌어지고 괴성이 흘러나왔다.

"이럴 수가. 이럴 수가."

망연자실하여 히데요시는 일어설 수가 없었다. 가면이 벗겨진 장수의 얼굴은 센 리큐, 그였다. 꿈에서 깬 히데요시는 머리를 흔들었다.

"이놈의 영감이 정말…쯧."

히데요시를 경멸한 명인의 최후

"일본 역관상, 내가 어제 센 리큐님을 만났는데 말이야."
"리큐님을? 호, 왜 다도라도 배워 보려고?"
"다도는 나중에 배우기로 하고. 센 리큐님을 인터뷰했더니 좀 이상한 데가 있어서 말이지."
"왜 쎈 리큐님이 아니라 약한 리큐님이었어?"
"아니, 아무리 다도의 최고봉이라고는 하지만 히데요시가 최고 대장인데 좀 가벼이 대하는 것 같아서. 무슨 친구 사이도 아니고, 같이 차 마시는 동료도 아닐 텐데…."
"그걸 느꼈구나. 대단한 감각일세. 말해 줄게 들어 봐. 지난번에 히데요시가 아끼는 조선 다기를 깨뜨렸다고 했잖나. 그런데 웬만하면 새 조선 다기로 바꾸었을 터인데 깨어진 다기를 접착제로 봉합하여 갖다 줬다고 하는 이야기 들었지? 바로 그거야. 그 자체가 이미 히데요시를 경멸하고 있다는 것이기도 하지. 말하자면 '너에게는 접착제로 때운 이런 잔이 어울린다'는 뜻이었어."

"그렇게나 히데요시하고 관계가 안 좋은 거야?"

"원래 센 리큐는 히데요시하고는 잽이 안 되었지."

"그렇겠지. 감히 간빠꾸하고 차 담당하고 비교가 되냐?"

"아니 그 반대야. 센 리큐가 더 위라는 거지. 센 리큐가 누구냐? 선대 주군인 노부나가의 총애를 받던 다장이잖나. 그게 단순한 다장이 아니란 말씀이야. 노부나가 시절만 해도 리큐는 히데요시 정도는 거들떠보지도 않았지. 어느 날이었어. 리큐가 노부나가의 처소로 차를 올리려 가는 도중에 지나가는 히데요시를 만난 거야. 그런데 히데요시가 골똘히 생각에 젖어 그만 리큐에게 인사하는 것을 까먹고 지나쳤지. 리큐가 뿔이 나서 불러세웠어."

"어이, 거기, 히데요싯!"

그런데도 아직 히데요시는 넋 놓고 걸어가고 있었어.

"어이, 인마, 원숭이!"

그제야 비로소 히데요시가 알아듣고 걸음을 멈춘 거야. 이때 히데요시는 부장 지위까지 승진해 있었던 터라 자기를 보고 원숭이라고 부를 자는 주군인 노부나가 이외에는 없었기에 화들짝 놀라면서 고개를 들었지.

"잉? 누구야. 감히 날 원숭이라고, 헛, 리큐공公이시네. 곤니치와."

"엇다 정신을 두고서 내가 부르는데 쌩까는 거냐? 응? 원숭이 목을 쇠줄로 감아야 정신을 차리겠냐?"

"그게, 쌩깐 게 아니라 주군인 노부나가님께서 저를 독대하시겠다고 부르셔서 무슨 일이신가 생각하느라고."

1. 혼욕에서 매춘으로

"인마, 주군이 좀 귀여워해 준다고 눈에 뵈는 게 없어?"

이런 일이 있었던 거야. 일개 부장인 히데요시 정도쯤이야 하는 의식이 리큐에게 있었던 거지. 어쩌다 간빠꾸까지 올랐다고 해서 천민 출신인 주제에 감히 선대 주군과 같은 동격으로 놀려고 하는 게 영 마음에 들지 않은 거지."

"아니 그래도 최고 권력자인 간빠꾸를 인정하지 않으면 히데요시가 존심이 있지. 그냥 잘라버릴 수도 있잖아."

"그게 이미 리큐가 정치적으로나 군사적으로나 1급 비밀을 죄다 알고 있는데다 그를 추종하는 세력들이 또 많아져 쉬운 일이 아닌 거야. 왜 정치하는 자들이 그렇잖냐. '나는 차를 따르는 담당이지만 최고 권력자와 매일 독대를 한단다. 그러니까 말 안 해도 알겠지?' 그런 거였어. 서로가 줄을 대려고 법석을 떨었지. 이미 히데요시도 다 커버린 리큐를 어찌할 수 없었던 터에 그만."

"그만?"

"반대편인 이시다 미쓰나리石田三成쪽이 리큐에 관한 정보를 서슬 퍼런 대검 중수부에다 찔러 넣은 거지. 한쪽으로는 '센 리큐가 차 도구 매매를 하고선 슬쩍 돈을 챙겼다'고 '카더라 통신'에다가 흘리고… 또 다른 쪽으로는 리큐가 히데요시의 대척점에 있는 도쿠가와 이에야스의 첩자라는 설을 흘리고. 결정적으로 조선 정벌을 반대하다 보니까 엎친 데 덮친 격이 되어서 할복을 명받았지. 리큐가 죽고 난 후에야 히데요시가 후회했다고 하는 소문도 있고."[10]

"엊그제 만난 리큐가 죽었다니 어째 시대가 왔다 갔다 하고…

어쨌든 알았다."

10) 1591년 2월28일 히데요시의 명에 의해 70세의 센 리큐는 할복자결을 한다. 절대 권력자의 측근으로 위세를 떨치던 센 리큐는 무라사키노다이토쿠지紫野大德寺의 산문에 자신의 목상을 안치했는데 이를 보고 격노한 히데요시가 목상을 부수어 던져 버리면서 센 리큐의 운명은 바뀌게 된다. 한편 센 리큐의 딸을 측실로 삼으려다 거절당하자 자결하게 했다는 설도 있다.

눈꺼풀을 가위로 자른 스님

"어이, 일본 역관. 너희 왕초 말이다. 아침마다 모두 모아놓고 차를 마시는데 언제부터 너희가 그런 고상한 취미를 갖게 되었는지 그것이 궁금하다."

"아하, 너희 조선에는 그런 차 마시는 습관이 조선 시대에 들어와서 줄어들었다는 이야기를 들었다. 우리 일본에 차 마시는 문화를 잘 전수해 주고서는 너희는 안 하고 있으니 이상하긴 해. 지금부터 내가 들은 이야기를 해주겠다.

사실 일본에 처음 차가 들어왔을 때는 약으로 썼다. '끽차양생기喫茶養生記'라고 중국에 사절로 갔다 온 요사이榮西라는 승려가 쓴 책인데 제목만 봐도 건강식품이라는 이미지가 있다. 때는 바야흐로 가마쿠라鎌倉 시대, 서력으로 따지자면 1200년대이니 조선이 아직 생기지도 않은 고려 말기라고 보면 된다. 그 시대에는 장군, 즉 말하자면 쇼군將軍이라는 정이대장군征夷大將軍이 있었는데 이름은 미나모토 요리이에源賴家, 이 친구가 아주 유명하였다.

어느 날 아침 시중이 대장군을 깨우는 장면이다.

"새벽종이 울렸네. 새아침이 밝았네. 기상! 기상!"

"아침부터 왜 이리 시끄러워?"

"기상! 기상! 늦게 일어나면 밥 없습니다!"

"저 자식, 저거 돌았나? 인마, 거 좀 조용히 해."

"쇼군 각하. 식사 시간이 늦었습니다. 어서 드시지요."

"아이고, 배도 아프고 영 밥맛이 없다."

"어제 늦게까지 술을 드시더니 그럴 줄 알았습니다."

"술이라도 마셔야지. 거, 경제도 살려야 되고, FTA 건도 마무리 해야 되고, 너 같으면 맨정신으로 살아가겠나. 쓸데없는 소리 하지 말고 주치의 들라 해라. 빨리."

그리하여 주치의인 승려 요사이가 들어왔다.

"아, 요사이상. 잘 왔어. 그래 요사이 세상이 시끄러워 골치 아프더니 갑자기 배도 아프고 숙취로 머리도 멍한데 머 약 없을까. 겔포스 같은 거나 가스 활명수 같은 거."

"그것 말고 요사이 새로 들어온 것이 있는데 가져와 보겠습니다."

"요사이상이 요사이 가져온 좋은 것이 있다고 하면 정말 요사이 세상이 많이 좋아진 것인가 요사이상?"

"쩝."

요사이가 대접한 차는 찻잎을 가루로 갈아 만든 말차末茶였다. 진한 녹색의 차를 마신 미나모토는 숙취가 말끔히 가셨던 것이다.

"야, 신기하다. 요사이 마셔본 약 중에서는 최고로군. 과연 명약이로고. 요사이상이 요사이 들여온 이 약의 재배하는 법을 요사이상이 주축이 되어 만들도록 해보라."

"그렇게 하여 교토를 중심으로 처음에는 상류층 인사들부터 시작하다가 차츰 일반에게도 전해지게 된 거야. 그런데 너희 조선에는 고려 시대에 우리보다 먼저 차를 마시는 문화가 발달했다는 이야기를 들었는데 왜 없어져 버렸냐?"

"아하, 그거야. 내가 잘 알지. 들어 봐봐. 너희 나라에도 승려가 차를 전파했다고 했잖아. 우리나라에도 승려가 중심이 되어 차를 전파한 거야. 승려가 누구냐. 응? 절. 부처님 모시는, 응? 불교잖아. 고려 시대까지는 우리나라에 불교가 국교가 되어서 융성했지. 그런데 조선 시대에 들어와서 중국으로부터 유교가 들어오게 된 거야. 너, 숭유억불崇儒抑佛, 혹은 숭유척불崇儒斥佛이라는 말 들어봤냐? 바로 그거야. 그래서 유교가 모든 사람의 의식에 자리 잡게 되고 불교를 배척하였지. 명군으로 소문난 세종대왕도 불교를 억수로 싫어한 거야. 그러다 보니 승려들이 점점 산속으로 들어가 암자를 짓고 은둔하기도 하고 깊은 산속에 절을 짓고 생활을 하게 된 거야. 당연히 차를 마시던 승려들이 세상과 단절이 되니까 차 보급이 되질 않게 된 거지. 알아듣겠냐?"

"응, 근데 왜 다른 종교와는 달리 차를 마시는 게 불교에서 발달이 되었을까?"

"술을 마시면 화기가 퍼져 도를 닦는 데 방해가 되지만 차는 심성을 가라앉히니까 더없이 좋은 거지. 그리고……"

"그리고?"

"너 달마대사達磨大師라고 알지?"

"당근 알지. 우리 집에도 있어."

"근데 달마대사가 너희 집에 왜 있어? 너희 집이 달마사야?"

"아니 우리 일본에서는 회사나 가정집에서 신년 새해에 달마대사 인형을 가게나 집안에 모셔놓고 새해 소원을 기원하면서 눈을 그리는 거야. 한쪽 눈만 그려 넣고 목표가 달성되면 나머지 한쪽 눈을 마저 그려 넣는 거지. 일본 가게에 가보면 한쪽 눈만 그려 넣은 애꾸눈 달마대사가 수두룩해."

"쩝, 달마대사께서 일본에 와서 고생하는구나. 들어 봐. 달마대사는 메이드 인 차이나야. 원산지는 인도인데 차이나 제품치고는 아주 세련되었지. 이 스님의 도력으로 말할 것 같으면 양쯔강을 건널 때 배가 필요 없어. 그냥 나뭇잎 한 잎을 뜯어 강 위로 '훅!' 하고 불면 배가 되는 거야. 그걸 타고 양쯔강, 황허강 누비고 다녔지. 그만큼 도력이 깊다 보니 조선에서도 액을 방지한다고 달마대사 초상화를 집에 모셔놓고 있는 집이 있기도 하지.

어느 날의 일이었어. 이 도력이 높으신 스님이 참선을 하는데."

"하는데?"

"자꾸 윗눈썹이 눈을 찌르는 거야. 의학적으로 말하면 나이가 들면 상안검이 처지니까 속눈썹이 동공을 찌르는 거지. 달마대사도 자꾸만 눈썹이 괴롭히니까 참을 수가 없었던 거야. 속만 썩이다가 어느 날 '이놈의 눈썹을 확 그냥!' 하고 뽑아버리기 시작했어. 그 뽑은 눈썹을 한 올 한 올 마당에 던져버린 거야. 그런데."

"그런데?"

"그런데 눈썹이 떨어진 마당에서 싹이 올라오는 거라. 파란 싹이. 졸병 스님들이 그 싹을 보고 우리 큰스님의 눈썹이 싹을 피웠다고, 우리도 큰스님의 도력을 입어보겠다고 하면서 그 싹을 끓여서 먹은 거야.

그게 차를 마시는 시초가 되었고 절에서부터 차가 보급되었다는 증좌지. 어때, 재밌지, 그렇지?"

"과학적으로 검증이 된 이야기인 거야? 확실해?"

"그런데 달마대사 성질이 엄청 괴팍하고 급해서 눈썹을 뽑다가 그만 성질이 뻗쳐서 아예 가위로 눈꺼풀을 잘라버렸다는 거 아니냐."

"정말? 그러고 보니 달마대사 인형은 죄다 눈꺼풀이 없고 눈알만 동그랗게 튀어나와 있더라. 왜 그런가 했더니 그런 일이 있었구나. 그러지 말고 조선에 가시지."

"조선에? 왜?"

"쌍꺼풀 수술하면 조선 아니냐. 강남에 가서 살짝 하고 가면 될 것을. 그렇지?"

"그 생각을 왜 안 했겠냐. 하지만 그 시대에도 중국에서 조선에 오려면 비자가 꽤 까다로웠지. 한번은 구름 타고 몰래 들어오려다 공군 레이더에 걸려서 잽싸게 되돌아가기도 하고 그랬지. 흐흐."

다도의 첫 번째 의식은 개구멍 통과

"이곳이 바로 조선 역관이 궁금해 하는 차 마시는 곳이야. 오늘은 너에게 일본 다도의 참모습을 가르쳐 주려고 한다. 이건 특별 서비스다. 아무한테나 안 가르쳐 준다."

"뭐야. 겨우 차 마시는 곳에 데리고 오려고 은밀하게 속삭였냐. 차야 아무 데서나 마시면 되지. 대충 보아하니 마루가 보이고 정원이 있고 작은 연못이 있고 별것도 아니구먼."

"저기 안채로 들어가는 조그만 개구멍 보이지? 저 안으로 들어가라."

"머, 뭐라고? 저 개구멍으로 나를 들어가라고?"

"차 마시려면 들어가야 된다. 히데요시 간빠꾸 전하도 거기로 들어간다. 옥황상제라도 들어가야 하는데 일개 역관이 왜 못 들어가는가."

"허 참, 내가 서자 출신이라 지금은 비록 역관이지만 우리 할아버지로 말할 것 같으면 양반 중의 양반인데, 개구멍이라니…."

"양반입네 하고 폼만 잡지 말고. 너희 나라 속담에 '수염이 석 자라도 먹어야 양반'이라는 말이 있지 않은가."

"쉬키, 아는 것도 많아요."

"그대는 일본에 대해 해박하다고 소문 내놓고 차 마시는 법도도 모르면 순 엉터리지 않는가. 이때까지 나한테 일본통이라고 자랑한 건 전부 설레발 친 것인가 데스까?"

"뭐? 서, 설레발, 그래, 들어간다. 들어가."

"잠깐 좃또맛떼. 그 모자, 갓 벗고 들어가라."

"갓을 벗으라고? 야, 인마. 의관을 반듯이 갖추고 차를 마셔야 법도에도 의례에도 맞는 거 아냐?"

"거기 허리춤에 삐죽이 나온 건 또 먼데스까?"

"이건 네놈들이 너무 야만 짓들을 잘한다니까 언제 어떻게 하면 될지 몰라 호신용으로 가지고 다니는 단도, 말하자면 호신 검이다. 왜?"

"안 된다. 압수한다."

"무시기, 남의 호신용 칼을 압수한다고?"

"여기서는 누구든지 검을 가지고 들어갈 수는 없다. 쇼군사마도 칼을 못 가지고 들어간다."

그랬다. 니지리구치躙口라는 가로세로 60센티 정도로 뚫어진 개구멍을 통과해야 차를 마시는 방에 들어갈 수 있었다. 그 니지리구치를 통과하기 전에 반드시 무장해제를 해야 했다. 여인들은 귀금속이나 반지 등을 착용하지 않은 소박한 차림으로 입장을 한다. 이곳은 모두가 평등한 곳이고 화목을 이루는 곳이니 무장을 금하고 화려한 치장도 자제하라는 것이다. 모든 이를 공경하는 마음으로 고개를 깊숙이 숙이고 겨우 몸만 들어갈 수 있는 공간을 통해 들어가라는 것이다.

니지리구치를 무릎걸음으로 통과해 들어가면 그 자세로 우선 액자가 걸려 있는 곳에서 액자에 쓰여 있는 글자의 뜻을 음미한다. 주로 '화경청적和敬淸寂'과 같은 마음을 다스리는 글자들이다. 정해진 시간은 없으나 여유 있게 골똘히 글자의 뜻을 마음에 새긴 후 다시 무릎걸음으로 정해진 자리로 간다.

보통 다섯 명이 정객正客, 차객次客, 삼객三客, 사객四客, 말객末客의 순서대로 들어와 앉게 되면 가벼운 요리가 나오는데 이것이 바로 가이세키懷石 요리이다. 옛날 절간의 스님들이 춥고 한기가 들면 따뜻하게 돌을 구워 품속에 넣고 다닌 데서 비롯된 것으로 우선 시장기라도 메울 겸 하여 나오는 소량의 과자나 떡 등을 가리킨다.

일반 가정집에서 손님에게 차를 낼 때는 요리까지는 아니지만, 초콜릿이나 과자 같은 것이 가이세키 대신 나오기도 한다. 이는 녹차를 공복에 마시게 되면 위에 해로워 먼저 떡이나 과자를 먹어 속을 다스리도록 배려한 것이다.

먹을 땐 공손히 떡 접시를 받아서 우선 왼쪽 사람, 즉 다음 차례의 사람 쪽으로 놓은 다음에 '먼저 먹겠습니다.'라는 뜻으로 묵례를 한다. 다시 접시를 앞으로 가져온 후 다회 주최자에게 역시 묵례를 하며 나무로 된 작은 꼬치로 떡을 덜어낸다.

그런 다음 접시를 다음 사람에게 전달하면 다음 사람도 같은 의식을 행한 후에 먹는다. 이 의식이 진행되는 동안 주최자는 숯불에 물을 끓여 차를 달이기 시작한다. 숯불 감상 또한 빠트릴 수 없는 의식 중 하나이다.

떡을 다 먹은 후에 차가 나온다. 첫 번째로 마시는 차는 농차濃茶로 가루차이다. 아주 진한 녹색 분말 차로 한 사람이 한 잔씩 마시기도 하고 큰 대접에 돌려가며 마시는 예도 있다.

역시 떡을 먹을 때와 마찬가지 의식이 진행되는데 처음엔 찻잔을 들어 왼손바닥에 올리고 문양紋樣이 자기 쪽으로 오게 한 다음 오른손으로 다기를 45도로 두 번 돌린다. 그러면 다기의 문양이 주최자 쪽으로 향하게 된다. '이 귀한 찻잔의 문양 감상을 잘하였습니다.'라는 의미이다. 그런 다음 세 번에 나누어 마시면서 입을 떼어내지 않고 마지막에는 '후룩' 소리를 내어 다 마신다. 소리를 내는 의미는 '마지막 한 방울까지 귀한 차를 잘 마셨습니다.'라는 뜻을 전하는 것이다.

문양을 다시 원위치로 하고 이번에는 다기를 들어 밑 부분을 들여다본다. 이 또한 다기의 감상이다. 이리하여 모두가 차를 다 마신 후에는 밖으로 나가 휴식을 취한다.

2부가 시작되면 전과 마찬가지로 니지리구치를 통해 들어간다. 액자가 있던 곳에 이번에는 꽃병이 놓여 있다. 이 꽃병에는 집 근처에 자생하고 있는 들꽃과 풀을 꺾어서 꽃꽂이한 것이다. '들판에 있는 것을 방안으로' 들여서 감상하는 마음가짐이다. 이 꽃 앞에서 한동안 자연을 감상한 후 다시 자리로 돌아간다. 이번에는 아까와는 달리 아주 연한 차가 나온다. 이 또한 같은 방식으로 마신다. 보통 제대로 된 다도회는 4시간 정도 소요되는 데 일반적인

다도는 2시간 정도로 간략히 하는 경우도 있다.

"아유, 죽겠다. 성질 급한 조선 사람 체질로는 두 번 다시 할 게 아니구나. 하도 진도가 느려서 앞사람보고 '거기, 좀 조선식으로 빨리빨리 뒤로 돌립시다!'라고 했다가 엄청 눈총 받았네. 만날 양반다리로 살다가, 갑자기 무릎 꿇고 정좌正坐로 계속 있었더니 다리에 쥐가 나서 죽는 줄 알았네. 근데 너희 일본인들은 다리에 쥐도 안 나냐?"

"우리 일본 사람 쥐 안 난다. 쥐 좋아한다데스."

"시키, 즈그 왕초가 쥐데요시라고 아부 떨고 있네."

"뭐라고 했냐. 쥐데요시? 야, 국가 원수 불경죄로 잡아넣는 수가 있다."

"인마, 우리끼리인데 뭘 그것 가지고. 하여튼 구경 잘했다. 근데 아까 첨에 마신 차 이름이 머냐. 텁텁한 차 말이다."

"그건 말차라고 가루차다. 찻잎을 가루로 만들어 마시는 것인데 대체로 처음에는 가루차를 마시고 두 번째는 박차薄茶인 연한 차를 마신다."

"나는 홍차紅茶를 좋아하는데…."

"홍차도 녹차다. 옛날에 인도에서 찻잎을 배에 싣고 영국으로 운반하는데 뱃길이 멀어 운반하는 도중에 차 잎이 숙성되어 나온 것이 홍차다."

"흠…."

"숙성되지 않은 것은 녹차, 완전 숙성된 것은 홍차, 반쯤 숙성된 것은 우롱차烏龍茶 데스요."

2. 성애性愛와 할복

· 마음만 먹으면 처제, 시아주버니하고도
· 일본으로 망명한 양귀비
· 첫날밤에 반드시 날계란을 찾는 이유
· 봄가을엔 청춘 남녀가 산에 올라 집단 섹스
· 이혼 신청은 절에서
· 자장가를 부르면서 아이를 죽이는 어미들
· 소원 성취하려 절에서 투신자살
· 일 년 운세가 모두 같은 일본인
· 담배 피우는 꿈이 길몽
· 자신의 목을 베어 땅에 묻는 사무라이
· 공부의 신과 천둥의 신, 그 정체
· 시아버지와 맞담배질하는 며느리
· 조선 장기將棋는 살육전, 일본 장기는 휴머니즘
· 사무라이 복수 종결편

마음만 먹으면 처제, 시아주버니하고도

"이번에 왜나라에 와서 보니 왜놈들이나 우리나라 사람들이나 뭐 생긴 것은 별 차이가 없더구나."

"대감, 그래도 자세히 보면 차이가 있습니다. 이놈들은 우선 이빨이 뻐드렁니거든요."

"그렇구나. 근데 왜 이빨이 그렇게 들쭉날쭉 생겼느냐."

"왜 것들은 원래 이빨에 신경을 잘 안 씁니다. 새파랗게 젊은 놈이 앞니가 빠져도 헤헤거리며 돌아다니고요. 누가 그러던데 바다고기를 많이 먹어 그렇다는 둥, 혈족 간에도 결혼이 허용되어 그렇다는 둥 하더군요."

"혈족 간에 결혼을 한다고?"

"사촌 간에도 결혼이 된 다잖습니까?"

"이런 순 상놈들일세."

"더구나 처형이나 처제하고도 결혼한다는데요."

"무어라고?"

"시아주버니나 시동생하고도 하고."

"너 지금 내가 왜나라 사정 모른다고 아무렇게나 말하는 거지?"

"어느 안전이라고 거짓을 아뢰리까? 법적으로 허용된다니까요."

"부인이나 남편이 눈을 시퍼렇게 뜨고 있는데도 그렇단 말이냐?"

"아니 눈을 감았을 때, 한쪽이 죽거나 이혼하고 혼자 살게 되면 그렇게 한다니까요. 의무적이지는 않지만."

"아무리 그렇다고는 해도 엽기로세."

"근데 우리 선조들도 형사취수혼兄死取嫂婚이라고 고구려 때에는 일반화되어 있었고 부여에도 그런 제도가 있었다고 하지 않습니까? 유럽에서도 그런 제도가 있었다는데 그건 아름다운 것 아닌가요? 형이 전쟁터에서 전사하고 나면 전란 속에서 여자 혼자 어떻게 사느냐고요? 그러니 단순히 첩이 아니라 식구 한 사람 더 들이는 것으로 생각한 거죠. 그러다가 정이 들면 또 애 낳고 사는 거고 뭐."

"옛날이야 그렇다 해도 현대에 와서도 허용한다니 그게 기묘하단 말씀이다, 내 말은."

"현대라 하시면?"

"2010년대인 헤이세이平成 시대를 말하는 거지. 너하고 말을 나누고 있는 지금이야 1590년이지만."

"그래서 그런지 얘네는 시동생이란 단어도 없고요, 처제라는 단어도 없어요. 당연히 시아주버니나 처형 같은 단어도 존재조차

2. 성애性愛와 할복   85

하지 않고요."

"그럼 뭐라고 부르냐?"

"이름을 부르거나 의동생, 의형이라고 한마디로 끝나는 거죠. 시크하게."

"상것들 중에 상것들일세. 그런데 이놈들은 왜 남자건 여자건 걸음걸이들이 그 모양이야. 똥마려운 강아지처럼 엉기적거리며 걷는 모습이 영 그렇더구나."

"그거야 다 이유가 있지요. 걔들 신고 다니는 조리草履라는 신발이 그렇게 걸을 수밖에 없는 거랍니다. 엄지발가락과 나머지 네 발가락 사이에 끈을 끼워 신어야 하니 그런 거지요."

"우리는 버선을 신을 때 한 번에 다 들어가게 만들었지만 그놈들이 신고 다니는 버선 꼴을 보아하니 꼭 돼지 발가락처럼 보이더라. 족발처럼. 앞으로는 이놈들을 족발이라고 부르도록 하자."

"제가 볼 때는 발 모양이 쪽 찢어졌으니 쪽발이가 더 좋은 것 같은데요? 족발이, 쪽발이, 어느 쪽으로 부를 깝쇼?"

"어감 상 쪽발이가 마음에 쏙 드는구나. 그걸로 해라."

"역시 대감님은 기발하시군요. 대감님을 엽기 대감으로 명명하겠습니다."

"무슨?"

"상투 이름 건도 대감께서 손수 지어주셨다는 풍문이…."

"아 참, 저놈들에게 내가 기가 막힌 상투 이름을 지어준 적 있잖나?

그거 아직도 잘 쓰고 있냐?"

"그럼요. 그 이야기 한 번 해주시죠."
"험험, 이놈들이 조선에 들어와 보니 우리 조선 사람들이 방안에서도 모자를 쓰고 있는 걸 유심히 본 거야. 모자를 벗으면 상투를 단정히 틀어 올리고 있고. 아주 궁금했던 모양이지? 어느 날 나에게 묻기에 답해 줬지."

"저기 조선 나으리, 한 가지 여쭈어볼게 있는데요."
"무얼?"
"나으리께서 틀고 있는 그 대가리 꼭따리는 뭐라고 합니까?"
"이 자슥이. 양반님 머리보고 대가리라니. 인마, 네 대갈통이 대가리이고 내 대갈님은 두상이라고 하는 거야. 그라고 꼭따리가 아니라 표준말로는 꼭지라고 하는 거야. 근데 왜 이것 하고 싶어? 원래 상것들은 하지 않는 거야."
"아니 꼭 하고 싶다기보다 저희에게 글도 가르쳐 주고 천수답天水畓 만드는 것도 가르쳐 주고 하셨으니 그 머리 트는 이름 정도는 서비스하시는 셈 치고."
"참 귀찮네. 거 쌍것들은 하는 게 아니래도. 꼭 알고 싶으냐?"
"오네가이시마스."
"쩝, 오냐 알려주마. 대신 하지 마라. 이건 조옷, 허엄."
"좃?"
"허허엄, 조옷마개니라."
"좃마개라고요?"
"그렇다니까~"

2. 성애性愛와 할복　87

"그렇게 해서 일본인들에게 상투를 조옷마개라고 명명해 줬느니라. 믿거나 말거나."

"어쨌건 좃마개는 근대화의 물결 속에 자취를 감추었지만, 일본 스모선수들은 지금도 열심히 좃마개를 머리에 틀고 있다고 하옵니다. 대감께서 정말 그렇게 하셨는지 어떤지 자료는 없고 떠도는 말인지라 뭐라 말씀드리기 뭣합니다만 사실이라면 존경할만 하옵니다."

"짜샤. 우리 조선의 명언 중에 이런 말이 있지."

'웃자고 하는 말에 죽자고 달려들지 마라!'

일본으로 망명한 양귀비

"대감님, 모처럼 일본에 왔으니 분위기 좋은 데서 술 한 잔 어떻습니까?"

"야, 지난번 혼탕 건도 있고, 또 무슨 실수 하려고?"

"게이샤라고 들어 봤습니까?"

"게이? 너 혹시 그런 쪽이야?"

"아니. 게이가 아니라 게이샤. 일본기생이라고, 한자로는 芸者라고 쓰지만, 기생이라는 의미죠. 아마 안 보시면 평생 후회하실 건데요. 그 게이샤가 있는 곳에서 일본식 풍류를 접해보시는 것이 일본의 정세를 살피는 데도 도움이 될 것 같은데 어떠신지요."

"말본새 하나는 좋다. 그게 일본 정세하고 무슨 상관있냐?"

"그럼 승낙하신 거로 알고 진행하겠습니다. 흠흠."

그리하여 그 유명한 일본의 게이샤가 있는 곳으로 향했다. 샤미센三味線 가락이 흥겹게 울려대는 요정에 들어서자 하얗게 분칠을 하고 풍성한 머리채를 올리고 있는 여인네가 나와서 특별한 행색의 남정네들을 아래위로 한참 훑어보았다.

"어떻게 오셨는지…?"

"험험, 우리로 말할 것 같으면 대조선 땅에서 그래도 한량 중에 한량이라고 할 수 있는, 이분은 대감님이시고 나는 편의상 부대감이라 하오만…."

"얼마 전에 이곳에 조선통신사 양반들이 왔다고 이야기를 들었는데 그럼…."

"그렇소. 바로 우리가 그 사람들이오. 근데 우리가 이곳에 온 것은 비밀로 해 줘야 하는데."

"걱정 마시오. 저번에도 조선에서 오신 분들이 이곳에 들렀다가 나중에 문제가 되어 무슨 국정조사인가 청문회인가 했다고들 하던데. 그럼 오늘 접대 받으실 분이 저 갓 쓴 분이신가요?"

"아니 우린 접대하고 받고 그럴 사이는 아니고 그냥 술 한잔하려고."

"일단 들어오시지요. 조선에서 오신 분들이라니까 특별히 모시겠습니다. 원래 외국 분들을 모시는 곳은 나가사키長崎에 데지마出島라는 곳에서 접대하게 되어 있습니다만.[11] 마, 조선인이나 일본인이나 외모가 같으니 단속이 나오더라도 잘 모르겠지요."

"다, 단속 나온다고요? 그럼 안 되는데. 걸렸다가는 또 무슨 상납이니 뭐니 해서 돌아가면 합동조사단 꾸미고 시끄러운데."

"말이 그렇다는 거지요. 이곳에는 단속이 심하지 않으니 걱정하지 마시오."

그리하여 방으로 들어간 두 사람은 주거니 받거니 흥겹게 잔을 기울였겠다. 취기가 오른 대감이 게이샤에게 넌지시 물었다.

"우리 조선에서는 미인 기생이라면, 황진이黃眞伊를 최고로 삼는데 일본에도 그런 절세미인이 있는가?"

"물론 있지요. 미녀의 대명사라고 하면 오노노 고마치小野小町를 일컫는데 언제 어디서 태어났고 어디서 죽었는지는 알려지지 않았지만 9세기 전반에 일본을 주름잡던 여인이지요. 조선의 황진이처럼 뛰어난 시를 짓는 여류 가인으로 고대 시가집詩歌集인 고금집古今集에 18수가 수록된 것을 비롯해 100여 수나 되는 시를 남긴 사람이에요. 전하는 바로는 그녀는 18세에 궁중에 나가 궁중의 제일가는 미녀가 되어 천황의 총애를 받았다는군요. 하지만 궁중을 나와서는 수많은 남자로부터 구애를 받았지만 모두 거절했다는군요. 늙어서는 보기 흉한 모습으로 여러 곳을 방황했다고 하고요. 그리고 어디까지가 사실인지 모르지만 늙어 쓰러진 그녀의 눈에서 억새 싹이 돋아나와 지나가는 사람들에게 아픔을 호소하면서 울었다고 하네요."

"호, 미인의 대명사로 지칭되는 사람의 말로치고는 너무나 슬프군. 그렇게 유명한가요?"

"그럼요. 이집트엔 클레오파트라, 중국엔 양귀비楊貴妃, 일본엔 오노노 고마치, 이 셋이 세계 3대 미인이라고 한답니다."

"어딜 양귀비에다 같다 붙이기는. 근데 그 양귀비가 사실은 중국에서 도망 나와 일본에서 생을 마쳤다고 하는데 혹시 그 소식은 아시는가?"

"역시 국제적으로 노시는 분이라서 그런지 소식통이 빠르시군

2. 성애性愛와 할복

요."

"내가 그쪽으로는 조금 일가견이 있는 사람이오. 그래 얘기를 해보시오."

"이야기가 조금 깁니다만 괜찮겠습니까? 이쪽의 대감쯤으로 보이시는 분?"

"흠흠, 처음 듣는 이야기인데 해보시구려."

"전해지기를 당나라 현종玄宗의 비妃인 양귀비는 안록산安祿山의 난 때 황제와 함께 도망하는 도중 죽었다고 전하지요. 양귀비에 대한 현종의 총애가 지나친 나머지 난이 일어났다고 생각한 병사들이 '요부 양귀비를 죽여라' 하면서 쫓아왔기 때문에 현종은 어쩔 수 없이 그녀를 죽였다고 하더이다. 하지만 양귀비는 이때 죽지 않고 바다를 건너 일본의 야마구치山口현으로 들어왔다는 것이지요."

"그게 사실이란 말이지요?"

"역관, 거 중간에 끼어들지 말고 좀 이야기를 들어보자꾸나."

"이야기에 집중하시는 대감님의 태도가 참 보기 좋군요. 양귀비가 병사들의 감시에서 빠져나온 이야기는 참으로 드라마틱하지요. 현종의 근위 사령관이 양귀비를 동정하여 시녀 한 사람을 양귀비로 변장하게 하고 진짜 양귀비는 상하이上海 쪽에서 출항하여 야마구치로 들어왔다는 겁니다. 그 후 현종은 양귀비가 일본에 무사히 도착했다는 소식을 듣고 불상 두 개를 보냈고 양귀비는 이에 화답하여 지니고 있던 비녀를 현종에게 보냈다는 거예요. 드라마도 그런 드라마가 없지요."

"에이, 아무렴 실제로는 그럴 리가 없겠지요."

"역관! 셔터 마우스!"

"믿거나 말거나 그건 고객님 마음이시고. 양귀비는 잘살다가 야마구치현에서 죽었고 이존원二尊院이라는 사원에 있는 오륜석탑이 바로 양귀비의 무덤이라고 하네요. 그 주위에 있는 십여 개의 석탑은 그녀의 수행원들 묘라고 하고."

"정말 감명 깊게 잘 들었소. 그런데 우리 조선에도 관기라 하여 기생이 있는데 일본도 그런 게 있는가?"

"조선의 관기와는 전혀 다릅니다. 게이샤를 훈련하는 곳이 있는데 편의상 게이샤 학교라고 부르겠습니다. 본디 대감님께서 오신 이 시기에는 유녀만 있었는데 후에 예능까지 갖춘 격조 높은 접대부로 거듭나게 된 것이 게이샤지요. 마, 시공을 초월하여 게이샤의 역사에 대해 말씀을 드리지요. 일본의 게이샤가 되는 것은 아무나 되는 게 아니고 정해진 나이에만 입학을 할 수 있어요. 철저하게 정해진 규칙이 있어 반드시 지켜야만 하지요. 여자아이가 태어난 지 만 6세 6개월 6일째 되는 날에 게이샤 학교에 입학할 수 있어요. 하지만 세월이 갈수록, 은퇴한 게이샤가 경영하는 곳이 여기저기 난립해 있어 굳이 학교라고 할 수 없는 곳도 생기게 되었지요."

"무얼 공부하는데 그렇게 어릴 때부터 들어가는 건가요?"

"입학 후에 10년간 공부하는데 허드렛일부터 시작해서 각종 공부를 해요. 샤미센, 외국어, 서예, 꽃꽂이, 다도 등, 이 10년 동안에는 친구도 못 만나고 가족도 못 만나고 외출도 제한되어요."

2. 성애性愛**와 할복**

"친구끼리 문자나 트윗, 카카오톡, 머 이런 것도 안 되나요?"

"안 돼요. 선배들이 철저히 감시하고 있고 위계질서가 엄격해서 다른 일을 할 수 없어요. 잘 때에도 올림머리 스타일이 흐트러지지 않도록 높은 베개를 베고 잡니다. 그래도 헤이안平安 시대나 가마쿠라鎌倉 시대의 여인들보다는 낫지요. 그때에는 눈썹을 몽땅 뽑아야 했거든요."

"눈썹을? 속눈썹? 미간 눈썹?"

"미간 눈썹을 다 뽑는 거랍니다. 미는 게 아니라 집게로 뽑는 거죠. 거기에 다시 눈썹을 그리는 거예요. 그린 눈썹 높이가 높을수록 신분이 높다는 증표였다네요. 게다가 치아를 까맣게 염색도 했었지요. 머리는 한 달에 한 번 정도 감았었고."

"한 달에 한 번 머리를 감는다고? 그게 미인들의 조건이었다고?"

"목욕은 자주 해도 머리는 그렇게 했다네요. 검고 풍성한 머리를 보전한다고 그랬다니까 미련한 건지, 모자란 건지. 감을 때도 쌀겨로 감았다니까 딴에는 무언가 상식이 있었겠죠. 궁중에 있는 귀한 여인들이 그렇게 하니까 저잣거리의 여인들도 차츰 흉내를 냈답니다. 지금은 그때보다 정말 좋아진 거예요. 이빨을 물들이는 풍습은 아직도 있지만."

"대감. 일단 술 한잔하시고 숨을 고르시는 것이."

"그, 그럴까?"

"그럼 두 분께 본격적인 이야기를 드리기 전에 양주 한 병과 안주 한 접시를 추가하겠습니다."

11)데지마는 일본과 무역하던 네델란드인들이 장기간 조국을 떠나 있어 그 적적함을 달래준다는 명분으로 5천평정도 되는 인공섬을 만들어 유곽을 설치한 것이다. 일본인들의 관대한 성의식이 엿보이는 대목이다.

첫날밤에 반드시 날계란을 찾는 이유

"그래, 10년간 수련을 한 게이샤는 그 후에 어떻게 되는 거요?"

"술 한 순배 돌기도 전에… 오랜만에 대감께서 집중하시는군요. 그렇게 흥미롭습니까?"

"이놈아, 내가 지금 일본의 풍속을 연구하고 있느니라."

대감의 재촉에 게이샤의 이야기는 계속되었다.

"10년이 지나 첫 손님 좌석에 나가는데 그때 만나게 되는 남자가 후견인, 말하자면 기둥서방이 되는 것이지요. 미즈아게水揚라고 하는 첫 자리에서 만나는 이들은 대부분 고관대작이나 재벌들이에요. 그들은 처음으로 나온 게이샤들에게 흠뻑 빠져들게 되어 있어요. 그들 또한 지정된 게이샤를 한 명쯤 데리고 있다는 것이 일종의 명예로 여기는 거지요."

"말하자면 사나이로써 가오顏 잡는 거로군."

"가오 잡아? 얼굴 잡아? 그게 뭔데스까?"

"조선에서는 개폼 잡는다는 뜻으로 쓰이는데, 됐고, 게이샤가 첫날 만나는 이야기 좀 더 해 보슈. 좀 걸쭉한 거로."

"첫날 만난 남자 앞에서 그동안 갈고 닦은 춤과 노래 솜씨를 보이고 온갖 교태로 사내의 마음을 휘어잡은 후에 드디어 동침하게 되는데."

"(꼴깍) 되는데?"

"날계란이 필요해요."

"날계란? 목이 마른가요? 날더러 사오란 말씀?"

"그게 아니고 첫날밤에는 날계란이 필요해요. 세 개가."

"흠, 대강 알겠네. 무엇에 쓰이는지."

"호, 알고 계셨군요? 어떻게."

"그거야. 응당 목이 마를 테니까 날계란을 먹고 나서."

"틀렸어요. 먹는 게 아니라 바르는 거예요. 아니 먹기는 하는데 노른자는 남자가 먹고 흰자는 게이샤의 허벅지에 바릅니다. 허벅지에 바르고 나서 초야를 치르는 거지요."

"날계란을… 허벅지에… 꿀벅지는 아는데 계란벅지는 처음 듣는군요."

"제가 점잖으신 조선 양반님네 앞이라 그렇게 표현했지만, 허벅지에만 바르는 것이 아니라."

"아니면?"

"첫 자리에 나가는 병아리 게이샤 인지라 초긴장해 있는 터라."

"그 그래서."

"게이샤의 은밀한 곳에도 바르고…."

"허 참, 커 참, 기기묘묘하고도 엽기로세. 그런 짓을…."

2. 성애性愛와 할복

"그런 짓을, 아니 그 의식을 일주일 동안이나 계속한답니다. 그리고 나서야 비로소 한 커플이 탄생하는 것이지요. 이렇게 커플이 되면 후견인은 매월 엄청난 화대를 지불하고 둘 사이는 지속되는 거지요."

"혹시 둘 사이가 좋아져서 혼인하는 경우도 있나요?"

"원칙적으로는 안 됩니다. 어디까지나 세컨드, 그러니까 첩의 신세이지요. 남자의 본처가 죽더라도 첩은 첩일 뿐, 본처로 들어갈 수는 없어요. 게다가 아이가 생겨도 친자 요구를 해서도 안 되고 딸을 낳으면 게이샤로 키운답니다."

"그럼 한 남자, 말하자면 한 기둥서방만 바라보고 살아야 하나요?"

"꼭 그렇지는 않고요. 둘째 기둥, 셋째 기둥 이렇게 바뀌는 건 다반사이고, 아예 기둥이 생기지 않으면 프리랜서로 뛰는 친구도 있지요."

"게이샤가 되려고 하면 경쟁률도 있겠는데요?"

"게이샤의 위치가 안정되고 좋을 땐 서로 되려고 한 적도 있지만 갈수록 게이샤의 인기가 떨어져서 나중에는 가난한 집에선 딸 아이를 게이샤에 팔아버리는 경우가 많아졌지요. 먹는 입 하나 덜려고 그러는 거예요. 만 6세부터 시작되는 게이샤 수업도 지켜지지 않고 굳이 10년간 하지 않고도 속성으로 몇 달 하고 술자리에 나가는 경우도 허다해졌어요.

쇼와 시대로 접어들면서 웬만해선 여자들이 게이샤를 하지 않으려고 해요. 누가 남의 첩으로 일생을 살려 하겠으며 매일 하얀 분칠을 한 얼굴로 살아가려니 나이 서른쯤 되면 얼굴에 화장독이 올라 시퍼렇게 문드러진 얼굴로 살아가야 하는 처지도 슬프고. 그리고 게이샤와 몸을 파는 유곽의 여자가 구분이 애매하게 되어버렸고 심지어."

"심지어?"

"격자로 칸을 만들어 놓고 그 안에 다소곳이 앉아있는 게이샤풍의 여자들 중에 남자들이 골라서 유흥 대상으로 하는 곳까지 생겨났지요. 지나가는 남성들이 언제든지 볼 수 있게 만들어 놓은 곳이지요. 말하자면 예전에는 1차는 게이샤의 예기를 보면서 흥을 돋우고 2차는 유녀를 상대로 성적 욕구를 채우는 것이었는데 후에 코스 요리처럼 세트로 묶어 패키지 한 거지요."

"게이샤와 유곽의 여자를 구분하는 법이라도 있는지요."

"외견상으로 딱히 구분하는 방법이 있는 건 아니지만 버선을 신었느냐, 신지 않았느냐로 구분하지요."

"좀 더 디테일하게 설명을 좀."

"여성들의 신발인 조리를 신을 때 게이샤는 버선을 반드시 신어야 하지만 유녀는 맨발로 있어야 해요. 이건 불문율이죠. 그래서 1차를 즐긴 남정네들이 신발을 보고 버선이면 '패스!' 맨발이면 '잠시 검문 있겠습니다.' 하는 것이죠. 하지만 차차 몸을 파는 게이샤가 늘어나다 보니 버선을 신었다 벗었다 하지요. 예전 같으면 게이샤가 딴눈 팔다간 치도곤을 맞을 일인데. 아, 또 있어요. 기모노는 게이샤나 유녀나 다 입고 있지만, 기모노를 매는 띠를 오비라고 하는데 그 오비의 묶은 매듭이 앞에 있으면 유녀, 뒤쪽

2. 성애性愛와 할복

에 있으면 게이샤라고 하지요."

"복잡하게 구분되어 있네요."

"일설에는 유녀는 언제나 남정네를 받아들일 준비가 되어 있기 때문에 앞쪽에 매듭이 있고 게이샤는 아무하고나 몸을 섞어서는 안 되기 때문에 뒤쪽으로 매듭을 짓는다고…."

"매듭이 앞쪽이면 쉽게 풀 수 있고 뒤쪽이면 풀기가 어렵겠고. 그런 건가요? 그렇겠군요. 제 경험상으로도…."

"험험, 나도 질문 하나 하리다. 일본의 유녀 제도는 언제부터 생겨난 거요?"

"역시 대감님이시라 수준 높은 질문을 하시는군요.

유녀는 고대 나라奈良 시대부터 있었다고 하나 공식 제도화된 것은 가마쿠라 시대라네요. 제가 게이샤 교육받을 때 들은 이야기로는 1192년에 유녀를 관리하는 관공서가 설치되었고 이때부터 모든 유녀는 등록제였어요. 더구나 세상에, 소득세를 1년에 10관이나 물게 하였다는군요. 아예 영업으로 인정해 준거죠. 유녀가 되는 길도 스승인 선배로부터 가부키 곡 등을 전수받아 후배가 그 뒤를 잇는 형식이었고요. 선배가 확인증을 써 주지 않으면 유녀가 될 수 없었던 거래요.

유곽은 그 후에 생겨났지요. 지금 제가 있는 이곳이 일본 유곽의 시초라고 할 수 있는데요. 우리 요정 마담이 히데요시 님과 아주 친해요. 그래서 로비를 좀 해가지고 이곳 시마바라島原라는 유곽을 개업했지요. 히데요시 님이 친히 첫 매상을 올려 주셨다는 얘기도 있고. 1589년이니까 아직 개업한 지 얼마 되지 않았어요.

이게 일본 유곽의 시초에요. 모두들 일본의 첫 유곽 하면 요시와라吉原라고 생각하는데 아니에요. 저희가 첫 번째에요. 두 분, 이곳에 오신 것을 영광으로 생각하셔야 합니다."

"여인네들이 몸을 파는 것을 매춘賣春이라고 바로 이 유곽에서 나왔다고 하던데 왜 그렇게 표현했는가요?"

"그것도 공부했지요. 매춘이라는 말은 일본어로 봄을 판다에서 비롯되었고 몸을 파는 여인에게 주는 돈을 화대花代라고 하는데 그 말도 그 영향을 받았지요.

때는 헤이안 시대 말기에요. 겐페이源平전쟁에서 참패한 타이라 쪽, 즉 헤이게平家의 몰락으로 뿔뿔이 흩어진 시녀들이 산속으로 숨어들었지요. 그리고 연명의 수단으로 산에 피어있는 꽃을 팔아 그럭저럭 지내곤 했었지요. 그런데 꽃이라는 게 사시사철 핀답니까. 꽃이 피지 않는 계절에는 하는 수 없이 거리로 나왔지요. 주로 다음과 같은 일이 벌어졌어요.

"거기 훈도시 차림으로 쓸쓸히 지나가는 훈남나그네 님!"
"험, 웬 쭉쭉빵빵 산처녀가 날 부르는가?"
"제 꽃 좀 사시라고요."
"꽃은 보이지 않는데 무슨 꽃을?"
"산들에 핀 꽃만 꽃이랍니까? 저도 알고 보면 산에 피는 한 떨기 아리따운 꽃이랍니다. 가을이지만 봄이라 생각하시고 저를 꽃이라 생각하시고."
"거참 안됐군요. 그대가 봄을 팔고 꽃도 판다고 하니 꽃값을 쳐

드리오리다."

　이리하여 화대라는 말과 봄을 판다는 매춘이라는 말이 생겨났답니다. 근데 게이샤, 아니 유녀들을 부를까요? 지금은 영계들은 다 나가고 노계들이 있긴 한데 완전 부스들은 아니에요."
"부스?"
"일본에서는 예쁘지 않은 여성을 부스라고 해요. 추녀라는 뜻이죠."
"조선에서는 호박이라고 하고, 마, 폭탄이라고도 하죠. 근데 부스는 어디서 온 말인가요?"
"부자付子라는 식물에서 따온 말이에요. 여름에 자색 꽃을 피우는 '바곳'이라는 나무인데 맹독을 지녔어요. 옛날에는 이 독을 화살촉에 묻혀 쓰곤 하였지요. 이 독이 체내에 들어가면 뇌의 호흡중추를 마비시켜 감정을 상실하고 표정이 없어지게 된답니다. 표정 변화가 없는 사람을 가리켜 부스라고 부르게 되었고 점차 미인이 아닌 사람을 부스라고 부르게 되었지요. 부스 독은 큰 곰을 17초 만에 쓰러지게 한다는데 추녀를 보았을 때의 충격도 그에 못지않아서 그렇게 불렀는지도 모르지요. 그런데 부스를, 아니 노계를 불러요? 말아요? 두 명?"
"쩝, 거 듣고 보니 겁이 나서⋯. 관둡시다."
"과, 관두다니요? 모처럼 와서 김빠지는 소리를 하시면⋯."
"이놈아. 지금 환율이 어떻게 되는지 알고나 하는 소리냐? 네가 낼래? 술값에다 화대를? 그러잖아도 카드 연체로 숨 막혀 죽겠는데."

봄가을엔 청춘 남녀가 산에 올라 집단 섹스

"어이, 일본 역관. 어제 말이야. 내가 대감님 모시고 게이샤한테 갔단 말이야. 캬, 한마디로 죽이더라. 너 게이샤한테 가본 적 있어?"

"게이샤? 유곽의 유녀를 말하는구나. 거기 안 가봤으면 사내가 아니지. 보너스 타면 거기부터 간다."

"머? 너 결혼했다며. 자식들도 있고."

"결혼하고 그거하고 무슨 상관있냐? 왜? 가면 안 돼?"

"야, 그래도 너희 와이프가 가만있냐? 그런데 함부로 들락날락하면 헤어지자고 안 해?"

"야, 무슨 그런 일로 헤어지고 그러냐? 그런 거 없다. 예부터 일본은 성 풍속 하나만은 관대하거든. 그런 건 아무것도 아냐. 들어볼래?"

"또 무슨 엽기적인 이야길 하려고."

"우리 형제는, 그러니까 나와 우리 형은 한 여인네를 데리고 함께 산다."

"뭐, 뭐라? 한 여자를 두 형제가 같이 데리고 산다고? 이런 짐승."

"아니, 내가 표현을 잘못했는데 우리 형이 전장에 나가서 행방불명이 되었단 말이야. 그래서 갈 곳 없는 형수를 우리 집에 데려와서 같이 살기로 했는데 그만 정이 들어서 마누라로 슬쩍 편입된 거지. 어때? 감동적이지? 이런 휴머니즘이 너희 나라에도 있냐? 조선의 풍습으로는 이해가 안 될 거야. 또 들어볼래?"

"갈수록 엽기적인 이야기들이라 흥미가 있긴 한데 듣고 나면 뭔가 기분이 씁쓸하네. 하여튼 해봐."

"너희 조선에서는 남녀칠세부동석이라고 해서 어릴 때부터 남녀 구별이 정확해서 남의 눈을 살펴가면서 데이트를 한다고 하더라만 우리네는 그런 거 없다. 가가이歌垣라는게 있는데 말이야. 봄이 되면 청춘남녀가 산에 올라가 그걸 하는데 말이야."

"봄만 되면 하는 거야?"

"아니 가을에도 해. 농촌의 젊은 남녀가 우르르 한꺼번에 산에 올라가서 마음에 맞는 짝하고 바로 섹스를 하는 거야. 나는 지난주에도 갔다 왔다. 너도 한번 가볼래?"

"혼토? 정말이야?"

"그런데 일본의 전통적인 단가短歌를 알아야 해. 그거 모르면 안 돼."

"단가라면 31자로 구성된 일본의 전통 시가詩歌?"

"그래 맞아, 모두들 산에 올라가서 단가를 짓는데 단가가 마음에 드는 쪽을 골라 바로 그곳에서 한바탕 일을 치르는 거지."

"엽기로세, 엽기. 근데 왜 그런데? 너희는 그게 하고 싶으면 아무 곳에서나 그렇게 해야 되냐?"

"산으로 올라가서 그것을 하는 것은 그곳에 신을 모셔두었기 때문이야. 봄에는 올해의 풍작을 기원하는 것이고 가을에는 올해에도 풍작을 주신 것에 감사드리는 것이지. 왜 서양에도 있잖아. 카니발이라고. 추수감사절에 만나서 할 게 있냐? 그게 최고지."

"호, 그럼 동네 처녀가 그곳에서 아무 총각하고 성관계를 하고 나면 나중에 시집갈 때 아무 지장 없냐? 머, 숫처녀가 아니라는 둥, 행실이 안 좋다는 둥하며 지장은 없는 거야?"

"너희 조선하고는 달라. 너희 조선 처녀들은 처녀 때 실수건 고의건 처녀성을 잃어버리면 결혼하기 전에 무척 고민한다고 하더라."

"맞아. 그래서 처녀로 다시 되돌려주는 곳도 있어."

"호, 그런 게 가능한 거야?"

"그럼, 강남에 가면 처녀막을 복원시켜주는 곳이 있어. 완전히 새 처녀로 리폼해주는 거지."

"그거야말로 엽기로구나. 일본 처녀들은 거꾸로 결혼 날을 받아두었는데 아직 처녀로 있으면 그걸 가지고 고민한다."

"도저히 이해를 못 하겠구나. 고민할 걸 가지고 고민해야지. 어찌."

"일본 여자들은 처녀성을 버려야만 안심하고 결혼을 하는 거야. 그게 옛날부터 신에게 자기의 처녀성을 바쳤다는 긍지에서 출발하여 지금도 그런 의식이 잠재된 거야. 그러다 보니 21세기가 되어서도 첫날밤을 치른 후 신부가 처녀성을 간직하고 있었으면 신랑이 그런다잖아. '넌 남친도 한 명도 없었냐? 이제껏 뭐 했냐? 그렇게 사교성이 없어서 세상 어떻게 살아갈래?' 하면서 핀잔을 준다잖아. 그래서 결혼 날짜를 받아놓은 처녀가 처녀성을 간직하고 있으면 그걸 버리려고 분주하게 싸돌아다닌다네."

"헐, 이건 우리 조선하고는 완전히 반대잖아. 조선 신랑은 신부가 처녀라는 걸 알면 좋아서 펄쩍펄쩍 뛰면서 동네방네 자랑하고 다니는데."

"너희 조선에서는 부부끼리도 남의 눈치를 살핀다고 들었다만 우리는 전혀 다르다. 우린 남녀가 함께 목욕하는 건 기본이다."

"하기야 온 동네 사람들이 섞여서 목욕했다는데 뭘들 못하겠냐."

"부부사이든 정부사이든 침실에서는."

"침실에서는?"

"조선에서는 불을 훅 꺼야만 그다음으로 진행이 된다고 들었다. 우리는 그러는 게 아냐."

"그럼 훅 끄는 게 아니면, 불을 팍 엎어버리는 거냐? 급해서?"

"아니, 불을 환히 밝혀야 돼. 불을 끄면 일이 안 된다."

"에이 순. 아무렴 불을 환히 켜고 그 짓을 한단 말이냐."

"옛날 헤이안 시대 상류층 여자들은 절대로 얼굴을 드러내서는 안 되었던 풍습이 있었어. 그래서 그런지 정을 통하는 방식이 특이했는데 정을 통하려는 여자가 있는 곳에 컴컴한 밤을 이용하여 들어가서 어둠 속에서 정을 통하고 새벽 일찍 그곳을 나와야 했던 불문율이 있었다고 하네. 후에 저잣거리의 남녀들도 이런 흉내를 내게 되었는데 요바이夜這라고 하는 풍습은 한밤중에 여자가 있는 집에 남정네가 몰래 들어가서 여자를 범하는 풍습이야. 몇 군데 해 보고 마음에 드는 여인네와 혼인을 한다는데 이게 꽤 광범위한 거라. 처녀는 물론이고 과부에다 유모에 심지어는."

"심지어는?"

"이미 결혼한 유부녀들도 거꾸로 이걸 즐기게 된 거라."

"설마."

"이게 1900년대 후반까지도 있다 보니 메이지明治 시대를 열고 서구 문물을 받아들인 정부로서는 기겁을 할 노릇이지. 그래서 금지한 거라. 안 그랬으면 2000년대까지 계속되었을지도 모르지."

"호, 지금은 1500년대이니까 괜찮겠네. 슬슬 밤이 되어 가니까 모험심이 발동하는데 아무 집이나 들어가면 되는 거야? 그런 거야?"

"가는 건 자유지만 얘길 끝까지 듣고 가든지 말든지 해. 요바이는 말이야. 처음에는 아무 집이나 무작정 들어갔지만, 차츰 룰이 생겨났어. 이를테면 처녀가 남정네를 받아들일 나이가 되어야 한다든지, 과부라든지. 마을 총각들이 옆 마을 껄떡쇠가 못 오게 돌아가면서 지키기도 하고 걸렸다가는 반죽음당하기도 하고."

"허걱!"

"처음엔 남정네 위주로 진행되다가 차츰 여자들이 주도권을 쥐

2. 성애性愛와 할복

게 되었고 요바이를 해 주십사하고 아예 문고리를 열어두고 개방하게 되었던 거라. 말하자면 내가 낭군으로 모시고 살 남자가 제대로 밤일을 하는 건가 아닌가를 보고 괜찮다 싶으면 승낙을 하는 거고 아니다 싶으면 퇴짜를 주는 거고."

"퇴짜 맞으면 쪽팔리니까 밤중에 어둠 속을 뚫고 들어가는구나."

"그런 거도 있고 언제 남정네가 들어올지 모르는데 밤새 불을 밝힐 수도 없고. 에너지 절약도 생각해야 하고. 불을 밝히고 있으면 들어오기가 힘들잖겠냐? 어쨌든 여자의 얼굴을 제대로 보지 못하는 아픔이 있어서 그런지 이제는 아예 불을 환히 밝히고 정을 통한다는 거야. 그것뿐인 줄 아느냐?"

"또? 무슨 엽기?"

"우리네는 남창男娼이 공공연하다는 거. 조선에도 남창이라는 거 있냐?"

"들은 바로는 조선 궁중에서 남창까지는 아니더라도 내시들 가운데 간혹 동성애가 있다는 이야기는 들었지만 공공연하지는 않지. 발각되는 날엔 죽음을 각오해야 하니깐."

"무슨 그런 일로 죽이기까지 하냐? 야만스럽게. 우리 왜에서는 남색男色은 전혀 부끄러운 일이 아냐. 오히려 자랑스러워한다. 부富의 상징이라고 해서."

"하기야 지난번 히데요시를 만났을 때 시중드는 시동들을 보고 괴이하다고는 느꼈어, 그래서 살며시 물어봤지."

"저기, 시녀님, 한 가지 물어봐도 될까요?"

"아니, 전 시녀가 아니라 시동, 이래봬도 사내입니다."

"헉, 이렇게 얼굴에 화장을 짙게 하고 눈썹까지 그리니까 영락없는 여자로 보이는데. 게다가 절세의 미인으로. 근데 사내 녀석이라니."

얼굴을 가까이 대하자 시동에게 향긋한 꽃내음이 물씬하게 풍겨 나오는 거였어.

"어이, 너 시동, 사내 녀석이 얼굴에 화장을 하고, 향수를 바르고 도대체 왜 그러는 거니? 너희 부모님들도 네가 이러는 거 알고 있니? 부모님 모시고 한번 와야겠다. 학부형 회의라도 해야지."

"무슨 말씀을. 우리 부모님이야 제가 시동으로 있는 걸 가문의 영광으로 생각하고 있는데…."

"안 되겠다. 너 당장 내일 모시고 오너라. 근데 나이는 몇 살이나 되었냐?"

"제가 열세 살, 저기 저 시동은 열다섯 살, 우리 팀장님은 나이가 조금 있어 스물한 살 대충들 그래요."

"꼭 그렇게 화장을 하고 치장을 해야 되는 거야?"

"모르시는 말씀, 이렇게 해야 저희 간빠꾸님에게 간택이 될 수도 있고, 하다못해 대신들 눈에 들면 사랑을 받고 잠자리까지 갖는 총애를 누릴 수 있죠. 왜 저에게 관심이 있으신가요? 역관 나으리잉."

"이런 일이 있었단 말이다. 그날 그 시동한테 붙잡혀서 빠져나오느라 죽는 줄 알았네. 휴."

"히데요시는 시동뿐만 아니라 측실이 무려 300명이나 된다네. 거의가 영계에다 쭉쭉빵빵이라네. 키도 작고 대머리 까진 쥐 꼴을 한 용모라서 콤플렉스 때문에 그렇게 첩을 많이 두었다고도 하고. 게이는 선대 주군인 노부나가가 밝히다 보니 무슨 전통이라고 히데요시도 밝힌다네. 그러다 보니 영주들도 따라서 남색을 엄청들 밝히고. 게이들끼리 주인의 총애를 받으려고 쌈박질을 하지 않나, 심지어는 살인까지 일어나는 일도 있다는군."

"너희 왜나라는 어찌 그렇게 문란하냐?"

"너희 조선의 사고방식으로는 문란하다고 할 수 있겠지만 일본의 성문화는 방해받는 것이 없고 도덕적으로도 질타 받는 경우는 거의 없다. 종교적으로도 제한받지 않는 거지. 문학에서도 너희 나라처럼 검열에 걸리고 잘리고 하는 게 없다. 일례로."

"일례로?"

"유명한 소설가인 이하라 사이가쿠井原西鶴가 쓴 『호색일대남好色一代男』이라는 작품은 작가가 실제로 경험한 바를 바탕으로 쓴 성애소설인데 이게 또 일본 사람들의 성에 관한 의식을 단적으로 나타내 주고 있는 거란다. 7세부터 60세에 이르기까지 주인공이 경험한 성관계 이야기를 적나라하게 표현했는데 세상에!"

"세상에?"

"성 경험한 상대 여자만 3,742명에다…."

"또 있어?"

"남색으로 상대한 남자가 725명이라네. 대단하지 않나? 우리 왜나라가 성문화 하나만은 세계에서 제일 특별하고 관대할 거야. 어때? 이참에 우리 왜에 눌러앉을 생각은 없냐?"

"내가 아무리 그러기로서니 사람인데, 근데 왠지 목이 칼칼한데 한숨 돌리고 이야기하자."

이혼 신청은 절에서

"일본에 눌러앉을 생각 없다고? 바람을 피워도 눈 감아 주는데도? 내 여편네도 얼마 전 새로운 젊은 놈과 바람을 피웠는데 속으로는 질투가 났지만, 본인 입으로 말하지 않으니깐 그냥 참고 사는 거야. 그건 그거고 이건 이거고, 그런 거지. 어때?"

"우리 조선에서는 외간 남정네와 통정했다가는 그 즉시 쫓겨난다. 이건 불문율이야. 칠거지악七去之惡이라고."

"칠거지악?"

"그래, 조선 여인들이 행해서는 안 될 일곱 가지 잘못을 범하면 이에 해당한다는 거야. 들어볼래? 첫째, 불순구고不順舅姑는 시부모와의 사이가 나쁘면 쫓아내고 둘째, 무자無子로 슬하에 자식을 두지 못하면 쫓아내고 셋째, 음행淫行 하여 외간 남자와 통정하면 쫓아내고 넷째, 질투嫉妬로 투기가 심하면 쫓아내고 다섯째, 악질惡疾로 몹쓸 병에 걸리면 쫓아내고 여섯째, 구설口舌로 남의 입에 오르내리면 쫓아내고 일곱째, 도절盜竊이라, 도둑질하면 쫓아내고 이렇게 저렇게 걸리면 완전히 쫓겨나는 거야. 그것도 실컷 두들겨 맞고 나서."

"저런 가엾기도 하여라. 그럴 땐 속히 우리 일본으로 망명 신청을 하던지 하지. 그렇게 잔인할 수가. 미개한 우리 왜의 상전 나라인데도 휴머니즘이라곤 전혀 없구나."

"아냐. 있어. 이 칠거지악에 해당되더라도 다음의 세 가지에 해당하면 쫓겨나지 않는 거야. 삼불거三不去라 하는데 첫째, 조강지처糟糠之妻일 경우, 혼인할 때는 가난했는데 그 후에 잘살게 되었을 경우엔 봐주는 거야. 둘째, 부모의 삼년상三年喪을 함께 치른 경우에도 양심적으로 내 칠 수 없지. 셋째, 쫓겨나도 갈 곳이 없는 여인은 위 칠거지악을 하더라도 면제된다. 어때 숨 쉴만하지? 그렇지?"

"여자는 그렇다 치고 남자는 바람피우면 어떻게 되냐?"

"우리 조선도 남정네가 살만한 곳이긴 하다. 사대부들은 세 사람까지 소실을 볼 수가 있다. 둘이나 넷은 안 된다, 홀수로 해야 한다."

"사대부라면 양반들이구나. 우리 왜에서는 간빠꾸 전하나 대명들도 첩을 여럿 둘 수가 있다. 그건 비슷하네, 우리하고. 그거 우리 것 모방한 거구나."

"아니, 사대부의 축첩은 중국의 첩 문화에서 비롯된 거야. 중국 황제인 천자는 후궁을 아홉을 거느릴 수 있고 그 제후국인 조선 왕은 일곱까지 둘 수가 있는데 이 영향으로 양반들도 첩을 두게 된 거라. 물론 일반 평민이나 상것들은 꿈도 못 꾸지. 어쨌든 절개를 지키려다 외간 남자에게 손목만 잡혀도 자결까지 하는 조선의 미풍양속으로 보면 왜인들의 풍속은 그저 기묘할 따름이로세."

"그런데 그대가 조선으로 돌아갈 날이 얼마 남지 않았는데 출발하기 전에 일본에 대해 궁금한 게 있으면 물어봐."

"우리 조선에서는 너희보다 남존여비 사상이 투철하여 여자에게는 선택권이 없는데 일본에서도 그러냐? 조선에서는 대표적인 게 보쌈 아니냐. 마음에 드는 여자를 확 그냥 보따리에 싸가지고 데리고 오는 거지, 그런 거 너흰 없지?"

"우린 여자들을 그렇게 가혹하게 다루진 않아. 하지만 조선에서는 없는 풍속이 하나 있는데 바로 여자가 남편의 학대에 못 이겨 이혼하고 싶을 때 한 가지 방법이 있어."

"호, 그런 게 있어?"

"남편의 학대에 못 이긴 아내가 이혼을 하려고 하는데 남편이 들어주지 않는다 말이야. 이때 이혼하고 싶은 여자가 할 수 있는 가장 강력한 실력행사가 있어. 그게 바로 엔기리사緣切寺라는 절로 들어가는 거야. 말 그대로 연을 끊는 절인데 그곳에 들어가면 이혼이 되는 거야."

"절 이름이 엽기적이네. 그 절에 들어가면 저절로 인연이 끊어진다는 거야?"

"아니 저절로는 아니고 그 절에 들어온 의미가 '나는 남편과 인연을 끊고자 이곳으로 들어왔습니다.'라는 것이 세상에 공표되는 것이고 그로 인해 남편과의 이혼이 법적으로나 사실적으로 인정이 된다는 거야. 이건 카미사마神나 천황이라도 어쩔 수 없어."

"고거, 기가 막히네. 실제로 그런 일이 있었던 거야?"

"그럼. 가마쿠라 마쓰가오카松ヶ丘에 있는 도케이사東慶寺[12]와 군마郡馬현의 만도쿠사卍德寺, 이 두 곳이 유명한데 에도시대 후기에는 도케이사만 남았지. 도케이사가 더 유명한 이유는 말이야."

"이유는?"

"우리 대장 히데요시 알지? 아참, 너 직접 만났다고 했지? 그 대장의 아들이 히데요리 님 이거든. 그런데 그 히데요리 님의 딸이 나중에 에도막부 2대 장군인 도쿠가와 히데타다의 딸에게 양녀로 들어갔잖아."

"꽤나 복잡하군. 그러니까 히데요시 손녀가 도쿠가와 집안으로 양녀로 들어가는구먼."

"보기보다 머리가 좋구나. 근데 이 손녀가 나중에 비구니가 되어 이 절의 20대 주지로 들어오게 된 거라. 히데요시의 집안 모두가 멸문지화를 당했지만, 이 손녀는 절에 들어가는 대신 살려 준 것이고 도쿠가와 집안과의 인연은 계속되었기 때문에 그 절의 특권인 엔기리사의 운영을 인정해 준 거다. 어때? 재밌지? 그렇지?"

"근데 그 절에 실제로 이혼을 전제로 들어온 사람이 있긴 있었던 거야?"

"야, 말도 마라. 엔기리사는 200년간이나 그 역할을 했는데 그 사이 이 절로 도망쳐 온 여인이 자그마치 2천 명이 넘었다네. 2천 명이."

그랬다. 이 절이 이혼을 허락해주는 곳이라는 소문이 나자 전국에서 이곳으로 오는 여인들의 발걸음이 이어졌다. 남편 몰래 오는 이가 대다수였고 그러다 보니 남편 출장 중에 이곳으로 들어와 잠적하는 이도 늘어났다. 결국엔 남편들이 마누라를 본격적으로 감시하기에 이르자 그 감시조차 뚫고 피신하여 오는 이가 줄을 이었다.

절 입구의 종무소에 도착한 부인이 접수하고 있던 찰나 뒤쫓아 온 남편에게 붙잡히게 되면 이혼이 성립되지 않기 때문에 남편과 아내의 숨바꼭질은 처절하리만큼 스릴과 서스펜스가 넘쳤고 급기야 별의별 방법이 동원되기에 이른다.

종무소까지 쫓아온 남편에게 붙잡히더라도 그 순간 몸에 지닌 소지품, 이를테면 비녀나 반지, 하다못해 머리빗이라도 산문 안으로 던져 넣기만 하면 접수가 끝난 것으로 간주되어 아무리 완력이 센 남편일지라도 어쩔 수 없이 이혼해 주어야 하는 것이다. 만약 남편이 이혼장에 서명하기를 거부하면 절 법에 따라 부인이 3년간 절에 머물 수 있고 자동 이혼이 되었다.

12)도케이사는 중세이후 학대하는 남성으로부터 도망친 여성들의 구제소이었으나 에도시대 후반에는 여성이 적극적으로 이혼을 주장하는 일종의 이혼재판소 역할을 했다. 메이지 유신이후 차차 이 풍습이 폐지되고 주지도 남성으로 바뀌었다. 현재의 도케이사는 이혼과는 거리가 먼, 수국이 만발한 친숙한 절로 유명해서 주말이 되면 많은 커플이 이곳에서 불전 결혼식을 올리고 있다.

자장가를 부르면서 아이를 죽이는 어미들

"내가 일본에 와서 느낀 것인데 쥐데요시가 전국을 통일했다고는 하지만 일반 백성들의 생활상은 참혹하더라. 너희 대장이 사는 곳은 금으로 치장을 하고 호화찬란하게 사는데 일반 백성들의 형편은 참혹하더라고. 밤중에 교토 거리를 지나다 보니 이곳저곳에서 여인네들의 흐느껴 우는 소리가 그치지를 않고 더구나 아이들 울음소리는 이방인의 간장을 끊게 만들더라. 그래서 내가 직접 물어봤잖아."

"저 실례하겠습니다. 나는 지나가던 나그네인데."

"흑흑, 무슨 일이시온지. 하룻밤 유숙하실 거라면 그건 곤란합니다. 이곳은 여인네가 아이 하나 데리고 혼자 사는 곳이라."

"아니 '전설의 고향' 버전으로 가려는 게 아니고, 어이하여 그렇게 서럽게 우는가 하여. 혹시 남편을 구렁이에게 빼앗긴 사연이라도 있으신지요?"

"구렁이보다 더 지독한 자에게 빼앗겼지요."

"구렁이보다 더한 것이라면, 살모사? 까치 독사? 이런 거?"

"흑흑, 그보다 더 지독한 쥐에게 남편을 빼앗겨 버렸지요. 저 쥐는 백성들의 원망을 듣지도 않는가 봐요. 지금도 수많은 과부가 새로 생겨나고 있는데."

"구렁이보다 쥐가 더 무서워요? 세상에나 어찌 그런 일이, 쥐가 엄청나게 커요? 코끼리만 하게?"

"교토 한복판에 있는 취락정에 사는 간빠꾸인지 간빵구인지 하는 쥐는 우리가 살던 백성들의 집을 강제로 철거하고 그곳에다 고관대작들과 부자들만 사는 집을 짓는 바람에 돈 한 푼 받지도 못하고 이렇게 쫓겨나와 사는 것도 억울한데 계속된 내란으로 여자 인구 절반은 과부가 된 지 오래라우. 불평하다간 유언비어 죄로 잡아가는 바람에 말도 못하고 이렇게 밤중에만 흐느껴 울 수밖에 없단 말에요."

"아니, 주민들끼리 철거민연합회, 아니면 비대위 뭐 이런 거라도 만들어서 대항해야 하는 거 아닌가요?"

"그런 거 했다가는 물대포 한 방에 나가떨어지고 주동자뿐 아니라 모두 모가지가 달아나요."

"그래도 그렇지. 재개발한다고 강제철거를 하면 나중에 입주권 이런 거라도 받아야 딱지로 팔고 그 돈으로 어찌어찌해서 전세라도 들어가야 할 텐데… 그렇게 허무하게 당할 수가 있나요?"

"그런 말 말아요. 공사장 인부들도 무슨 일당 받고 일하는 줄 아세요? 모두들 고관대작들이 사는 영지에서 징발되어 온 사람으로 일당은커녕 교통비도 자비이고 숙식하는 것도 자비랍니다."

"세상에 이런 소리는 듣도 보도 못한 일이로군. 저놈의 쥐데요시가 과연 인간이 아니라 쥐새끼가 맞구먼."

"저놈의 쥐데요시, 아니 쥐새끼, 아니 간빵구는 1,000개나 되는 방을 만들고 문 앞에는 비싼 수정으로 발을 만들 뿐 아니라 지붕은 온통 황금기와로 장식을 하며 호의호식하면서 우리 같은 백성들은 이렇게 굶주리게 하는 거예요. 소인네도 칭얼대는 저 아이를 처치하고 유곽에라도 나가려고 해요."

"처, 처치하다니요. 아이를. 무슨 그런 끔찍한 말씀을, 고정하시오."

"흑흑. 이곳에서 아이를 죽이는 일은 다반사로 하는 거랍니다. 먹고 살기 힘든 형편에 아이가 많이 태어나면 한두 아이를 빼곤 그다음 아이부터는 태어나기 전에 낙태한다든가 태어난 후에는 굶겨 죽이기도 하고 아예."

"아예?"

"아예 어미가 무릎으로 아이 목을 눌러 압사시켜 죽여서 강이나 바다에 몰래 갖다 버린답니다."

"그, 그런, 엽기적인 일을 어떻게!"

"마비키間引라고 하는 것인데 말 그대로 무나 배추의 어린싹이 촘촘하게 나면 사이사이 모종을 솎아 내 남은 농작물이 크도록 하는 것인데 어린 생명을 죽이는 것도 그와 같다고 보는 것이지요. 심지어는."

"심지어는?"

"처음에는 키워볼 요령으로 키우다가 살림이 궁색해지면 다 큰 아이, 그러니까 서너 살쯤 되는 아이도 가차 없이 마비키를 한답니다. 오죽하면 마비키 노래까지 있는걸요. 한번 들어보실래요?"

"제정신으로 들을 수 있을지, 너무 슬프지 않게 해보구려."

"자장, 자장, 우리아기 자지 않으면 강에 버린다 / 자장, 자장, 잘 자거라 / 자지 않으면 묻어 버린다"

"이런 노래까지 들었단 말이다. 이래도 너희 나라가 평화스럽고 백성을 위한다고 생각하냐?"

둘러본 교토의 실상은 이랬다. 고관대작들이나 부자들의 무절제한 저택 건립으로 교토 전체가 공사 현장이었고 돈은 넘치지만 가난한 오두막살이 서민들의 고통은 하늘에 닿을 듯했다. 돈이 넘치니 예절이 없었고 향락이 판을 쳐 술집과 기생집이 넘쳐났고 과부들은 모두 작부가 되어 몸을 팔기도 하고 무분별한 색정으로 태어난 아이들은 태어나자마자 무참히 어미에게 살해되는 지경이었다.

그런데도 히데요시는 천황의 궁전이 노후 됐다는 이유로 몇 배나 더 크게 확장공사를 하고 있고 조선으로 진출을 한다는 구실로 군사를 모으고 가혹한 세금을 거두고 있는 지경이었으니 위정자를 잘못 만난 백성들만 가여운 꼴이었다. 이 엽기적인 마비키는 일반 가정에서도 아무런 양심 없이 진행되었고 특히 에도江戶 시대 200년간 인구의 증가가 없던 이유도 마비키의 영향이 컸다고 한다. 마비키의 방법도 다양하여 무릎으로 눌러 죽이는 압살, 목을 졸라 죽이는 교살, 식도를 눌러 질식시키는 것 하며 아예 땅속에 생매장해서 죽이는 방법 등이 있었다. 동북 지방에서만도 연간 6~7만 명의 영아가 살해되었다는 기록이 전해진다.

소원 성취하려 절에서 투신자살

"너 조선에는 가본 적이 있냐?"

"가봤지. 수학여행으로."

"수학여행? 그럼 제일 인상에 남는 곳을 말하라면 어디가 제일 좋냐."

"가장 기억에 남는 곳이 경주 불국사, 부여 낙화암, 제주도 올레길, 이런 곳이다. 왜 물어?"

"좋지. 경주 불국사는 조선에서 제일로 꼽는 명승지 아니냐. 근데 너희 일본에도 그런 곳이 있기는 하냐? 가이드가 소개한다는 게 요시노의 유곽, 신쥬쿠新宿에 있는 가부키쵸歌舞伎町 밤의 쇼, 이런 곳을 주로 안내하더라. 야, 우리처럼 좀 건전해 봐라. 허구한 날 그런 데서 질펀하게 놀 생각만 하고 있으니 너희 나라가 문란하다고 손가락질 받는 거 아니냐? 이코노믹 애니멀에다 섹스 애니멀리즘 이딴 소리나 듣고…."

"헐, 웬 건전 모드? 일본에도 좋은 곳 소개하려면 수도 없이 많다. 우선 조선의 경주에 비견되는 곳이 교토잖아. 그곳에 불국사에 비견되는 기요미즈사淸水寺라는 절이 있는데 가장 많은 사람이 모인다고 보면 된다. 수학여행지로 제일 선호하는 곳이 이곳이야. 연간 500만 명이나 되는 사람들이 몰려드는 곳인데 그중 10분의 1 정도가 학생이니 50만 명이나 되는 학생들이 수학여행을 온다고 볼 수 있다 이 말씀."

"자꾸 수학여행이라고 하니 시대 구분이 헷갈리는데 언제쯤 세운 절이냐?"

"말도 말아. 역사가 아주 길어. 창건한 것이 798년이니까 조선으로 치면 통일 신라 시대이고 일본은 헤이안 시대가 막 시작되고 얼마 되지 않은 시기지. 근데 말이야 놀라운 것은."

"놀라운 것은? 무슨 핵폭탄이라도 떨어졌냐?"

"그게 아니고 이곳에 온 여행자들이 자살하는 거야."

"절에서? 왜? 스님들이 이지메라도 하는 거냐? 아니면 점심 공양을 안 줘서 화가 난 거야?"

"예로부터 이 기요미즈사에는 기요미즈 무대라는 높이 13미터의 난간을 설치해 놓았는데 그곳에서 사람들이 아래로 뛰어내리는데 글쎄."

"참 이해가 안 간다. 멀쩡하게 구경 왔으면 구경 잘하고 돌아가 발 닦고 잠이나 잘 일이지, 쓸데없이 뛰어내리고 그러냐? 그 시절에도 무슨 고공 점프, 그러니까 번지점프 이런 게 있었나 보지 뭐."

"그게 아니고 이곳 기요미즈 무대에서 목숨을 걸고 뛰어내릴 만큼의 각오로 빌면 부처님께서 소원을 들어준다고 해서."

"쩝, 아무리 그러기로서니 그렇게 높은 곳에서 바닥으로 떨어지다니, 도대체 목숨보다 더 중요한 소원이 뭐냐? 야, 우리 조선 사람들의 불심이 너희 나라보다 훨씬 센데 아직 경주 석굴암에서 뛰어내렸다는 사람 본 적이 없다. 말이 나온 김에 투신하려면 적어도 부산 영도의 태종대에 있는 자살 바위 정도는 돼야지. 너 자살바위 가 봤냐? 맑은 날에는 대마도까지 보이는 탁 트인 바다 아래 시퍼런 강물이 출렁이며 유혹하잖아. 어서 뛰어내리라고. 고달픈 세상 접고 바다 속으로 들어가 용왕님 뵙고 용궁에서 황홀한 세상 살아보자고⋯."

"됐고, 이 기요미즈사에서 투신한 사람의 통계가 있는데 1694년부터 1864년 사이에 234명이나 뛰어내렸고. 그중에 15퍼센트는 죽었다고 하네. 사람들이 말하길 죽은 사람은 죽는 게 소원이었을 거라고⋯."

"알았어, 근데 유명한 곳이 기요미즈사 이외는 없냐?"

"아니, 두 번째로 인기가 있는 곳을 말해 줄게. 바로 금각사金閣寺라고, 유네스코에 등재된 세계문화유산이라네. 너 미시마 유키오三島由紀夫라고 알지? 소설가인데 국수주의자로 할복자살한 친구."

"국수 먹다가 할복했어?"

"쩝, 극우파란 말이다. 이 친구가 쓴 소설이 바로 그 유명한『금각사』란 말씀. 해마다 이 절에는 금박을 입히는 행사를 하는데 원래 가마쿠라 시대에 아시카가 요시미쓰足利義滿라는 유명한 장군의 별장이었지만 그가 죽으면서 절을 만들라고 하여 일본의 대표

2. 성애性愛**와 할복**

적인 사찰이 되었다 이 말씀이야. 그리고 또 유명한 절이 있는데 바로 역관상의 선조와 관련 있는 절이 있어."

"그래? 진작 얘기하지. 우리 선조, 누구?"

"나라 지방에 있는 호류사法隆寺인데 607년 쇼토쿠태자聖德太子의 발원으로 건립한 사찰로 고구려의 담징曇徵이 건너와서 금당벽화를 그린 곳이야. 엄청 유명해. 최초의 세계문화유산으로 지정되었을 정도라니까."

"거봐라. 우리나라가 아니면 너희는 세계 최초 이런 거 안 된다니까. 또 얘기해 봐. 우리 선조들이 한 거 많지?"

"그다음으로 유명한 여행지로는 닛코日光의 도쇼궁東照宮인데 도쿠가와 이에야스의 시신을 안치한 곳이야. 이곳에는 세 마리의 원숭이 조각이 아주 유명해."

"원숭이는 도요토미 히데요시인데 이에야스가 묻혀 있는 절에서 더 유명한 거야? 혹시 히데요시한테 많은 감정을 갖고 있던 이에야스가 원숭이 조각상이라도 만들어 자기를 호위하라고 한 거 아닐까?"

"거기까진 모르겠고 하여튼 세 마리의 원숭이를 일본어로 산자루三猿라고 하며 그 표정들이 귀와 입 그리고 눈을 가리고 있는데 이는 '나쁜 것은 듣지도 말하지도 보지도 말라'는 가르침이래. 이 외에도 여행지로 추천하라면 1945년 원자폭탄이 투하된 히로시마廣島 평화국립공원과 나가사키長崎평화공원, 그리고 도쿄 디즈니랜드, 도쿄 타워 등이 있는데 지금 너와 이야기 나누는 시대와 도대체 맞지 않으니 관두자."

일 년 운세가 모두 같은 일본인

"오늘은 일본 불교에 관해 조금 설파해보겠다."

"거창하고 복잡한 이야기는 질색이다. 머리 아프지 않게 간단하게 부탁한다."

"일본은 다종교의 국가이다. 가장 많은 일본인이 신도를 믿는다. 신도는 신사에 혼백을 모셔놓고 그곳에 기도하면 소원이 이루어진다거나 죄를 씻을 수 있다거나 하는 것이다. 유일신이 아니라 만물신이라서 별의별 신을 모신 신사가 수두룩하다. 전국 신사 수 만해도 8만 개나 된다. 그러다 보니 불교에도 그러한 경향이 스며들어 있다. 너, 남묘호렌게쿄라고 들어봤지."

"고거 우리 조선에도 들어와 내 친구도 그 신자야. 근데 불교인지 사이비인지 도통 몰러."

"그거 말이야. 일본 불교 중에 신도 세력이 크다고 알려진 니치렌종日蓮宗인데 남묘호렌게쿄를 열심히 외치면 구원을 받는다고 해. 남묘호렌게쿄는 한자어로 쓰면 남무묘법연화경南無妙法蓮華經

일곱 글자인데 이걸 일본어로 읽게 되면 남묘호렌게쿄가 되는 거야. 말하자면 법화경을 이 속에 축소시켜 놓은 것으로 열심히 암송하면 구원을 받을 수 있다는 거야. 나도 아침마다 암송하고 있어."

"넌 그걸 외우면서 무얼 기도하느냐."

"뭐. 오늘도 무사히 출퇴근하고 아이들 학교 잘 다녀오도록 하고 그런 거지."

"복권에 당첨되게 해 달라 던지. 승진, 보너스 잔뜩, 뭐 이런 거 아니고?"

"아니 그런 건 너무 큰 거라서 미안하게."

"스케일 하고는. 그럼 108배는 하고 있냐?"

"바쁜 세상에 무슨 절을 그렇게 많이 할 수 있냐?"

"야, 그래도 정성을 들여 100일 기도라든지 1,000일 기도라든지 해야 뭔가 통할 거 아냐. 좀 진득하게 해볼 수 없냐?"

"아니 그렇게 하는 것보다는 우선 간단히 할 수 있는 게 좋아. 굳이 반야심경이라든가 길고 외우기도 힘든 경을 읽는 수고를 하느니 얼마나 좋냐. 남묘호렌게쿄, 한마디면 벌써 그런 걸 다 외운 거야."

"근데 그것만 외우면 돼? 신사에서 손뼉 치는 것 그런 거 안 해도 돼?"

"아니, 하는데 같은 방에서 신단에는 신사에서처럼 손뼉 치고 절하고 바로 옆의 불단에는 꿇어앉아 향 피우고 합장하고 그렇게 해."

"간단해서 좋네. 한 방에 신사와 법당이 혼존하는구나. 편리하네, 그거."

"또 간단하고 편리한 게 있어. 굳이 그날그날의 운세라든가 일 년 운세를 어렵게 알려고 하지 않아도 매일 내 운세가 달력에 다 쓰여 있어."

"달력? 지금 그런 게 나왔어? 메이지 시대 지나서 서양에서 들어온 게 지금 있어?"

"야, 언제 우리가 시대를 따져가면서 이야기했냐? 일단 들어봐. 달력에는 매일 매일 그날에 따른 운세가 적혀 있어. 센쇼先勝, 도모비키友引, 센부先負, 부쓰메쓰佛滅, 다이안大安, 샤코赤口, 이 여섯 개가 순서를 지키며 돌아가며 적혀 있어. 오늘이 센쇼라면 칠일째 되는 날 이 다시 센쇼가 되는 거지. 이것을 육요六曜라 하는데 센카치라고도 하는 센쇼는 오전 중에는 운이 좋은데 오후에는 별로인 거야. 도모비키가 되는 날에는 상갓집에 가면 안 돼. 죽은 사람이 이승 사람을 데리고 간대."

"잉? 죽은 사람이 문상 온 사람을 저승으로 데리고 간다고?"

"한자를 잘 봐. 벗우友에다 당길 인引 자를 쓰잖아. 저승에 혼자 가는 것이 외로워서 친구 삼아 데리고 간다는 거야."

"헉! 무섭구나."

"센마케라고도 하는 센부는 오전 중에는 운이 좋지 않지만 오후에는 운이 좋아. 비가 오다 말다 오락가락하는 일본 날씨하고 비슷하지. 그리고 부쓰메쓰는 글자 그대로 부처님이 멸한 날이니 운이 아주 좋지 않은 날이지. 이날에는 아무것도 하면 안 돼. 이사

2. 성애性愛**와 할복**

도 결혼식도 안 해."[13]

"그럼 온종일 운세가 좋은 날은 없어?"

"있어. 다이안인데 이날은 무엇을 해도 좋아. 결혼식 해도 좋고 이삿날로 잡아도 좋고. 마지막으로 샤코도 낮 열두 시만 반짝 길할 뿐 아주 좋지 않은 날이야. 앗, 깜박했네. 오늘이 부쓰메쓰인걸. 나 일찍 들어갈래. 사요나라!"

---

13) 6요의 길흉은 본디 중국에서 시간의 길흉을 점치던 미신이었으나 메이지 초기에 일본에 들어와 오늘날까지 널리 믿고 있다. 부쓰메쓰라고 하는 말은 불佛, 즉 부처님이 멸한다는 의미이고 실제로 그렇게 이해되고 있다. 그러나 본디 부쓰메쓰의 한자는 物滅(물멸)이다. 이는 모든 것이 좋지 않은 날, 모든 것이 흉한 날, 모든 것이 멸하는 날이기에 물멸로 쓰게 된 것이다. 따라서 불멸은 본디 불교와는 아무런 관계도 없고 물멸의 발음이 불멸과 같다보니 바꿔 쓰이게 되었다.

담배 피우는 꿈이 길몽

"어제 하던 얘기 계속하겠는데 일본에는 진짜 불교는 없냐?"
"거 무슨 불교 씻나락 까먹는 소리?"
"산속에 들어가서 참선을 추구하신 성철 스님이나 무소유를 주창하신 법정 스님이나 이런 분 같은 고승이 없냐 이 말이야. 참 너희들은 스님이 결혼도 하고 고기도 먹는다면서?"
"정토진종淨土眞宗이라고 있는데 승려라도 고기를 먹고 결혼도 할 수 있어. 대단히 민중적이라서 제일 교세가 크다고. 염불만 열심히 외면 극락왕생할 수 있다는 것이 매력적이지."[14]
"그거, 내 스타일이네."
"참고로 일본의 사찰 수는 8만여 개, 승려는 20만 명, 신자 수는 놀라지 마라. 8천 8백만 명이라네."
"1억 2천만의 인구 거의 다가 불교라고 할 수 있네. 그럼 기독교는 없냐?"
"기독교는 2퍼센트 정도야. 근본적으로 만물신을 숭배하는 일본에 유일신을 믿으라는 기독교가 뿌리를 내리기란 쉽지 않았어. 초창기부터 핍박을 받은 영향도 있고.

　지금도 내륙지방의 교회 지붕에는 십자가가 하늘을 향해 당당하게 세워져 있는 것이 아니라 눈에 띄지 않게 벽에 붙여 놓은 걸 보더라도 세가 약하다는 증거이지. 물론 나가사키를 비롯해 기독교가 처음 들어온 지역에는 교회도 훌륭하고 십자가도 하늘 높이 세워져 있긴 하지만.[15] 90퍼센트가 불교를 믿는 이유로는 일본 불교는 장례불교라고 할 만큼 죽은 자의 장례식은 압도적으로 불교식이다 보니 자연히 신자 수가 그렇게 되었다고 할 수 있지.

　일본 불교는 종파가 다르면 본존불이 다른 것은 물론이고 스님의 가사 장삼 색깔이나 심지어 독경의 음률까지도 틀리게 한단다. 복잡하고 엄격한 의식을 좋아하는 국민성의 일단이라고 할 수 있지. 현재 종파는 7개 계통에 1백 8파라네."

"호, 신통하게도 백팔번뇌의 숫자와 같군. 하기야 파가 많은 것이 우연은 아니겠지만, 근데 그건 아냐? 너네 잘 섬기던 불상을 때려 부순 것, 그것도 스님이 직접."

"무슨 니폰 스님 샤브샤브에 오사케 마시는 소리를?"

"들어 봐. 1867년 메이지 유신 때에 신불 정책을 분리하려는 우익들이 불교를 억압하려고 했어. 그 기세가 하늘을 찌르는 거야. 절을 다 없애버릴 기세로 들고 일어나니 어쩌겠어. 일단은 소나기는 피하고 봐야지. 그래서 스님들이 어제까지 법당에 모시던 불상을 도끼로 패서 장작으로 땠다는 거 아니냐. 이른바 폐불훼석廢佛毀釋이라고, 그렇게 서글픈 일도 있었는데 이를 이겨내고 이토록 많은 종파를 만들어 내면서 지금 전 국민을 신도로 삼을 만큼 세력을 확장한 일본 불교의 힘이 놀라울 뿐이야."

"네 말 들으니 이제 생각난다. 부끄러운 일이었지. 어쨌든 아까도 이야기했지만 남묘호렌게쿄도 그렇고 정토신종도 그렇고 생활양식조차 대중에게 다가가는 편리한 종교로 탈바꿈한 것이 주효했다고 보는 거지. 그러다 보니 남묘호렌게쿄는 창가학회라는 조직을 만들어 세계적으로 세력을 확장해 가는 일로에 있다고 할 수 있지."

"야, 야, 지금 이 시대가 아직 에도 시대도 되기 전인데 창가학회까지는 너무 나간 것 아냐? 근데 아까 얘기한 108번뇌 말인데 그게 어째서 108가지인가, 알아?"

"호, 불교에 대해 설파한다더니 그걸 알아?"

"잘 들어. 우선 불교에서는 인간의 눈, 코, 입, 귀, 혀로 된 몸과 뜻意, 이렇게 여섯 개의 감각이 있다고 보는 거야. 몸은 촉각이고 의는 마음이지. 이 여섯 개는 다시 좋다, 보통, 나쁘다, 즐겁다, 괴롭다, 아무것도 아니다, 이렇게 여섯 가지로 느끼면서 판단하게 되는데 이것이 바로 36개의 번뇌인 거야. 게다가 이 각각에는 과거, 현재, 미래가 있는 거라. 36에 이 셋을 곱하니 108이 되는 것이다, 이 말씀이야."

"그래서 연말 밤부터 신년에 걸쳐서 절에서 울리는 제야의 종을 108번 울리는 것이로구나."

"번뇌의 수라고 일컬어지고 있는 108번을 울림으로써 108번뇌를 씻어 보낸다는 것인데 조선에서는 33회, 서른세 번 울린다."

"그럼 너네는 108번뇌가 아니고 33번뇌냐? 왜 그렇게 번뇌가 적어? 성질 급한 나라이다 보니까 줄인 거야? 그런 거야?"

"들어보라니까. 본디 사찰에서는 아침에는 28번 종을 울리고 저녁에는 33번을 울리는 거야. 조선 시대에는 통행금지를 알리는 인정을 28번으로, 새벽을 알리는 파루를 33번으로 했었지. 그 후 여러 번 변천을 겪다가 지금 치는 제야의 종소리는 보신각에서 새해 첫날 0시 시작과 함께 종을 치게 된 거야."

"일본하고는 반대로군. 일본은 그해의 마지막 날 밤12시가 되기 전에 107번까지 치고 새해 1월 1일 0시가 되는 순간에 108번째 종을 울리는 거지."

"그거 시간 맞추려면 애 좀 쓰겠구나. 뭘 그렇게 어렵게 하나? 그냥 대강하지."

"제야의 종소리를 들으면서 '해 넘김 메밀국수'를 먹는 맛이란 일품 중의 일품이지.[16] 그리고는 새해 꿈을 꾸는 거야. 나는 올해에 담배 피우는 꿈을 꾸었다. 승진할 거야."

"새해 꿈으로 담배 피우는 꿈을 꾸었다고? 그런데 그게 어째서 승진하는 거야?"

"담배 연기가 위로 올라가잖아. 그러니까 승진하는 거지. 아이들이 그 꿈을 꾸면 성적이 올라가는 거고. 월급도 올라가는 거고. 올라간다는 건 좋은 거잖냐."

"갖다 붙이기는. 물가가 올라가고 세금이 올라가도 좋냐? 다른 꿈은 없냐?"

"제일 좋은 꿈으로는 후지산富士山 꿈이 제일 좋다. 명산이니까 그런 거지. 두 번째로는 매 꿈이다. 매는 독수리처럼 영리한 새이지만 매를 일본어로 다카鷹라고 한다. 다카는 높다는 고高 자와 같은 음이라서 그렇다. 높게 된다는 거지. 셋째는 가지, 먹는 가지이다. 이것도 일본어로는 나스茄子라고 하는데 이룬다는 성成 자의 음이 나스라고 하므로 새해에는 꿈을 이룬다는 뜻이다.[17] 네 번째로는 부채를 드는데 이는 부채가 뒤로 갈수록 커지니까 자꾸자꾸 커지라는 의미이고 다섯 번째는 담배인데 아까 이야기했고 마지막으로 장님이다."

"장님? 눈이 안 보이는 사람? 그건 왜?"

"장님은 머리털을 밀었다고 해서 '케가 나이' 즉, '털이 없다'고 하는데 이 말은 '상처가 없다. 아무 탈이 없다'는 의미도 돼. 그래서 그런 거야."

"그럼 장님이 부채 들고 담배 피우면서 후지산을 바라보는데 가지를 입에 문 매가 날고 있는 꿈을 꾸면 초대박이겠네."

"그럼, 평생 그런 꿈 한번 꾸는 게 내 소원이다."

14) 가마쿠라 문화의 정수는 단연 불교의 융성이었다. 기존불교가 엄한 계율과 현학적인 면을 중시하던 것에서 탈피하여 각종 파마다 하나의 방법에 의해서만 구제될 수 있다고 설파하여 무사와 서민들에게까지 문호를 열었다. '알기 쉬운 불교'가 봇물처럼 쏟아져 나온 것이다. 그리고 인간적인 면도 띠게 되었다. 정토진종의 경우 승려라도 고기를 먹고 결혼도 할 수 있다고 했다. '살생을 하더라도 염불만 열심히 외면 극락왕생할 수 있다'는 말

에 끌리지 않을 민중은 없었던 것이다.

15) 1549년 포르투칼의 선교사 프란시스 자비에르가 나가사키에서 포교를 개시했고 20년 만에 성당이 2백 개로 늘어났다. 막부는 1587년부터 천주교를 금지하기에 이르렀고 예수의 초상화를 밟게 하여 신자 유무를 가려내는 후미에踏繪가 등장했다. 이 시기 선교사 26명과 신자 6백명이 순교했고 이중 조선인들도 다수가 포함되었다.

16) 토시코시소바를 12월 마지막 날 밤에 먹는 이유는 소바(메밀국수)처럼 수명이 길어지고 행복 또한 길어지라고 하는 의미이다. 관동에서는 소리를 내어 먹어도 좋으나 관서지방에서는 결례이다. 관동지역 사람들은 성격이 급하여 소바도 한입에 먹는 습관에서 소리를 내지 않고 먹을 수 없기 때문에 생겨난 것으로 보인다.

17) 무로마치 시대에는 좋은 꿈을 꾸기 위해 베개 밑에 보물선을 깔고 자던 습관이 있었다. 관서지방에서는 보물선 그림을 신사에서 나누어 주었고 에도에서는 신년에 보물선 원형을 팔기도 했다. 가장 좋은 꿈이라 일컬어지는 1번 후지산, 2번 매, 3번 가지에 대해 여러 가지로 해석하고 있으나 이것들은 도쿠가와 이에야스의 출신지인 스루가駿河지방 명물 순이라는 것이 정설이다.

자신의 목을 베어 땅에 묻는 사무라이

"어이, 거기 한가로이 지나가는 나그네. 혹시 조선역관상 아닌가?"

"나 지금 심각하니까 말 시키지 마라. 얼마 전에 내가 아는 대감이 자살했다는 소식이 일본 뉴스로도 나왔잖아. 친척 아들 하나를 과거에 부정 합격 시켜 준다고 거금을 사과박스로 받았다고 해서."

"들었다 데스, 그딴 걸로 자살하다니 조선 사람 양심적이다데스네."

"근데 너희 왜 나라에도 자살하는 사람이 있냐? 그게 궁금하여 심각하다."

"조선 사람 만큼은 아니지만, 일본도 양심적인 사람이 있어. 부끄러워 죽는 사람도 있다는 말이다. 그런데 그 방식이 다르다."

"뜸들이지 말고 빨리 말해 봐."

"일단 조선과의 차이점을 이야기해 보겠다. 자고로 신체발부수

2. 성애性愛와 할복

지부모身體髮膚受之父母라는 유교 사상은 아직까지 조선인의 머릿속에 뚜렷이 박혀 있다. 조선은 장유유서를 존중하고 있는 몇 안 되는 나라인 거지. 부모로부터 물려받은 신체는 내 것이 아니며 살과 뼈를 만들어 주신 부모님의 것이란 말이거든. 그래서 조선에는 무조건적인 효孝 사상이 자리 잡았었지. 그러니 고위 관리가 잘못을 저지르면 사약을 내리는 것이 일반적이야. 물론 망나니에 의해 목을 자르는 참수형이 있지만, 일반적으로는 사약을 먹고 죽는데 혹여 자살할 경우에는 목매달고 죽었지. 자살할 때 목을 맨다는 것이 가장 흔한 수단이라는 점이 조선인의 특징이라는 이야기야.

그러나 일본은 본디 칼의 문화이기 때문에 칼로 해결하지. 그러다 보니 '죽는 수단은 칼'이라는 등식이 성립해. 그래서 자살 방법으로 할복이 등장한 것이야. 할복은 말 그대로 자신의 신체를 손상하면서 숨을 끊는 행위라서 효의 사상은 들어있지 않아. 단지 충의 사상만이 지배할 뿐인 것이지.

배를 가르고 고통이 극에 달했을 때 민망한 모습을 더 보여 주기 싫어 누군가에게 목을 베어 달라고 한단다. 이 목을 베어 주는 자를 가이샤쿠介錯라고 해."

"그럼 가이샤쿠를 언제든지 데리고 있어야 하나? 가이샤쿠가 없다든지 그날따라 결석한다든지 하면 어쩌냐?"

"일반적으로 그렇다는 말이다. 가이샤쿠가 없어도 혼자서 할복하는 이도 많다. 목을 베지 않는 경우도 있다는 거지. 그렇지만 지독한 사무라이는."

"사무라이는?"

"자신의 목을 베어 땅에 묻는 이도 있었어."

"헉! 자신의 목을 스스로 베어서 땅에 묻는다고? 너 지금 나하고 말장난하자는 거냐? 어떻게 자기 목을 스스로 잘라서 그걸 땅에다 묻는다는 게 이론적으로 상식적으로 신체학적으로 말이 되는 얘기냐?"

"그러니까 말하는 나도 이해가 안 되지만 실제로 그런 일이 있었다고 하니 믿어야지. 미리 땅을 파놓고 자기의 목이 남에게 보이는 것이 부끄러워 일단 배를 가르고 난 후에 잘 드는 검으로 자기 목을 따는 거야. 그리고 파놓은 구덩이에 잽싸게 목을 묻고 그 위에 엎어지는 거지."

"사실이라면 엽기 중에서도 소름 끼치게 무서운 엽기로세."

"그렇게 할 만큼 사무라이는 명예를 중시하는데 이해하기 쉽게 일화를 소개해 줄게 들어 봐.

어느 날, 사무라이가 길거리를 지나가다가 묘한 광경을 본 거야. 자기 자식이 만두 가게 앞에서 만두가게 주인으로부터 멱살을 잡히고 두들겨 맞고 있는 것이야. 사무라이가 눈을 부릅뜨고 다가갔어.

"이거 뭐 하는 수작이냐?"

"이 바카야로가 우리 만두를 훔쳐 먹었다. 용서 못 한다."

"잠깐, 기다려라!"

사무라이가 아들을 바라보며 물었지.

"아들아, 너 정말로 만두 훔쳐 먹었냐?"

"아버지, 정말로 안 훔쳤어요. 이 아저씨 거짓말하고 있어요."

사무라이가 만두집 주인을 보고 말했다.

"안 먹었다고 하잖은가?"

"내 눈으로 봤다. 정말 먹었다.

사무라이가 칼집에서 칼을 빼내 아들의 배를 쳐서 갈랐어. 그리고 뱃속을 만두 가게 주인에게 보여주면서 말했어.

"봐라. 만두 없지 않느냐?"

"헛, 정말로 먹었는데. 이상하다. 엣! 허걱!"

말을 다 마치기도 전에 사무라이의 칼이 허공을 가르는가 싶더니 만두가게 주인의 머리가 땅바닥에 굴러 떨어졌지. 솟구치는 피를 바라보며 사무라이가 일갈했어.

"사무라이의 명예를 더럽힌 자. 칼에 스러지나니!"

말을 마친 사무라이, 자신의 배를 가르고 할복했다는 거야. 실제로 있었던 일화야. 어때? 정신이 번쩍 들지?

"그쯤 되면 막가자는 거네? 근데 그 할복이라는 거 말이다. 어떻게 하는 거냐? 자세히 설명 좀 해 주라."

"하라기리腹切 말이지? 왜 한번 해 보려고?"

"내가 할복을? 내가 뭘 잘못한 거도 없는데 할복을? 그리고 잘못한 거 있다고 해도 야, 그거 끔찍해서 하겠냐? 그냥 목매든지 한강 다리에서 뛰어내리든지 하는 게 낫지."

"할복은 말이다. 방안에서 하는 것과 실외에서 하는 것, 그리고 전쟁터에서 하는 것으로 나눌 수 있는데 방안에서 하는 것은 주로 다다미방에서 이루어진다. 하라기리가 있을 것을 예상하고 아예 방까지 준비해둔 곳도 있다. 이해가 안 되겠지만 사실이다. 할복할 때는 다다미 한 장을 뒤집어서 그 위에 하얀 천을 덮고 앉은 채로 행한다. 내가 목격한 하라기리 장면을 간략하게 이야기해줄게 들어 봐. 우선 불단에 절을 한 후 무릎을 꿇고 다다미 위에 앉는다. 그리고 정중하게 예를 표한 후 소매에서 팔을 빼 웃옷을 허리까지 내려 아무것도 걸치지 않은 상반신을 드러내는 거야. 앞쪽에 놓여 있는 작은 단도를 집어 들고 먼저 왼쪽 배를 찔러 오른쪽으로 천천히 당기지."

"허걱! 아프지 않을까?"

"아파도 참아야 무사요, 제대로 된 하라기리라 할 수 있다."

"쩝, 많이 아플 텐데. 얼굴을 찡그린다든지 '아야!' 하고 소리 지른다든지 하면 안 돼?"

"네버! 그런 일은 없다. 결단코."

"배를 가르다가 '에이, 괜히 시작했네. 나, 안 할래!' 뭐 이런 경우도 없고?"

"없다니까!"

"어머니! 아버지! 먼저 가는 이놈을 부디 용서하시옵소서! 아들아! 지구를 부탁하노라! 머 이런 말도 안 돼?"

"쩝! 매사를 네 기준으로 생각하지 말고 더 들어 봐. 일단 오른쪽으로 당긴 칼을 이번에는 비스듬히 위쪽으로 끌어 올리면서 조금 더 벤다."

2. 성애性愛**와 할복**

"사람이 아니군, 도저히."

"최고로 치는 것은 배를 가로세로 십자형으로 가르는 것인데 이것은 너무 고통스러워서 하는 이가 아주 드물다고 하네. 어쨌든 장렬하다고 칭송받는 것은 가른 틈으로 나온 창자를 끄집어내어 앞에 뿌리는 것인데 이것도 좀처럼 하기 힘드니까 생략할 때가 많아.

그리고는 천천히 칼을 빼고 몸을 앞으로 숙이면서 목을 내밀어. 이때가 가장 고통이 심할 때이지. 그렇지만 신음을 내면 안 돼. 이때 뒤에 있던 무사가 잽싸게 튀어나와 시퍼렇게 날 선 일본도로 자결하는 자의 목을 단숨에 쳐 베는 거야."

"두 번 죽이는구나. 쯧쯧."

"고통을 줄여 주는 거로 생각하면 된다. 가이샤쿠 무사는 목을 친 후 엎드려서 죽은 사람에게 절을 한 다음 피 묻은 칼을 정중히 닦고 내려오는 거지."

"우리 조선으로 말하자면 가이샤쿠는 사형수의 목을 베는 전문 망나니와 같은 거구나."

"나도 조선 망나니가 사형수의 목을 베는 것을 본 적이 있지만, 그것과는 차원이 달라. 가이샤쿠는 하라기리를 하는 사람의 가장 친한 사람이라든지 같은 사무라이의 동문이나 문하생, 전장에서 대장이 죽을 때는 부장급 무사가 해. 조선의 망나니는 말 그대로 사형수의 목을 베는 것을 전문으로 하는데 전혀 엄숙함이나 경건함도 없고 장난처럼 하잖느냐. 그것과는 급이 달라도 한참 다르다. 내가 목격한 망나니는 죽이려는 사람 앞에서 입으로 칼날에 물을 뿜어 가면서 온갖 희롱을 하다가 죽이지. 게다가 수고비가 덜 나오면 단칼에 죽이질 않고 몇 번씩이나 고통을 주며 벤다면서? 사람 목숨 갖고 그러는 게 아니다."

"어차피 죽을 걸 그렇게 심각하게 배를 찌르고 실컷 고통을 받고 나서 목을 내미는 건 뭐냐. 그냥 단칼에 죽는 게 낫지."

"명예를 생명보다 중시하는 사무라이가 명예를 잃어버렸을 때는 사무라이답게 죽는 것이 마지막 명예라고 생각하는 거야. 본디 일본인들은 배 속에 혼이 들어있다고 믿어왔기 때문에 내 배 속을 열어 보이면서 내 영혼이 깨끗하다는 것을 보여 주는 것이지."

"호, 배 속에 혼이 있다. 머리나 가슴속에 있는 것이 아니고?"

"그러니까 일본인들이 상대방과 협상을 할 때 '배를 가르고 이야기합시다.'고 하잖느냐? 조선인들은 '흉금胸襟을 털어놓고 이야기하자'는데. 흉금은 가슴의 옷깃, 옷을 털어서 아무것도 지니지 않았다는 거야. '배를 가르다'는 말은 사무라이들의 의식을 대표하는 말이기도 하지. 험!"

"잘났다! 근데 사무라이들이 하라기리를 하는 명분은 죄를 지었을 때만 하는 거냐?"

"음, 주로 명예와 관련된 일인데 이를테면 자신이 죄를 지었으면 스스로 벌한다는 의미도 있고, 잘못한 일에 대한 사과의 의미도 있고, 전쟁에 패한 책임을 질 때도 있고 단체의 잘못이나 동료의 잘못을 대신하는 경우도 있고, 주군에 대한 충성의 뜻으로 결행하는 경우도 있고, 그런 거지."

2. 성애性愛와 할복

"주군에 대한 충성? 조선으로 치면 순장과 비슷한 것이겠군. 그러니까 너희 나라는 칼을 쓰는 민족이라 칼로 자결을 감행하고 조선은 부모로부터 물려받은 신체를 함부로 훼손해선 안 되니까 자결할 때는 약 아니면 목을 매는 것이고."[18]

"어쨌든 하라키리의 의식을 지켜보면 진행 과정이 아주 깔끔하고 게다가 배를 가르기 전에 붓을 들어 시 한 수를 남기는 모습은 정말 장중하면서도 우아하단다."

"우아해? 그러니까 너희는 자살까지도 아름답다고 하면서 '죽음의 미학'이니, 이따위 말도 만들어 냈구나. 그게 섬뜩하단 말이야. 너희 의식구조가…."

---

18) 할복의 기원은 호겐모노가타리保元物語라고 하는 책에서 비롯된다. 1156년에 친제 이하치로 미나모토노 다메토모鎭西八郎源爲朝라는 자가 전쟁에서 패한 죄로 이즈반도伊豆半島에 유배된다. 하지만 그는 속죄하기는커녕 그곳에서 왕처럼 군림하며 조정에 반항하자 조정에서는 토벌을 감행하여 마지막에 할복을 명하게 된다. 집안의 기둥에 등을 대고 자신의 배를 찔렀으나 숨이 끊어지지 않자 뒤에 있던 무사가 목을 쳐서 죽였다고 한다. 이미 715년에 자살법으로 전해져 온 것을 이때 처음 실행했다는 설이 있다.

공부의 신과 천둥의 신, 그 정체

"너희 일본에는 가는 곳마다 웬 신사神社가 그렇게 많으냐."

"하긴, 영국 신사紳士보다는 못하지만 넥타이 맨 멋진 신사가 많긴 많지."

"그게 아니고. 소원을 빌고 하는 절 같은 곳 말이다. 시험에 합격하게 해달라는 신사. 결혼하게 해달라는 신사. 출산을 기원하는 신사. 그 유명한 야스쿠니 신사 등 말이다."

"신사나 궁은 본디 일본 것이 아니라 너희 조선 거야."

"뭐? 신사가 우리 조선 거라고? 금시초문일세. 근거 있는 거야?"

"들어 봐. 조선도 옛날 삼국 시대부터 다신교였다네. 산에는 산신이 있고 부엌에는 부엌신, 현관을 지키는 현관신에다 뒷간신 등이 있었다고. 그것이 신라 시대 때 일본으로 건너오게 되면서 신사를 짓게 되고 궁을 지어 모시게 되었다고 해. 일본의 전국에 흩어져 있는 신사의 이름 중에 신라, 백제, 고려의 이름을 딴 신사가 헤아릴 수도 없이 많다는 것이 이를 증명해주는 거야."

"그런데 왜 조선에는 신사가 없어져 버렸어?"

"불교가 들어오면서 조선에서는 불교에 신사가 밀리게 되었고 마을의 서낭당 정도가 남게 되었지. 일본도 불교가 들어오긴 했어도 기존의 신사를 중심으로 한 다신교에 흡수되어 버린 것이지. 처음에는 신으로 모시는 바위나 나무에 금줄을 치고 경계를 만들다가 후에 건물을 올리고 신사라고 했는데 사람까지도 신으로 모시게 된 것이지.[19] 간단한 예를 들어 줄게 들어 봐.

옛날 어느 어부가 일을 나갔다가 표류되어 떠내려 온 시신 한 구를 발견하였지. 옷차림으로 보아 일본인은 아닌 것 같았고 언젠가 이야기를 들은 적이 있는 동해 건너편 쪽 사람이 분명했어.

옛날부터 전해온 이야기 중에 이렇게 표류되어 온 이들이 이곳 왜나라에 정착하여 후손을 낳고 살고 있으며 자신들 또한 그 자손이라는 이야기를 들은 터라 죽은 어부를 극진히 장사지내주고 사당을 지어 해마다 제사를 지내주었어. 바다에 일 나가기 전에는 언제나 이 사당에 안전과 풍어를 기원하였던 거야.

신사에 사람을 신으로 모신다는 것이 바로 이런 거야. 그런데 전쟁을 즐기다 보니 전쟁에서 이름을 떨친 무사들도 신으로 모시게 되고 여러 분야에서 유명한 사람들도 신으로 모시고 그러다 보니 개나 소나 일본에서는 신으로 모시게 된 거라."

"네 나라 풍습을 너무 까대는 거 아니냐? 하긴 메이지 시대 일본근대화의 아버지로 일컫는 사상가이자 교육가인 후쿠자와 유기치福澤諭吉가 '하늘은 사람 위에 사람을 만들지 않았고 사람 밑에 사람을 만들지 않았다.'는 말을 했는데 사람을 신으로 모신다는 게 좀 그렇다만."

"메이지 시대까지 너무 앞서 나가지 말고, 국가다운 틀을 지니게 된 일본의 나라 시대 때 이야기부터 들려줄게. 백제 사람 아직기阿直岐는 근초고왕近肖古王의 명을 받고 형제 나라인 일본으로 건너왔어. 일본 오진應神 왕에게 말 두 필을 바치고 말 사육 담당이 되었는데 그가 뛰어난 학식을 갖추고 있어 왕이 곁에 두고 그의 가르침을 받게 되는 거야. 어느 날, 아직기로부터 특별 과외를 받고 있던 중의 일이야. 오진 왕이 아직기에게 물었지. '센세이先生, 센세이의 나라에서는 센세이와 같은 학식이 뛰어난 분들이 또 계십니까.'

'에헴, 우리 백제에서는 나 같은 사람은 빗자루로 쓸 만큼 많습니다.'

'그런가요. 그러면 한 분 꼭 추천해 주시지요.'

'에헴, 그럴까요. 그럼 백제 왕께 제가 말씀을 드리리다.'

그리하여 백제에서 일본으로 또 다른 박사가 건너오게 되는데 그 사람이 바로 왕인王仁 박사였지. 왕인은 천자문과 논어를 들고 와서 일본 왕실의 대 스승이 된 거라. 왕인은 일본에서 활약하다가 그곳에서 후손을 보게 되는데 '세상에 이런 일이'에 소개될만한 이야기가 전해지고 있어. 들어 봐.

큐슈 지방의 중심 도시인 후쿠오카福岡, 그곳에는 지금도 수많은 국내외 관광객이 몰려들고 있는데 그중에 해마다 11월경부터 집중적으로 많은 일본 내국인들이 몰려와 기도하는 천만궁天滿宮

2. 성애性愛**와 할복**

이라는 궁이 있지. 이곳은 다름 아닌 일본인들이 추앙하는 '학문의 신'인 스가와라 미치자네菅原道眞를 모셔 둔 곳이야. 이 신에게 빌면 원하는 학교에 합격한다는 거야."

"하, 항문의 신이시라면, 치질? 항문과 의사?"

"썩을! 항문이 아니고 배울 학學, 물을 문問 자를 써서, 학문! 901년경 이 사람이 우대신右大臣이었는데 좌대신左大臣인 후지와라노 도키히라藤原時平의 음모에 밀려 그만 좌천되어 큐슈로 귀양 오다시피 했지. 본디 고도의 학문을 쌓은 사람이라 큐슈에서도 후학들을 위해 전념하였는데 그를 따르는 사람들이 구름같이 모여 들었어. 더 중요한 것은 미치자네가 죽고 나서 장례를 치르려 유해를 우마차에 싣고 장지로 향하던 도중 어느 곳에 이르자 길 가운데에서 소가 주저앉아 나아가려고 하질 않는 거야. 하는 수 없이 소가 멈춘 곳에 유해를 안치하게 된 거지.

그곳에 절을 짓고 천만궁이라 하고 소도 함께 합장한 후 소의 동상을 입구에 세우게 되었단다. 봄철이면 6천 그루나 되는 매화꽃이 절경을 이루는데 미치자네가 죽기 전에 유언했다네. 매화 6천 그루를 묘 주변에 심어달라고. 그런데 놀라지 마라. 스가와라 미치자네. 바로 그가 너희 조상인 왕인 박사의 손자란 말이야."

"이미 알고 있는 사실이라 놀랠 것까진 아니고, 그런데 학문의 신인 미치자네를 왜 천둥신으로 모시고 있냐?"

"미치자네가 모함으로 큐슈로 좌천이 되었잖아. 좌천되고 2년 후에 죽었고. 그런데 그가 죽고 난 후 교토에 천둥이 수없이 내리치더니 억수 같은 비가 와서 홍수가 넘쳤었지. 역병이 넘쳐나서 사람들이 전전긍긍하던 차에 연이어 909년에 똑같은 일이 일어났고 912년에는 엄청나게 큰불이 일어나더니 913년에 가뭄에 폭풍우, 이런 일들이 923년까지 쉴 새 없이 일어났단 말이야. 그뿐만 아니라 미치자네를 음해하였던 후지와라노 도키히라가 마흔도 안 된 나이로 요절을 했지. 세상 사람들 모두가 '모함에 죽은 미치자네님의 혼령께서 액을 불러 일으킨다.'면서 미치자네를 학문의 신 겸 천둥을 관장하는 신으로 투잡을 시켰어. 투잡을 하게 된 후로는 미치자네도 바빴던지 그런 횡액을 일으키지 않게 되었다 이 말씀."

19) 궁과 신사는 원류가 같은 것으로, 재일학자인 김달수는 신궁神宮은 신라의 박혁거세를 모신 조상신묘, 즉 조신묘祖神廟에서 출발하여 후에 일본으로 건너가 궁과 신사로 발전했다고 밝혔다.

시아버지와 맞담배질하는 며느리

"일본역관상, 또 만났네. '안깐벤또골라까봐라'상의 손자이며 '깐 벤또 또 까봐라'상의 아들이고 '내벤또 누가 까머거써'의 동생인 그 유명한 '내벤또 니까무라'상, 아휴, 네 이름이 너무 길어서 한번 부르려면 숨이 차다. 어째 이름들을 그렇게 지었냐?"

"내 이름은 긴 편이 아냐. 일본에서 가장 이름이 긴 사람을 소개하자면 '후지모토타로키자에몬노쇼도끼노리藤本太郎喜左衛門將時能'이다. 나라현에 살았던 실존인물인데 후지모토는 성을 나타내고 그다음이 이름인데 타로우는 장남을, 키자에몬은 어머니 쪽 선조를, 쇼는 사람 위에 일어서는 것을 뜻하고, 도끼노리는 아버지 쪽 선조의 이름을 각각 나타내고 있다네. 이 이름이 얼마나 긴 것인가는 운전면허증에 이름이 다 타이핑되지 않아 펜으로 써넣었다고 해. 어때 재밌지?"

"재미보다는 기묘할 따름이다."

"이것 말고도 희한한 성들이 많아. 잠깐 소개해 줄까?"

"해 봐 봐."

"'색마色魔'라는 성이 있어. 요거 엽기지 그치?"

"색마? 너네는 개념이 있는 거냐? 없는 거냐? 부를 때마다 색마 군!

색마상! 하면 아무렇지도 않냐?"

"'큰뱀大蛇'이라는 성도 있고, 안 웃겨? 그럼 '여우코狐鼻'는? '지네蜈蚣'는? '뱀장어鰻'는? '촌년村女'? '바람둥이浮氣'?"

"가지가지 하는구나."

"더 있어. '궁둥이 없따尻無' '들판의 엉덩이野尻' '대왕大王' '경례敬禮' '동東' '서西' '남南' '북北' '춘春' '하夏' '추秋' '동冬' '일엔一円' '한 입一口' '4월 1일四月一日' '8월 30일八月三十日'"

"그만하지."

"'좌左' '우右' '전前' '후後' '일一' '이二' '삼三' '일이삼一二三'

'백천만억百千万億' '개무덤犬塚' '개치기犬飼' '붉은귀신赤鬼' '일본日本'"[20]

"그만하라니까! 그것보다 궁금한 게 있는데 너희 왜나라에도 유교가 들어왔는데 어째서 유교의 교리에 따르지 않고 이상하게 변한 점이 그렇게 많은가."

"구체적으로 말해 보라. 머가 이상하다데스까?"

"너희는 왜 위아래도 없냐? 갓 시집온 며느리가 시아버지하고 맞담배질을 하질 않나. 술 마실 때도 위아래도 없고. 버스나 지하철에서 젊은 놈들이 노인들에게 자리양보 할 생각도 하지 않고, 도대체가 말이야. 순 상놈들이야 가만히 보면. 우리 조선에서는

2. 성애性愛와 할복

어른 앞에서 감히 담배 연기 모락모락 피우지 않는다. 술 마실 때에도 고개를 돌리고 조심스럽게 마신다. 알겠냐?"

"자, 잠깐. 지금이 무슨 시대인데 버스고 지하철이 왜 나와. 너 담배 이야기 잘했다. 그래 우리 왜나라는 담배 천국이다. 젊은 여인이고 늙은이고 가릴 것 없이 담배 좋아한다. 너희 조선과 같이 치사하게 먹는 것 가지고 위아래 따지지 않는다. 담배도 술도 모두 기호품인데 그걸 가지고 말하지 않는다. 그리고 참, 너희 조선에서는 어른 앞에서 담배 안 피운다고 했는데 그것 말짱 거짓말이다. 조선 중기까지만 해도 어른, 아이 할 것 없이 담배 억수로 피워댔다."

"뭐라? 조선에서 아이가 어른 앞에서 담배 피웠다고?"

"내 말이 거짓인지 진짜인지 단원 김홍도의 풍속화를 보면 여기저기 담배 피우는 아이들이 그려져 있다. 움직일 수 없는 증거다. 조선 시대 궁궐의 중신들도 조정에 모였다 하면 담배를 피워대는 거였지. 그러다가 광해군인가, 하는 임금이 기관지가 아주 안 좋았다. 대신들이 굴뚝처럼 연기를 피워대니 이거 이러다 질식해서 죽겠다 싶어서 금연 선포를 한 것이다. 그래서 임금 앞에서 피우지 못하고 숨어 피우게 된 것이고 차차 아이들도 어른들을 피해서 피우게 된 것이다. 알겠냐?"

"나도 한마디 해줄게. 우리 조선에는 충효 사상이 자리를 잡았고 그중에서도 효는 모든 것의 근본이라고 할 정도로 굳게 뿌리가 내렸다. 사실 말이지, 군사부일체라고, 임금과 스승과 부모는 동격이라, 나라님에게는 무조건적 복종이고 스승의 그림자는 밟지 않으며 신체발부는 수지부모라 하여 부모님의 허락 없이는 내 몸 털끝 하나도 건드리지 않아.

전쟁터에 싸우러 나간 병사가 부모상을 당하면 일단 칼과 창을 반납하고 고향으로 돌아와 부모 묘소 옆에 움막을 짓고 3년이건 7년이건 시묘살이를 한다. 이 얼마나 감명 깊은 사상이냐. 그뿐인 줄 아냐?"

"또 있어? 우리가 볼 땐 너희가 더 엽기로구나."

"선대 왕과 왕비의 제삿날이면 모두 올 스톱하고 돌아가신 임들을 추모한단다. 전투하다가도 일단정지! 한다니까. 어느 나라에 이러한 미풍양속이 있냐. 너희는 생각이나 해 봤냐?"

"호, 정말 가슴이 뭉클하다네. 우리 왜나라는 그렇게는 못 한다. 우리는 한번 자리를 정하고 지키라면 부모상 아니라 그보다 더한 일이 있어도 움직이지 않는다. 일본어 중에 잇쇼겐메이는 '열심히'라는 의미인데 일생현명一生懸命으로 쓰기도 하고 일소현명一所懸命이라고도 쓰는데 본디는 일소현명이라고 썼다.

이 말은 무사 세계에서 나온 말로 무사는 한번 명받은 곳에서 목숨을 걸고 지켜야 한다는 뜻이다. 그 후에 그 본래의 의미가 애매해지고 음이 비슷하기도 하여 '일소'와 '일생'이 공존하게 되었다. 현재에는 일생현명으로 쓰는 것이 일반적이고 그 뜻도 일생을 바쳐서 소임을 다한다는 뜻으로 통용되기도 한다.

그것만 보아도 우리 왜는 일단 칼의 문화다. 칼로 말하고 칼로 행한다. 그러니까 인간관계도 칼로 자르듯 간단하고 명료하다. 너네처럼 이론이 필요 없다네. 사상보다는 행동이다.

2. 성애性愛와 할복

자기가 속한 조직의 장에게 충성하는 것이 첫째 임무다. 쇼군에 대한 충성이 가장 우선이고 가족은 그다음이다. 칼 문화가 발달하다 보니 이론이 필요 없게 되었던 거지. 사농공상士農工商 중에 사士의 의미가 조선에서는 선비를 뜻하지만 일본에는 사무라이를 뜻하는 것이다. 그러니 일본에는 과거제도가 없다네. 과거는 머리 아프다."

"그러니까 너희들이 무식하다는 거야. 얌마. 생각해봐라. 허구한 날 칼만 차고 돌아다니면 밥이 생기냐? 떡이 생기냐? 글을 익히고 사상을 익혀야 인간이 되는 거야. 배워라, 배워. 좀."

"맞다. 그 말이 맞다."

"잉? 바로 수긍하는 걸 보니 좀 수상한데. 너 혹시 뒤로 꿍꿍이 속이 있는 거 아냐?"

"아니 네 말이 하나도 틀린 거 없다. 하지만 지금 네가 날 의심하는 것처럼 글을 많이 알고 사상을 머릿속에 많이 집어넣은 사람일수록 의심이 많은 거야. 의심이 많으니 상대를 믿지 못하고 결국 분열을 하게 되지. 그러니까 너희 조선이 지금 앞뒤로 위험하다."

"머, 뭐이라. 우리 조선이 위험하다고?"

"지금 우리 대장 히데요시님이 조선을 까부순다고 조선어를 하는 통역관을 엄청나게 양성하고 있다고. 나도 그 조선어학당 출신이고. 그렇게 한가하게 노닥거리고 다닐 때가 아니란 말이야. 이건 역사적 사실이고 중요한 정보니까 너희 대감에게 꼭 보고해라. 알겠어?"

조선 장기將棋는 살육전
일본 장기는 휴머니즘

"어제 이야기에 이어서 하는 말인데 내 말 잘 들어 봐. 너희 조선의 효는 섬김의 문화요, 이론의 문화다. 효는 이론의 문화이니 이론을 갈고 닦아 솔선수범하여 그 사상을 실천해야 하는 거야. 반면 우리 왜의 충은 칼의 문화다. 효는 사상이지만 충은 사상 쪽보다는 조직의 문화요, 행위의 문화라 할 수 있어. 조선에서는 바로 그 효행을 솔선수범하는 자가 양반이라는 거야. 그런데 양반이 되려면 글을 읽고 이론을 답습하고 과거에 급제하여 지위를 얻어 중앙에 진출해야 돼. 과거에 급제하여 조정에 나가보니 파가 갈려져 있는 거라. 자기가 닦은 이론의 동조자가 자연히 파벌을 형성해 있는 거지. 동인이 있으면 서인이 있고 남인이 있으면 북인이 있으며 노론이 있으면 소론이 있고…. 결국 글을 익힌 자들은 이렇게 이론으로 뭉치고 파벌을 형성하여 국가를 난도질한다. 비록 칼은 쥐지 않았으나 칼 쥔 것보다 더 극악한 방법으로 상대 파벌을 난도질한다는 거지. 권모술수가 판을 치고 매관매직이

2. 성애性愛**와 할복**

휩쓴단 말이다. 내가 살아남기 위해 상대 파벌을 이겨야 하고 그러기 위해서는 임금조차 음모의 희생이 되기도 한다. 조선 시대 내내 이러한 폐해가 온 나라를 휩쓸었다는 말씀. 내 말이 틀렸는가?"

"가만, 틀린 말이 아닌 것 같기도 하고, 충고는 좋은 데 어째 너한테서 들으니 기분이 영 찝찝하네. 어쨌든 하던 말 계속해 봐라."

"나는 지금 객관적으로 말하고 있다. 일본의 충 문화는 칼 문화라고 했다. 그러니 칼 잘 쓴 놈이 사무라이가 되고 사무라이 중에서 발탁이 되면 벼슬을 하고, 그렇지 못하면 낭인 무사도 되고 그렇다는 거지. 머리를 쓰지 않으니 파벌이 없고 내가 속한 주군에게 충성만 하면 된다. 싸움도 그렇지요. 내가 열심히 무술을 연마하여 일대일의 싸움에서 이기면 승자가 되는 것이고 내가 무술을 게을리 연마하여 지면 깨끗이 목을 내놓거나 할복을 한다. 이것이 바로 사무라이의 문화라는 말씀이야."

"고로 너희 왜나라는 무식하지만, 의리는 있다 이것이고 우리 조선은 유식하지만 자꾸 당파 싸움이나 하고 있다는 말 아냐? 그러면 너희는 배신을 아예 안 하고 사냐? 파벌도 없고?"

"아까 하던 이야기 조금 더 계속하겠다. 결론적으로 너희 조선에서의 유교는 효의 사상을 내림으로써 선비문화를 남겨두게 되었고 파벌을 뿌리 깊게 남겨두었지. 일본에서는 충의 문화로 사무라이 문화를 정착시켰어. 선비와 사무라이가 전쟁을 하면 누가 이기겠느냐. 당연히 사무라이가 이기지. 선비와 사무라이가 정치를 하면 누가 이기겠느냐. 그야 권모술수가 능한 선비가 이기지.

그런데 종합적으로 움직이면 누가 이길까. 권모술수가 빨리, 미리, 잽싸게, 진행된다면 모르지만 그렇지 않고 파벌싸움으로 협조가 되지 않으면 사무라이에게 백발백중 먹히고 만다는 거지. 명심해야 돼요. 이기고 지고를 떠나 양국의 이 문화를 유심히 잘 파악해야만 이해가 되고 서로 친구도 될 수 있는 거라 이 말이다. 임진왜란이 일어나기 직전에 너희 통신사들이 일본을 시찰하고 갔지만 당파 싸움으로 정사와 부사의 보고가 갈렸잖아. 그러다가 우리 왕초 히데요시 님에게 침략을 당하고 말았지 않는가 말이요."

"헐, 아직 우리 통신사가 조선에 돌아가지도 않았는데 미리 거기까지 이야기를 하면 재미가 없잖느냐. 주제가 너무 무거워서 머리가 아프다. 그만해라."

"머리가 아파도 들을 것은 들어야 한다. 나도 하고 싶어 하는 이야기가 아니다. 조선 사람들은 남의 이야기는 잘 안 들으려고 하고 자기주장만 많이 하다가 남이 이야기를 하면 금방 머리가 아프고 하품이 나오고 그런 거다. 그러면 재미있는 이야기 하나 해줄게 들어 볼래?"

"뭔데? '사꾸라 부인 기모노 옆구리 터졌네' 뭐 이런 거 좋아. 해봐."

"일본 장기 있잖은가? 그거하고 조선 장기 두는 법하고 전혀 다르다. 조선 장기는 일단 잡은 말은 군소리 없이 죽여버리지. 근데 일본 장기는 그렇지 않아. 상대방의 말을 잡으면 다시 쓸 수 있단다. 즉 포로를 내 말로 회생시키는 거다. 대단하지?"

"호, 그런 게 있나? 사로잡은 상대방의 말을 내 말로 다시 쓸 수 있다고? 와우, 칼 찬 사무라이면서 아주 인도적이네."

"이게 문화 차이라는 거라. 조선에서는 말을 죽이면 그것으로 끝나고 새로운 말을 죽이려고 나서는 거다. 그러면서 끊임없이 왕을 압박하고 항복을 받아내는 거다. 이것이 바로 상대방을 완전히 뿌리째 엎어 버려야 내가 산다는 전술인 거지. 선비이면서 잔인하기는 더해. 그런데 일본 장기는 잡은 상대방의 포로를 설득하여 우리 편으로 삼는 거야. 비록 포로는 되었지만 유능한 장수이니 우리 편으로 활용하겠다는 것이고 또한 적군이지만 다시 한 번 기회를 주는 거야. 상대를 인정하고 다시 기회를 주는 것과 아예 상대방을 전멸시키는 방식은 전술이기 전에 휴머니즘이 엿보이는 것이지. 전장의 휴머니즘, 이런 말 들어봤냐?

결론적으로 말하면 너희 조선은 붓을 든 선비문화이면서 늘 개혁改革을 주창하고 일본은 칼을 든 사무라이 문화이면서 개선改善을 추구하는 시스템이라는 거야. 개혁은 상대편이 만든 세상을 뒤집겠다는 것이지만 개선은 비록 적이 만든 세상이지만 고칠 점은 고쳐서 이어가겠다는 말이지."

"그러니까 너희들하고 이야기하다 보면 알 수 없는 것들이 많아. 기면 기다 아니면 아니다 화끈하게 하고 넘어가는 것이 우리 조선 방식인데 너희들은 이렇게 돌렸다가 저렇게 또 했다가 헷갈릴 때가 많다는 거야."

사무라이 복수 종결 편

"오늘은 어제 못다 한 유교에다 양반 이야기를 조금 보충해 줄 게. 내가 좀처럼 보충수업 하지 않는데 특별히 해 줄 테니까 잘 들어."

"우리 일본에는 없는 양반제도. 그거 재미있겠네."

"자고로 우리나라가 유교 국가 아니냐. 너희 일본에도 왕인박사가 유교 경전인 논어를 전해 준 것은 알고 있겠지?"

"국제적으로 문화를 전수해 주신 데 대해 감사할 따름입니다. 쌩큐 고자이마스."

"흠, 그런데 우리는 고려 시대부터 이 유교를 국본으로 삼아 유능한 인재를 뽑는데 경전을 적용한 거라. 이른바 과거 시험을 실시했는데, 문반 위주로 시험을 실시하다가 조선 시대에 들어와 문·무반 시험으로 나누어 그 둘을 합해 양반이라고 칭했거든. 그런데 이 양반에 급제하게 되면 일단 지배계급이 되는 거라. 그 신분은 세습화가 되고. 그러다 보니 이들이 학문과 문화를 주도해

가면서 이 세상을 좌지우지하게 되었단 말이야. 좋은 면도 있었지만 자꾸만 파가 만들어 지면서 문제가 생겼어. 본디 과거는 고전이나 유학의 교양을 묻는 시험이었는데 성리학의 지식이 스며들다 보니까 이론을 중시하게 되었고 이념이 생성되다보니 자연히 학파가 형성된 거지. 과거에 급제하는 자리를 놓고 서로 경쟁적으로 자기파를 천거하다 못해 자리까지 사고파는 폐해가 이만저만이 아닌 거라."

"아하. 시작은 좋았는데 갈수록 매관매직이 심했다는 거군. 그럼 백성은 양반과 상놈으로 완전히 구분이 지어질 수밖에 없었겠군."

"양반 아래 중인, 그 아래 상민 그리고 최하층에 천민인 노비, 이렇게 네 계층이 세습되어 가는 거지. 흥미로운 건 어제의 양반이 오늘의 천민이 되는 경우도 있었던 거야."

"엥?"

"정치 싸움에 줄을 잘못 서 내가 속한 파가 패해 역도로 몰리게 되면 도리없이 노비가 되는 거야. 이긴 쪽의."

"어제의 친구가 오늘은 노비가 되는군."

"친구는 대부분 귀양 가거나 척살 당하지만 남겨진 가솔들은 여지없이 노비가 되지. 대감마님 행세하던 친구 마누라가 이긴 쪽 친구의 노비가 되기도 하고. 그러다 보니 파벌싸움은 목숨을 걸어놓고 해야 되는 거야. 놀래지 마라. 조선 말기 무렵에는 전 국민의 30% 정도가 노비였다는 이야기도 있어. 심지어 한양에 사는 사람의 70%는 노비였다는구먼."

"설마 자네는 노비가 아니겠지?"

"어험, 난 양반까지는 아니래도 중인은 되지. 중인이란 의사, 회계사, 화가 등 기술을 가진 자들이야. 나처럼 역관도 중인이고. 과거시험은 잡과에만 응시할 수 있지만, 양반에 버금가는 프라이드 높은 계급이야."

"됐고, 이번에는 일본 이야기 좀 하자. 일본에서는 중국과 조선처럼 과거 시험으로 인재를 등용하는 제도가 없어. 말하자면 유교를 배워 정치에 접목을 하려는 시도 자체가 없는 거야. 유학자들은 쇼군이나 다이묘들에게 지식을 제공하는 정도에 그친 것이지. 나름대로 책을 써서 펴내기도 하고. 일본도 유교를 퍼뜨리려고 애를 썼지만 별 효과가 없었어. 12세기에는 주자학이 들어와 선종 승려들 사이에 공부하는 이들이 늘어났지. 하지만 이들이 공부한 이유는 선종과 유교를 비교하는 차원에서 행한 것이라 조선의 제대로 된 유학과는 전혀 차원이 다른 것이었어."

"그랬구나. 관리들이 게을렀거나 아니면 공부가 싫었구나."

"아니라고 하기도 그렇고 맞다고 하기도 그렇고."

"조선에서는 말이야. 양반 자제만을 맡아 교육시키는 곳으로 성균관이라는 데가 있고 그 하부 교육으로는 한양에 동학 서학 남학 중학 등 4부 학당을 두고 지방에는 향교를 군마다 두었어. 여기에서 이들은 과거 시험에 필요한 유교를 익혀야 돼. 이 향교에 입학하기 위해서는 마을 서당을 거쳐야만 되지. 일본하고는 극명하게 다른 거야."

"하지만 일본에서는 일찍부터 신분의 구분을 확실하게 정하기도 했어. 조선에서도 양반과 중인 상인 천민 이렇게 신분이 있었지만 일본에서는 양반 대신 무사 계급이 사회를 이끌어 가는 핵심이 된 거야. 너 히데요시 알지? 도요토미."

"야, 조선인 중에 금마 모르면 간첩이지."

"금마? 금마는 무슨 의미?"

"인마는 이 녀석, 금마는 그 녀석!"

"이게 남의 왕초보고 금마라니. 어쨌거나 금마가, 아니 히데요시가 천민 출신이잖냐. 그런데 주군인 오다노부나가에게 분골쇄신의 자세로 충성을 다하더니 급기야 최고 자리인 간빠꾸까지 올라갔잖아. 그랬더니 모두들 무사가 되겠다는 거야. 농부가 삽과 곡괭이 대신 칼을 차고 대장장이가 칼 만들 생각하지 않고, 칼 차고 다니려고 하고, 마구로 회 뜨던 주방장이 마구로 대신 사람 목 따는 연습을 해대니 이건 아니다 싶었지. 그래서 신분 이동을 금한 거야. 신분 이동 금지는 후대의 도쿠가와 이에야스 시대에 더욱 공고해졌지. 생각해봐라. 도쿠가와 이에야스는 명문 호족 가문인데 난데없는 천민 출신인 히데요시가 간빠꾸랍시고 오라니, 가라니, 정략결혼을 하라니 어쩌니 하니까 자존심 억수로 상한 거지."

"그건 알겠는데 그럼 무사들은 전쟁이 없는 시대에는 어떻게 사느냐?"

"일단 농민은 농사를 짓고 기술자는 물건을 만들고 상인은 장사하여 이익을 얻어 살아간다. 그런데 무사는 농사를 짓지도 만들지도 팔지도 않는데 어떻게 살아갈 수 있을까, 신기하지? 답은 조상 대대로 무사 가문이라 정해진 봉록을 받을 수 있기 때문이야."

"호, 근데 아무 하는 일 없는 무사에게 봉록을 준다는 게 쉽지 않을 텐데. 조선의 양반들은 논밭을 소유하면서 농사는 소작농인 농민들에게 시키고 수확량 대부분을 받아먹으면서 살아가는데."

"들어 봐, 그것이 가능한 이유는 말이야. 농민이나 기술자나 상인은 각각 해야 할 일이 있어 바빠. 이런 사람들 대신에 무사들이 인간으로서 바르게 살아가는 모습을 보여줌으로써 사회가 정치적으로 도덕적으로 질서를 유지할 수 있게 되는 거지."

"모범을 보여주는 것이 곧 무사가 하는 역할이다, 이 말이군."

"18세기 무렵에 나온 무사도에 관한 책이 있는데 그 내용들은 무사들이 살아가는 방법을 설명하고 있어. 무사는 덕을 열심히 닦아 마음을 다해 군주를 받듦으로써 사람들에게 도덕적으로 모범을 보여주는 거야. 말하자면 아무런 존재 가치도 없는 것처럼 보이지만 이것이야말로 무사가 존재하는 의의인 거지. 어이, 조선 역관. 너 츄신구라忠臣藏 알지?"

"먼 구라? 김구라는 들어봤지만."

"이제까지 한 이야기를 이해하는데 참고가 될 만하니까 들어 봐. 때는 1701년 3월 에도성에서 천황 사절의 접대를 맡은 아코번赤穗藩, 그러니까 지금의 효고兵庫현의 번주藩主인 아사노 나가노리淺野長矩가 쇼군의 직속무사인 기라 요시나가吉良義央를 칼로 베어 상처를 입히는 사건이 발생했지. 성 안에서 금기에 해당하는 칼부림을 했기 때문에 아사노는 바로 할복을 명받아 사라지고 그 가문은 멸망하고 말았어. 말할 것도 없이 아사노의 가신들은 모두 직업을 잃고 떠돌이가 되었지. 이 처분은 쇼군 도쿠가와 쓰나요시가 내린 명령이라 어쩔 수 없었던 게야. 짠한 얘기지.

그로부터 2년 가까이 지난 1702년하고도 12월의 추운 겨울 어느 날. 아코번 낭인무사 47명은 그동안의 숱한 고난을 이겨내고 한자리에 모여 자기들의 주군을 죽게 한 기라씨 자택을 습격하여 기라 요시나가를 죽이고 주군의 한을 풀었어."

"캬~, 2년 지나 주군의 복수를, 눈물이 앞을 마구마구 가리는 이야기네. 그래서?"

"이 두 사건을 가리켜 아코 사건이라 하는데 문제는 쇼군이 살고 있던 에도에서 일어난 사건이라 세상도 막부도 크게 놀랐지. 사건을 처리하기 위해 막부 회의가 열렸는데 주장들이 엇갈린 거야. 어떤 이는 사건에 관련된 무사 전원을 처형해야 한다는 주장이고 어떤 이는 쇼군이 장려하는 문무와 충효의 길을 행한 행위이므로 관대하게 처분해야 한다는 등 갑론을박이 진행되었지."

"고차원적으로 말하자면 지배 질서 유지와 유교 이념 사이에서 혼돈이 대두된 거라 이 말이군."

"그런 말도 할 줄 아냐? 근데 오규 소라이荻生 徠라는 자의 건의에 따라 전원 할복을 명하고 말았어. 소라이는 당대의 존경받는 유학자에다 사상가이며 정치적 영향력이 있는 자라 그 말을 따르게 된 거라. 어쨌든 에도 민중은 이 사건을 가리켜 충의를 위해 원수를 갚았다고 크게 칭찬하였는데 이는 아코 낭인 무사들이 한 행동이 막부가 저지른 악정에 대한 저항으로 비쳤기 때문이지.

그 후 연극이고 문학이고 '츄신구라'라는 제목으로 많은 작품들이 만들어져 인기를 얻었고 근대에는 충효의 모범으로 국민 도덕 형성에 기여했다는 게야. 오늘날도 해마다 연말이면 티브이 드라마에서 '츄신구라'가 방영될 정도로 대중적인 인기가 계속되고 있다는 거지."

"오늘날? 티브이? 지금 너와 난 임진왜란 직전인 모모야마桃山 시대를 배경으로 만난 거 아니냐?"

"그러게…?"

3. 가미카제와 엽기 상혼商魂

· 가미카제神風의 실상
· 도라! 도라! 도라!
· 까마귀 천국 일본의 심벌 삼족오
· 변조의 달인
· 당파와 바꾼 국운國運
· 김성일의 최후, 논개와 개다니무라
· 전쟁보다 급한 호랑이 사냥
· 왜란 선봉대장은 전쟁 반대파
· 이순신을 파직시킨 왜군 스파이
· 120cc와 420cc의 전쟁
· 죽어가는 병사에게 물을 파는 상인
· 조선인은 강아지, 일본인은 고양이

가미카제神風의 실상

"어이, 거기 연못가에서 유유히 세월을 낚고 있는 사나이. 조선에서 온 역관상 아닌가?"

"쉬잇, 지금 막 미끼를 물려고 하는 찰나야. 조용히 해."

"세월 참 좋다. 통신사로 일본에 왔으면 이곳저곳 다니면서 일본 정세를 파악해도 시원찮을 판에 낚시는 무신 낚시고? 잉?"

"내가 낚시를 하고 싶어서 하는 줄 아냐? 너희 간빠꾸인지 간빵꾸인지 하는 히데요시가 조선의 길을 빌리겠다느니 뭐니 해서 정신도 차릴 겸 이러고 있는 거야. 그래도 이 낚시는 건전한 줄 알아라. 스팸 낚시라도 하면 너희들 다 걸렸어. 근데 무슨 용건이라도?"

"그대가 고려군과 몽골군이 일본에 쳐들어왔을 때 역관으로 참여했다는 말을 들었는데 정말이냐? 시대가 전혀 다른데 그럴 수도 있냐?"

"너 생긴 건 그렇게 안 생겼는데 웬 의심이 그렇게 많니? 사람이 의심 많으면 안 돼. 내가 서두에 말했잖아. 시공을 초월해서 이야기를 풀어나간다고. 여몽연합군이 일본을 까부수려고 왔을 때 내가 수석역관으로 선발된 이야기를 해줄게. 너희 일본이 자꾸 말을 안 들어서 원나라 황제가 엄청 화가 났거든. 그래서 군사를 일으킨 거야. 너희들 때문에 애먼 고려 군사들을 강제로 앞세우고 말이야. 지금 생각해도 너희들 때문에 손해 본 게 이만저만한 게 아니야. 어쨌거나 너 칭기즈칸이라고 알지. 칭기즈칸이 1206년에 기마대를 이끌고 몽골에서 유럽까지 평정했잖아. 그 후 그 손자 되는 쿠빌라이 칸이라고 있어.

이 쿠빌라이가 고려를 복속시키고 일본을 정벌하러 나선 거야. 1274년 10월이었어. 군사를 모아보니 3만여 명. 고려군이 앞장서고 뒤에 원나라 군대가 900척이나 되는 배에 올라탔어. 말이 900척이지 대단한 거야, 근데 이 배들을 누가 만들었겠냐. 고려에서 만들었지. 급하게 만든다고 만들어서 싣고 일본에 상륙한 거야. 쓰시마 있잖아, 대마도. 그건 식은 죽 먹기였고 그다음에 이키섬이라고 이건 해장술 마시기 전에 한 점 집어 먹는 다꾸앙 신세였지.

그렇게 해서 드디어 하카다博多, 즉 후쿠오카에 도착했어. 큐슈의 일본 군사들이 방어를 했지만 쨉도 안되었어. 막강한 몽골군의 위력 앞에 그냥 오줌만 쌀 뿐이었지. 그때 내가 몽골군 대장의 통역이였잖아.

때는 10월 하고도 20일. 하카다의 하늘은 참 푸르고도 맑았지. 이토록 맑은 하늘이 하룻밤 사이에 완전 뒤집어지는 조화를 부릴

줄 아무도 몰랐던 거야. 그때 상황을 말해 줄게."

"야, 역관, 너 왜놈 말 좀 한다고 했지. 지금부터 내가 하는 말을 저 왜놈들에게 잘 전해라. 알겠어?"
"예, 몽골이 썩 마음에 들지 않지만 대장님의 분부를 어찌 거역하겠습니까. 말씀 던지십시오."
"그런데 저기 저 왜나라 녀석, 아까부터 머라고 씨불이는 거야? 혼자 나와서."
"글쎄요. 자기들 군사들이 진을 치고 있는데 뜬금없이 혼자 말 타고 튀어나와서 머라고 지껄이는데요."
"야 인마. 그러니까. 머라고 씨부리는지 통역하라고."
"잠깐만요. 야, 야, 거기, 너 아까부터 뭐라고 씨불이냐? 네 진지로 돌아가라. 안 그러면 활로 쏜다. 알겠어?"
그러자 나 홀로 일본 무사가 목을 쥐어짜듯 외치는 거야.
"나로 말할 것 같으면 그 유명한 '도끼로 이마까라' 집안의 무사이다. 우리 가문은 대대로 유서 깊은 집안으로 우리 할아버지는 '깐 이마 또 까라'이고 우리 아버지는 지난번 국내 전투에서 혁혁한 공을 세운 '안 깐 이마 골라 까라'이다. 알겠어? 나와 맞붙을 자 없는가? 어서 나와 가문의 명예를 걸고 한 판 겨루자!"
"야, 역관. 저 녀석 신경 거슬리게 자꾸 뭐라 하는 거야?"
"글쎄요. 자기 집안이 대대로 머 도끼로 깠는데 잘 안 까진 게 있었다면서 깐 데 또 까겠다는 둥. 간단히 말해 우릴 도끼로 까겠다는데요?"

"뭐, 뭐라고? 도끼로 까? 저게 죽으려고 환장했군."

"글쎄요. 제가 봐도 또라이 같은데. 그냥 무시할까요?"

"아냐. 우리 기마대 몇 명 보내서 저 시키, 박살을 내 버려야겠어. 어이 기마병 출격!"

순식간에 기마병 십여 명이 꽹과리와 북을 치며 나아가는 거야. 가문의 명예를 걸고 한 판 붙자는 일본 병사의 말이 놀라 뒤집어지자 모두들 달려들어 도륙을 해버린 거지. 그야말로 하이에나 집단이 죽은 사자의 사체를 한꺼번에 달려들어 뜯어 먹는 광경과 흡사했어.

"몽골 대장님. 이거 좀 비겁한 거 아닙니까. 일본 무사는 일대일로 붙자는데 저렇게 떼거리로 달려들면 이거 해외 토픽감인데요."

"시끄러워 인마. 전투에 뭐 비겁한 게 어디 있어. 이기면 되는 거지."

"그리하여 여몽연합군이 일본 하카다에서 일본군을 완파하였지. 일본군이 싸우는 방식과 몽골군이 싸우는 방식은 판이하게 달랐던 거야. 일본군은 1대1의 싸움에서 승부 가르기를 좋아했어. 사무라이의 명예를 걸고 싸우는 방식이야. 싸움에서 이기면 상대의 목을 따서 들고 다니고 그 목 주인의 급수에 따라 상금을 받는 거야. 그런데 몽골군은 집단 전투를 즐겨. 기마민족의 후예로 단련된 집단 전투에서 몽골군의 위력은 일본군을 압도해 버렸지. 일본군도 집단 전투랍시고 한다지만 잘 훈련된 몽골군에게는 적수가 되지 못해. 더구나 일본군은 본 적도 없는 원격 포탄을 쏘는 몽골군에게 처참하게 깨어지고 말았지."

"저런, 그래서 그 뒤에 어떻게 됐냐."

"일단 전투에 이겼지. 왜 중국 짱깨놈들이 그렇잖아. 무식하게 인해 전술로 밀고 들어가는 거. 그냥 들어가는 것도 아니고 꽹과리와 북을 치면서 밀고 들어가니 혼비백산한 일본군들이 도망가기 바빴지.

그런데 문제가 생겼어. 그날 밤. 일본군을 물리치고 교두보를 확보하는가 싶었던 몽골군이 곧장 배로 되돌아가고 말았어. 일본군들이 한밤에 야습하는 데는 귀신도 놀랄만한 병법을 가지고 있었던 거라 지레 겁을 먹은 거지. 내일 밝은 낮에 다시 작살을 낼 거라고 하면서 말이야. 너 닌자忍者라고 알지?"

"쩝. 내가 일본 사람이다."

"아, 그렇지. 그 닌자 전법이란 게 머냐. 까만 복면을 하고 사람 눈에 띄지 않게 침입을 하여 쥐도 새도 모르게 상대를 암살하는 무시무시한 존재가 아니냐. 그걸 몽골군이 겁을 낸 거야. 그런데 그만."

"그만?"

"그날 밤에 태풍이 몰아친 거지. 일본 쪽으로 보면 그렇게 큰 태풍이 아닌데 몽골 군사들에게는 어마어마한 것이었어. 서로 묶어 놓은 배들끼리 부딪쳐 박살이 난 거야.

사실 그 배들은 고려에서 몽골의 득달같은 겁박에 급조한 배들이었으니 오죽했겠냐. 나? 말도 마라. 그 와중에 내가 살아남은 건 하늘이 도우신 거지. 그 후로 나는 일본 쪽을 향해 오줌도 누지 않는다."

"우씨, 또 쳐들어왔잖아. 7년 뒤에."

"맞아. 또 쳐들어갔지. 몽골 놈들이 안 가면 고려의 씨를 말린다고 으르렁대니 안 갈 수 있냐. 나도 안 가려고 버티고 버티다 간 거야. 나도 씨는 퍼뜨려야 될 거 아냐?"

도라! 도라! 도라!

"그로부터 7년이 지난 1281년, 고려에서 4만 명, 중국 본토에서 10만 명을 동원하여 3,500척의 배를 끌고 2차 공격을 감행했지. 그때에도 어김없이 통역관으로 몽골군 대장 옆에 바짝 붙어 다녔어."

"어이. 역관, 이번에는 실수 없이 잘해야 한다. 지난번에는 우리가 완패했다. 그치? 그게 원인이 뭐라고 생각하니?"

"지난번에 1차로 여몽연합군이 일본에 상륙해서 제대로 싸워보지도 못하고 허벌나게 깨진 것 말씀이신가요?"

"인마. 우리가 깨지고 싶어 깨진 게 아니잖아. 그 뭐냐. 가미카제인가 뭔가 태풍이 불어와서 쪽을 못 썼지. 싸우다가 진 건 아니잖아?"

"어쨌거나 졌잖아요. 근데 일본을 지키는 신이 있긴 있나 보죠? 그렇게 강풍이 불어와서 몽골짱깨들을 한순간에 다 날려 보낸 걸 보면?"

"인마. 그때 네가 알려준 일본 정보가 제대로 맞지 않아서 우리 짱깨가 태풍을 맞은 거잖아."

"허 참, 비겁한 변명입니다. 왜 저한테 책임을 전가하시는 겁니까. 처음엔 우리 편이 잘나갔잖아요. 저도 그건 인정합니다."

"그랬지. 우리가 훨씬 잘했지. 저놈들이 전투할 때 괴상한 화살을 쏘아대서 막 웃기도 하고 분위기 좋았지."

"가부라야鏑矢라는 화살인데 화살대 속을 파서 구멍을 뚫었지요. 이것으로 활에 장전해 쏘면 날아가면서 피리리 소리가 나지요. 그 소리에 맞춰서 전투 개시를 하는 겁니다. 그 소리가 괴상해서 우리가 배꼽을 잡고 웃으니까 왜놈들이 당황해서 어쩔 줄 몰라 했지요. 그 틈을 타서 우리 보병이 긴 창을 들고 가서 죄다 질러 버렸지요."

"우리가 가지고 간 철포로 쟤들 혼을 내주었지, 그 덕에 이긴 거야. 안 그래?"

"마, 그런 것도 있지만 예나 지금이나 짱깨는 인해 전술 아닙니까. 엄청난 인간들이 전우의 시체를 넘고 넘어 앞으로 앞으로 진격하니까 넋을 잃고 있다가 창에 찔려 넘어간 거지요."

"그런데 그때 내가 너에게 물어봤잖아. 이대로 밀고 가면 이 밤중에 우리 짱깨가, 아니 우리 몽골이 완전히 일본을 섬멸할 수 있다고, 그런데 네가 뭐랬냐. 안된다고, 안된다고, 그랬지? 확실히."

"기억이 가물가물하긴 하는데. 그랬던 것 같기도 하고, 아닌 것 같기도 하고."

"이 자슥이 너 몽고 간장 짠맛 한번 볼래? 네가 그랬잖아. 일본

3. 가미카제와 엽기 상혼商魂 173

군은 야습이 강하다고. 일본군의 야습은 세계 군대에서도 정평 있는 작전이라고."

"그건 사실인데요. 일본군들의 야간 기습은 당해 보지 않았으면 말을 마시라니까요."

"폐일언하고 어때, 역관, 이번에는 저 자식들 완전히 잡겠지?"

"그런데 예감이 좀 그렇습니다요."

"이 시키, 재수 없게스리. 우리가 얼마나 별렀는지 알아? 우리 왕초 쿠빌라이가 왜놈들에게 '복종하고 조공을 바치면 안 치겠다.'라고 두 번이나 사자를 보냈잖아. 그런데 이놈들이 두 번이나 사신을 죽였어. 간이 배 밖으로 나온 놈들이지. 저기 저 선봉에 선 놈한테 전해. 너희들 오늘 밤이 제사라고."

"어이, 거기, 왜놈 선봉, 너희들 오늘 제사란다."

"너희들이야말로 오늘 제사다. 우리도 너희들이 처들어올 거라고 대비 많이 했다. 그런데 너희들 일기예보는 듣고 왔느냐?"

"허, 저놈들이 한판 붙자는 데요? 제사는 우리더러 지내라는 둥, 일기예보에서 머라고 했다고도 하고."

"일기예보? 그딴 것 우리 몰라해. 우리 몽골군이 세계 최강이다 해."

"아뿔싸. 이날 밤 또 태풍이 불어왔던 거야. 또다시 태풍에 몰살을 당한 몽골군은 두 번째 침공도 실패하고 되돌아갈 수밖에 없었지. 저번에도 말했지만, 이때의 바람을 신이 도운 바람이라고 하여 일본인들은 가미카제 즉 신풍神風이라 이름 지었던 것이란 말씀이야.

  일본은 후에 태평양전쟁 막바지에 공군 특공대를 조직한 후 이름을 가미카제 특공대라 명명하였지. 처음엔 필리핀전투에 배치되었다가 1945년 초에는 오키나와 전투에 투입되었어. 가미카제의 임무는 전투기와 함께 돌진하여 미군함을 부수고 장렬하게 전사하는 것이었는데 실제로 30척에 이르는 함정을 침몰시켰고 300여 척을 격파했다고 해. 이때 죽은 가미카제 특공대원만 3천3백여 명에 이르렀고 강제로 끌려간 조선 청년도 17명이나 된다는군. 어쨌든 대단한 기개야. 조그만 섬나라가 하와이 진주만 공격할 때 알아봤지만."

  "미국의 턱수염을 잡아챈 거지. 세계가 깜짝 놀랐다는 거 아니냐. 그때 나온 암호가 그 유명한 '도라 도라 도라'잖아?"

  "그게 무슨 암호냐? 너희 일본 빠가야로가 완전히 아다마 대갈통이 돌아, 돌아, 돌아 머 이런 뜻이냐?"

  "아니, 공격암호는 '니다까야마 노보레!' 즉 '신고산新高山에 올라가라!' 이거였고 '도라 도라 도라'는 '호랑이 세 마리'라는 뜻으로 공격에 성공했다는 거야."

  "미국도 그 암호를 미리 접수는 했는데 결국 못 풀고 당했다는 건데 대단하다. 원숭이 나라치고는."

  "호, 어쩐 일로 칭찬을 다."

  "그렇게 주제도 모르고 설쳐대다가 원자폭탄을 두 대나 맞고 뻗었잖아."

  "어찌 들으면 칭찬 같기도 하고 아닌 것 같기도 하고."

"바로 일본이 그렇다는 거야. 칭찬받을 수도 받지 못할 수도 있는 그런 나라. 그건 그렇고 아까 하던 이야기, 몽골이 어째서 너희 일본을 그렇게 두 번씩이나 잡아먹으려고 혈안이 되었는지 아냐?"

"호, 그런 걸 아냐?"

"들어 봐. 너 마르코 폴로라고 들어봤냐?"

"알지. 베네치아 무역상의 아들인데 모험심도 강하고 동방에 관한 경험을 살려 나중에 견문록을 쓴 사람이잖아."

"설명해 줄 테니까 들어보라니까. 마르코 폴로가 열여섯 살 때 삼촌을 따라 몽골에 간 거야. 삼촌은 무역하던 사람으로 특히 동방 쪽에 관심이 많은 거야. 원나라 쿠빌라이의 신임을 얻어 무려 17년을 머물렀는데 그때 얻은 지식으로 동방견문록東方見聞錄을 쓴 거지. 근데 재미있는 건 말이야. 일본 땅에는 황금이 너무 많이 나와서 사람들이 황금으로 집을 짓고 아이들은 황금을 가지고 장난을 치며 논다는 거야. 장밋빛 진주는 물론이고 보석이 천지에 깔려 있는데 대륙 사람들이 진출하지 않으니 그대로 있다는 거야. 이런 사실을 쿠빌라이가 듣고 일본을 쳤다는 거야."

"쿠빌라이는 조공을 하지 않는다고 일본에 쳐들어왔잖아?"

"바로 그거야. 황금으로 떡칠을 하고 사는 너희 나라 왕이 눈곱만큼도 조공을 하지 않고 있으니 '요걸 그냥 확 쎄리'하고 작정하고 들어간 거지."

"근데 가미카제 때문에 한 방에 훅 깨진 거구나."

"맞아. 근데 더 재미있는 것은 살아남은 원나라 군사들이 어찌

어찌하여 일본 본토에 상륙해서 수도를 점령하고 일곱 달을 버텼는데 본국에서 지원군이 오지 않아 결국 항복했잖아."

"그런 사실… 없는데."

"그러니까 괴담이라는 거지. 더구나 나중에는 인육 파티도 벌였다고 하는 등 자기 마음대로 쓴 거야. 어쨌거나 일본이 이렇게 과장되게 알려진 점이 대륙 사람들의 호기심을 자극한 거야."

"호."

"진실은 이런 거야. 쿠빌라이가 중국을 지배하게 되자 송나라를 형님으로 모시던 고려가 협조를 안 하는 거야. 고려라는 나라는 의리가 있었지. 송나라가 아직 숨이 붙어있는데 몽골인들이 감히 중국을 차지하고 황제랍시고 군림하니까 이런 쳐 죽일 오랑캐 놈들이… 이러면서 버틴 거야."

"의리에다 깡다구까지 겸비했군."

"그렇지. 그래서 쿠빌라이가 고려도 손봐줄 겸 내친김에 말을 듣지 않는 일본도 아작 내자고 생각한 거지. 더욱 더 고도의 계산은 남쪽으로 밀어낸 송나라를 정복해야 하는데 고려와 일본이 송과의 교역을 끊지 않고 있으니 이 둘을 떼어놓고 송나라를 고립시키려고 모두 6차례에 걸쳐 고려와 원의 사신을 일본에 파견했는데 눈도 깜짝 안 하는 거야. 그래서 무력을 동원해 두 번이나 일본을 쳐들어간 거야. 이게 팩트야."

까마귀 천국 일본의 심벌 삼족오

"너네 왜나라 꽃은 뭐냐. 누구는 벚꽃이라고 하고 누구는 국화꽃이라고 하는데 어느 거냐?"[21]

"본디 천황가의 문양이 국화꽃이라 일본의 나라꽃은 국화꽃이라고 할 수 있고 벚꽃은 일본을 대표하는 국민적 꽃이다 보니 이 또한 나라꽃이라 할 수 있는데 아무렴 어떠냐? 어쨌든 법으로 정한 건 없다."

"애매하게 하지 말고 딱 정할 수는 없냐? 다른 건 잽싸게 잘도 하더니. 김치를 기무치라 하고 막걸리를 막고리라 하고 때 미는 수건 이름까지 때미리라 상표 등록하고. 야, 우리 조선의 목욕탕 때밀이 아저씨가 점잖아서 그렇지 그거 특허권 침해야."

"국화를 나라꽃으로 하려니 벚꽃을 좋아하는 국민들이 섭섭해 하고 벚꽃을 나라꽃으로 하려니 천황가의 상징인 국화를 홀대하는 것 같고 그러니 그냥 그대로 두는 거지. 그런 걸 일일이 법으로 정해야 되냐? 그럼 넌 너희 나라 조선의 국조國鳥, 나라 새는 알고 있냐?"

"야, 물을 걸 물어라. 내가 그걸 모르겠냐? 이번에 통신사 선물로 우리 조선의 국조를 선물로 가져왔잖아. 너희 왜나라에서는 볼 수 없는 새라고, 생각이 안 나? 아 참 넌 그때 없었지. 까치 아니냐. 까치를 선물로 가져가서 너희 대장한테 주니까 좋아서 어쩔 줄 모르던데. 근데 그거 얼마 안 가 죽었다면서. 왜 그 귀한 새를 죽였대?"

"조선 까치가 일본에 오면 풍토가 맞지 않아 죽는다는군. 근데 가고시마鹿兒島와 시고쿠라는 사국四國에는 까치가 살 수 있다고 해서 선물로 받으면 그곳으로 보낸다고 하더라는 이야기는 내가 들었다. 가고시마에서 까치를 까치가라스라고 한다네. 까치는 조선어이고 가라스는 일본어이고."[22)]

"알겠다. 그런데 일본의 국조는 머냐. 까마귀가 맞냐. 모두들 까마귀라고 알고 있던데."

"아니다. 절대로 아니다. 지천으로 깔려 있는 것이 까마귀라서 그런 이야기가 나온 것 같은데 일본 국조는 꿩이다."

"꿩? 꿩 대신 닭 하는 그 꿩?"

"일본의 유명한 민화인 복숭아 도령, 즉 모모타로 이야기에 원숭이, 개와 함께 나온 새가 바로 그 꿩이다. 20세기에 등장한 일본 돈 1만 원권 지폐의 도안에 바로 이 꿩님이 등장하신다. 국조는 까마귀 아니다. 정말."

"그럼, 말이 나온 김에 하나 물어보자. 일본에는 왜 까마귀가 그렇게 많냐. 너희 나라는 그게 길조라면서? 조선에서는 흉조인데.

사람 죽으면 제일 먼저 와서 시체를 뜯어 먹고 하니까 기분 나쁜 흉조 아닌가?"

"일본에서도 흉조가 맞다. 그런데 까마귀를 퇴치할 생각은 하지 않고 방치하다 보니까 그 수가 너무 늘어나서 어디를 가든 까마귀 천국이라서 일본의 새 하면 까마귀를 연상하게 된 거지. 일본 사람도 아침에 일어나서 중요한 일을 보러 가려는데 창가에서 까마귀가 까악 하고 울면 '뭐야, 불길하게' 하고 싫어한다."

"근데 동요에도 까마귀가 자주 나올 정도로 까마귀하곤 친하잖아. 그 노래 한 번 불러봐 봐."

"알았어. 험험. 곱게 물든 저녁노을 해가 저무네~. 산속의 절에서는 종이 울리네~. 손에 손잡고 돌아갑시다. 까마귀랑 다 함께 돌아갑시다."

"크크, 까마귀랑 다 함께 돌아갑시다? 별 노래를 다 해요."

"이것 말고도 '일곱 마리 까마귀 새끼' '까마귀의 편지' '까마귀와 지장보살' 뭐 이런 게 있다. 근데 조선에는 이런 노래가 있긴 있냐?"

"그걸 무슨 대단한 거라고, 우린 까마귀 노래는 없다. 그 대신 '까치가 울면 반가운 손님이 온다.'라거나 '반가운 소식이 있다'는 말이 있고 노래도 있다. '까치 까치설날은 어저께고요, 우리우리 설날은 오늘이래요.' 설날에 까치가 등장하는 거지, 까마귀는 무슨."

"근데 이상하잖아. 너희 조선은 원래 까마귀 나라가 아니더냐?"

"무신 또 까마귀 씻나락 까먹는 소리 하려고?"

"야, 고구려의 상징이 뭐냐. 까마귀 아니냐. 삼족오三足烏. 세 발달린 까마귀가 고구려의 상징이 아니더냐. 고구려에서 갈라져 나온 백제의 깃발 또한 삼족오 깃발이고. 근데 어째서 그렇게 까마귀를 홀대하느냐?"

"…."

"할 말이 없나본데 반성 좀 해라. 놀라운 사실을 하나 이야기해 줄게. 너네 나라 삼족오가 일본에서는 어떻게 부활했는지 아니? 일본 축구 국가 대표 팀의 심벌이다. 알겠어?"

"뭐라?"

"한일전 축구 시합할 때 일본 선수 가슴에 있는 마크를 잘 살펴봐라. 삼족오다. 두 발은 힘차게 땅을 딛고 한발로 축구공을 꽉 누르고 있다. 캬, 얼마나 멋지냐?"

"…."

"말 나온 김에 중국 조선 일본이 쓰고 있는 한자는 너희 조상인 동이족이 만든 것이라는 이야기 들은 적이 있냐?"

"…."

"그 사실을 증명하는 대표적인 글자가 있는데 그게 바로 날 일 日 자 인거라. 중국 사람들이 그날 일 자가 어떻게 어디서부터 생성되었는가를 연구 추적했는데 풀리지가 않는 거라. 해에서 따온 것이라는 것은 누구나 알지만. 근데 해는 둥글어. 그래서 처음 글자는 동그란 원을 그린 거야. 그런데 그 안에 까만 점을 새겨 놓았다는 거야. 근데 그 점이 무엇을 의미하는지 모르는 거지."

"그야 태양 속에 있는 흑점 아니겠냐?"

"생각 없기는. 흑점은 천체 망원경이 발명되고 나서 태양을 관측해보니까 보인 거야. 맨눈으로는 아무것도 안 보여. 결국엔 중국 사람들이 동이족의 문화에서 그 해답을 찾게 된 거지. 바로 동이족의 신앙은 태양신을 숭상하는데 그 태양 속에 삼족오가 살고 있었던 거야. 일중유금오日中有金烏 전설이지. 그래서 태양이라는 글자를 만들면서 동그란 태양 속에 까마귀를 그려 넣게 된 것이 오늘날 쓰고 있는 날 일자란 이 말씀이야."[23]

"왠지 너한테 그런 말을 듣고 있으니 부끄럽기 짝이 없다. 왜 난 그런 걸 몰랐을까?"

"네 잘못이 아니라 교육을 시키지 않은 선조들이 잘못된 거지. 암기 위주 교육으로 일류대학만 고집하는 세상을 만들면서 국사 교육도 시키지 않은 네 선조들 말이야."

"지금이 어느 땐데 새까만 후손들더러 선조라니! 새까만 후손들이 갈수록 나라 망치고 있잖아! 이렇게 말해야지."

"까마귀 말이 나온 김에 하는 말인데 너네는 왜 까마귀까지 잡아먹느냐. 그렇게 가난하냐? 맨날 지엔피 2만 달러 넘었다고 설레발치면서."

"까마귀 안 먹어? 고거 정력에 얼마나 좋은데. 야, 동의보감東醫寶鑑에 나와 있어. 까마귀가 남자 정력에는 그만이라고. 땅에는 인삼人蔘, 바다에는 해삼海蔘, 하늘에는 육삼陸蔘이라고, 바로 이 육삼이 까마귀라는 거야. 비삼飛蔘이라고도 하지."

"일본인도 정력에 좋다면 뭐든 먹지만 까마귀는 안 먹는다. 먹을 게 따로 있지."

"까마귀 안 먹는 대신 닭을 날 거로 먹던데, 먹을 게 따로 있지.

생닭을 먹냐?"

"큐슈지방에서 먹는 지도리地鳥를 말하는구나. 완전 날로 먹는 건 아니고. 그건 일품요리인데…."

"무슨 짐승도 아니고 닭을 생으로 먹다니. 까마귀 말할 자격이 없구먼 뭐."

21) 자연과 동화되고 싶어하는 특성을 지닌 일본인들은 특히 벚꽃을 대할 때 단순한 꽃 감상에 그치지 않고 꽃과 일체가 되려 한다. 또한 '꽃은 벚꽃, 사람은 사무라이'라고 할 정도로 벚꽃과 사무라이를 일본의 상징으로 여긴다. 일시에 피었다가 순간적으로 지는 벚꽃이 사무라이로 대표되는 일본 정신을 상징한다고 생각하는 것이다. 근대 군국주의 시대와 맞물리면서 일시에 만개했다가 일시에 지는 것이 충성에 살고 죽는 군인정신으로 미화되었다. 군대 막사는 물론 학교 교정에도 벚꽃을 심어 '사무라이의 정신은 벚꽃'이라는 정신적 요체를 일본인들의 마음속에 심어주게 된다.

22) 사가佐賀현에도 까치를 길조라고 여겨 기르고 있다. 가야계의 집단거주지가 민속촌으로 보존되고 있는 점으로 보아 이곳에 진출한 가야계가 까치를 길렀다고 보아진다.

23) 한자 날일日에 이어 달월月의 기원설 또한 동이족의 전설로, 달나라에 옥토끼가 산다는 월중유옥토月中有玉兎에서 나온 것이다. 이 설은 한국의 국어학자 진태하가 꾸준히 주장하고 있다.

변조의 달인

임진왜란 발발 1년 3개월 전. 일본 대마도.

도요토미 히데요시를 만나고 돌아오는 길. 긴 여정을 거쳐 다시 들른 대마도.

대마도주는 훨씬 공손한 자세로 통신사를 대했다. 그도 그럴 것이 히데요시로부터 이번 조선 정벌에 관해 대마도주가 책임을 갖고 조선을 설득하라는 명을 받은 것이다. 그러나 대마도주는 조선국의 사정을 잘 알고 있는지라 히데요시가 내린 조선 정벌의 명을 조선이 곧이곧대로 따르지 않으리라는 것을 알고 있었다. 조선의 심기를 건드리면 대마도만 힘들어질 터. 그러기에 그의 고민은 깊어만 갔다.

"역관님, 시간이 있으신지요."

"있는 게 시간이오만 어인 일로?"

"다름 아니라 우리 대장께서 통신사에게 준 답신에 대해 의논할 게 있소만."

"당신네 대장 그 쥐데요시가 명나라를 치겠다고 우리 조선 더러 길을 비키라고 한 그것 말이지요? 참 꼴 같지 않은 게 별소릴 다 하더이다. 성질 같으면 확 그 쥐데요시를…."

"나도 명을 받고 있는 몸이긴 하지만, 그 쥐데요시, 아니 히데요시 간빠꾸님의 명령을 그대로 조선 선조 대왕님께 전하면 큰일 날 것 같아서."

"험, 그대도 그렇게 생각하는가. 기특하구나."

"아니 갑자기 대감님 버전으로 나오면, 일개 역관 주제에… 그러시면…."

"아 참, 나는 역관이지. 그대가 너무 공손하고 저자세로 나오니까 나도 몰래 착각했소 그래. 그래 소생에게 하고자 하는 말이 무엇이오?"

"우리 대장이 선조 왕에게 보내는 답서의 내용을 바꾸어야지, 그렇지 않으면 선조께서 뿔이 나시기라도 하면 정작 괴로운 것은 중간에 있는 저인지라…어찌 안 될까요?"

"그렇게 중대한 일을 어찌 나에게 묻는단 말씀이오. 일개 역관 주제인 나에게…."

"접때 보니까 역관님과 김 대감님이 아주 친하시기에 어찌 김 대감님께 제 의사를 전하는 다리를 놓아 달라고 제가 이렇게 당부를 하는 바입니다만."

"내가 대감하고 친하긴 친하지. 하지만 일개 역관 주제인 내가…."

"정정하리다. 일국의 역관이신 역관님, 사정 좀 봐주시지요."

"그렇게 사정하니 알겠소. 따라오시오."

이제 부산포에 당도할 날도 얼마 남지 않았다고 생각해서일까? 모두 고향으로 돌아간다는 설렘이 사절단 전체 분위기에서도 확연히 느낄 수 있었다. 부산포 쪽에서 날아오는 갈매기 떼조차 정겹게 느껴지고, 나누는 인사말에도 화기가 넘치고 있었다. 히데요시의 답서 내용이야 정사와 부사의 머릿속을 헤집고 다닐 뿐, 일반 수행관들은 어서 고향으로 돌아가고 싶다는 마음에 가족들에게 줄 선물을 챙기는데 여념이 없었다.

정사 영감은 긴 여독에 계속 칩거 상태이고 김 대감은 평소와 같은 나날을 보내고 있으나 마음은 내내 복잡하였다. 이제 돌아가서 선조 왕에게 어떻게 보고를 해야 하나. 히데요시의 강압적인 태도로 보아 분명 큰일을 저지를 터인데 앞으로 닥칠 일을 생각하니 그저 한숨만 나올 뿐이었다. 깊은 시름에 잠겨있는 대감에게 역관으로부터 대마도주가 모종의 극비사항을 가지고 숙소에 도착했다는 보고가 들어왔다.

"대감님, 이제 조선으로 돌아가실 때가 다 되어 가는데 기분이 어떠하신지요?"

다다미 바닥에 머리가 닿도록 절을 하고 난 도주, 엄밀히 말하면 도주의 아들인 소 요시토시는 평소의 재기가 반짝이는 눈빛이 아닌 흐릿해진 동공을 반쯤 뜨며 대감에게 물었다. 도주의 아들이라고는 하나 실질적으로 도주의 행사를 하는 자이다.

"험, 너희 대장이 명나라를 칠 테니까 조선은 길을 비키라고 해서 내 기분이 기분이 아니다. 하지만 꼭 기분을 말하라면…."

"말씀하시지요."

"똥 밟은 기분이다. 왜?"

"똥… 이라시면?"

도주가 시선을 역관에게 돌렸다. 무슨 뜻이냐는 거다.

'재수 없고 더럽고 짜증나고 꿀꿀하고, 한마디로 졸 밥맛없다. 뭐 그런 뜻'이라고 통역하자 알았다는 듯이 말을 이었다.

"그 똥 밟으신 기분을 제가 바꿔드릴 묘책이 있습니다만… 단도직입적으로 말씀드려서 이번에 조선왕님께 전할 답신 내용을 조금 수정하면 안 되겠습니까?"

"머시라? 수정? 너 모가지가 몇 개라도 되느냐? 감히 왕에게 드릴 답신을 수정하다니. 이런 쳐 죽일, 너뿐 아니라 내 모가지가 달아난다, 이놈아!"

"아니. 2년 전에도 제가 히데요시 대장님의 명령으로 조선에 갔었잖아요. 그때에도 살짝 바꾼 명령서를 들고 갔었는데요. 잘 아시면서."

그랬다. 1589년, 그때에도 같은 명령이 히데요시로부터 대마도주에게 떨어졌다. 대마도가 조선과 친하다는 이유로 대마도주가 조선에 가서 조선왕더러 히데요시에게 알현하라는 말과 함께 정명가도征明假道, 즉 '명나라를 칠 터이니 조선의 길을 빌리겠다.'는 국서 내용을 전달하라고 명받았었다. 하지만 그대로 조선왕에게 들고 갔다가는 된통 혼날 것을 염려한 소 요시토시는 가도입명假道入明, 즉 '명나라에 조공을 바치러 가고자 하니 조선은 길을 빌려주시오'라고 문구를 변조해서 들고 왔었다. 그러나 조선에서는

3. 가미카제와 엽기 상혼商魂

이를 무시하고 거절하였던 것이다. 바로 그 변조의 주인공이 눈앞에 앉아있는 것이다.

"그랬지. 그대가 바로 그 위조범이 아니던가? 그런데 또 그런 짓을 하겠다고?"

"제가 그 방면에 전문가라서, 저한테 우리 왜의 국서뿐 아니라 조선의 가짜 국새國璽도 있고 대감님의 도장 정도는 새기는데 5분도 안 걸립니다. 이번 기회에 코끼리 뿔로 만든 상아 도장 하나 파 드릴까요?"

"우리 조선에서는 벼락 맞은 대추나무로 새긴 것을 최상품으로 친다. 상아는 무슨."

"그럼 가짜 벼락 맞은 대추나무로 하나 장만할까요?"

"거 쓸데없는 소리 늘어놓지 말고 할 말 다 했음 가봐."

"가짜 국서를 가지고 가시면 선조 왕께서 답신을 주시잖아요. 그러면 그것을 또 그대로 히데요시 님께 전하면 안 되잖아요. 그래서 미리 선조 왕의 답신까지 제가 적어 놓았거든요. 그러니 안심하세요."

"어허, 이놈이 저번에는 너희 대장이 너에게 준 것이니까 바꾸었다고 하더라도 이번에는 내가 직접 받은 것인데 바꾸다니. 네놈이 제정신이 아니로구나."

"사람까지 바꿔치기하는데 그런 것 정도야. 제가 3년 전에 조선 손죽도巽竹島에서 끌고 온 포로들을 송환하라는 조선의 명령에 숫자가 모자라서 일본인 사형수들을 포로로 둔갑시켜 보낸 적도 있다니까요."

"그걸 자랑이라고 지금 내게 씨불이는 거냐?"

"그게 아니라 문서 바꾸는 정도는 '아침밥 먹기 전'이라서."

"아침밥 먹기 전? 조식전朝食前이라는 말이냐? 무슨 뜻?"

이번에는 대감이 역관을 쳐다보았다.

"아, 우리말로는 '식은 죽 먹기'라는 뜻입니다. 얘네는 아침 먹기 전의 짧은 순간에 처리할 수 있는 아주 손쉬운 일을 가리키는 겁니다."

대감은 더 들을 것도 없다는 듯이 일어섰다. 대마도는 본디 그런 곳이었다. 조선과 일본 사이에 끼어 곤란한 사태가 일어나면 양쪽을 번갈아 가며 비위를 맞추는 것이 습관화되어 있었다. 그래서인지 대마도는 조선으로부터도, 일본으로부터도 인정받지 못하고 간사하다는 평을 받았던 것이다. 양국의 가짜 국새뿐만 아니라 관직의 사칭, 사기 전문으로 명맥을 유지해왔는데 조선시대 30년 동안 이와 유사한 가짜 사건은 계속되어 왔다.

당파와 바꾼 국운國運

임진왜란 발발 1년 전. 광화문 앞 네거리 언저리.

"대감. 일본에 사신으로 다녀온 지도 달포가 넘었는데 잘 지내 시온지요."

딴엔 상냥하게 물었는데 대감은 귀찮다는 듯 목소리를 느리게 빼면서 퉁명스럽게 대답했다.

"용건부터 말해. 통역도 제대로 한 거 없으면서."

"여쭤볼게 있는데요. 지난번 일본에 갔을 때 제게 하신 말씀 중에 확인할 것이 있어서."

"너하곤 씨알머리 없는 이야길 너무 많이 해서. 용건이 뭐냐니까."

"우리 조선은 문을 숭상하는 문화이고 일본은 무를 숭상하는 문화라시면서…."

"그랬지. 문의 문화는 정신의 문화이고, 무의 문화는 행동의 문화이다, 라고 했었지 그런데?"

"그렇게 말씀하시면서 믿음을 등지면, 즉 배신하면 그것은 선비의 직분을 벗어난, 말하자면 사람으로서 자격을 포기한 것이다, 라는 말씀도 기억하시는지요?"

"근데 이 자식이, 너 꼭 무슨 청문회 하는 것 같아 듣기 그렇네. 그래서?"

"그래놓고 대감님은 왜 배신을 했습니까?"

"뭐 뭣! 내가 배신하다니 언제?"

"지난번 일본 다녀오셔서 임금님께 보고 드린 것, 왜 거꾸로 하셨냐 말입니다."

"…."

"그렇잖아도 유성룡 대감이 오늘 저더러 대감님 모시고 식사라도 하자고 하던데요."

"나도 들었다. 우리 집에서 가까운 청량리 한정식집이랬다. 가자."

언제나 온화한 유성룡 대감이지만 얼굴에는 수심이 가득했다. 유 대감의 근심 어린 눈이 김성일 대감 얼굴에 얹혔다. 눈빛만큼은 예리했고 입술에 힘이 들어 있었다.

"이보게, 학봉鶴峰, 어찌하여 그랬는가?"

"무얼 말인가?"

알면서 짐짓 모르는 채 하는 얼굴이었다. 김 대감의 얼굴은 언제나 그렇듯 속으로 품은 마음이 눈빛을 타고 뺨으로 흘러내렸다. 쯧, 혀를 차면서 유대감이 입을 열었다.

"시절이 하 수상하고 앞날을 예측하기 힘들어 일본에 가기 전

3. 가미카제와 엽기 상혼商魂

에는 일본이 언제 침략할지 모르겠다고 자네나 나나 그런 생각을 했지 않았는가? 그런데 어찌하여 일본을 다녀오고 나서는 어전회의에서 일본이 침략하지 않을 것이라는 말을 했는가 말일세. 만약에 왜가 병화를 일으키면 어찌하려고 그러는가?"

전말은 이랬다. 통신사가 일본을 다녀 온 후 어전회의가 곧바로 열렸다. 선조가 하문했다.

"그래, 정사의 의견은 어떻소. 도요토미 히데요시를 만났더니 어떻소. 일본이 곧 쳐들어올 것 같으오?"

부복한 정사가 원로에 여독이 풀리지 않았는지 꺼져가는 목소리로 말했다.

"전하, 소신 여태껏 그토록 무서운 인물을 본 적이 없사옵니다. 그의 인물됨은 신중하면서도 빈틈이 없어 보이고 그의 성품은 하늘이라도 찌를 듯한 기세로 호방하여 막힘이 없어 보였습니다. 머지않아 반드시 병화가 있을 것이옵니다."

곤란한 상황에서 언제나 뒤로 빠지는 성품이지만 사태가 사태인지라 현실을 중시하는 정사의 의중이 담겨있는 간곡한 말투였다. 한숨을 내어 쉰 선조의 시선이 부사로 향했다.

"부사 또한 같은 생각이오?"

부복한 부사가 고개를 반쯤 쳐들며 입을 열었다. 언제나처럼 단아한 얼굴의 옆모습이 말석의 역관에게도 뚜렷이 보였다.

"전하, 정사의 보고는 천부당만부당한 말씀입니다. 소신이 보기로는 결코 침범은 없을 것이옵니다."

순간 역관은 귀를 의심하였다. 히데요시가 면전에서 명나라로 향할 터이니 조선은 이에 따르라고 윽박지르지 않았는가. 어찌 이런 해괴한 말을 할 수 있단 말인가.

'이게 무슨… 저 영감탱이 벌써부터 치매에 걸렸나.'

식은땀이 등골을 타고 꼬리뼈까지 흘러내렸다. 옆 눈으로 바라본 부사의 얼굴에는 거짓을 아뢰는 속내가 눈에서 볼을 타고 턱을 향해 경련을 일으키며 번져가고 있었다. 자존심 강한 성격이면서도 그 정도의 거짓은 충분히 억누를 수 있다는 마음속 갈등의 여울이 함께 흘러내리고 있었다. 선조의 눈빛이 황금용포 빛을 받아 파르라니 살아나고 있었다.

"호오, 정사는 히데요시의 인물이 워낙 담대해서 금방이라도 조선으로 쳐들어올 것 같다고 했는데 부사는 어찌해서 생각이 다르단 말이오?"

부사의 얼굴에 섬광처럼 빠른 속내의 줄기가 스치고 지나갔다.

"전하, 아뢰옵기 항공하오나 소신이 본 히데요시의 관상은 인간의 마흔여덟 관상 중에 가장 하급인 쥐 상이었습니다."

'맞아'하고 역관은 탄성을 질렀다. 그때 역관의 몸을 훑고 간 그 쥐의 까만 눈을 아직도 잊지 못하고 있다. 때로는 한밤중에 역관의 몸을 덮쳐서 놀란 나머지 소리를 치며 잠을 깬 적도 있었다. 부사의 말이 아득히 이어지고 있었다.

"전하, 쥐 상을 한 인간이 권력을 잡으면 백성은 안중에도 없고 온갖 교활한 방법으로 재물을 모아 곳간을 채우고 그 곳간을 지키기에 여념이 없어 밖으로 큰일을 도모할 그릇이 못 되옵니다."

그리고 명쾌하게 결론을 이었다.

"결코 히데요시는 조선을 침공하지 않을 것이 옵니다."

이곳저곳 중신들 사이에서 떠들썩한 분위기가 이어지고 있었다. 선조의 얼굴이 정사의 뒷줄로 향했다.

"종사관은 어떻게 보았는가?"

갑작스러운 왕의 물음에 종사관 허성이 허둥대며 답했다.

"그게 그것이 그러니까 히데요시가 우리를 안하무인으로 보면서 막대하면서 그러면서 우리 황 대감 보고도 마치 지 꼬붕인 것처럼 조선 땅 길을 비키라는 둥…."

그리하여 중신들은 양파로 나뉘어 들썩이고 있었다. 다시 한정식 집.

유성룡의 추궁에 김성일이 눈길을 돌리며 입을 열었다.

"난들 왜놈들이 침공하리라는 것을 왜 모르겠는가."

뜻밖의 말에 유성룡의 눈이 매섭게 모아졌다.

"그럼 어전 회의에서는 왜 그런 말을 하였는가?"

한숨을 쉬면서 허공을 응시하던 김성일이 마치 하늘을 향해 혼잣말을 하는 듯 중얼거렸다. 어렸을 적부터 경상도 안동에서 함께 동문수학하던 친구 앞에서 진실을 고백해야 하는 심정이 마치 적장이 내민 칼날을 맨손으로 움켜쥔 채 버티는 장수처럼 처연하고 힘겨웠다.

"이보게, 서애西厓. 만일 정사의 의견과 같다고 해보게. 우리 파에서 날 그냥 두겠는가. 우리 파의 당론에 나는 충실했을 뿐이네."

그랬다. 부사가 속한 동인파東人派는 백성들의 동요가 염려되어 조금이라도 전쟁이 일어날 기미가 없으면 서인西人인 정사와 반

대 의견을 내라고 당론이 통일되어 있었다.[24)]

며칠 후, 어전 회의장.

선조가 좌우를 둘러보며 말했다.

"어이, 중신들 들어 봐, 근데 황윤길 정사. 아니? 안 보이네. 어디 갔어?"

"전하, 황 정사는 일주일째 결석입니다."

"무단결석 2주면 학점 안 나온다. 알겠어?"

"너무 가혹합니다. 통촉하여 주시옵소서."

"거 쓸데없는 소리 하지 말고 이번 일본 다녀온 후에 왜놈들이 쳐들어오겠는가 안 오겠는가에 대한 최종 심리 결과를 발표할 테니까 잘 들어. 황윤길이, 허위보고로 사약 한 사발. 김성일이, 확실한 보고로 그 공이 지대하므로 정삼품正三品으로 특진! 덤으로 무제한 긁을 수 있는 비자카드까지 포상!"

대신들이 머리를 조아리며 읍했다.

"성은이 마포 나루터 같사옵니다."

잽싸게 어명을 받든 사자들이 황 대감 집에 당도했지만 시름시름 앓고 있던 노쇠한 황 대감은 임금이 하사한 그 귀하다는 사약 한 모금 먹어보지도 못하고 세상을 뜨고 말았다는 허망한 이야기.

---

24) 고질적인 당파싸움으로 인해 조선시대는 피폐해 질대로 피폐해 졌다. 동인 서인의 분란으로 임진왜란을 촉발시켰고 강토가 유린당하는 혹독

한 시련을 겪었으나 또 다시 당파싸움의 여파로 후금後"I의 누루하치에게 도망간 조선장수 한윤韓潤이 조선침공에 앞장선다. 평안병사였던 남이홍南以洪은 결사항쟁 끝에 죽으면서 "임진왜란 같은 큰 국난을 치룬 지가 얼마 전인데 아직까지 한 사람의 군사조차 제대로 훈련을 못 시키고 당파싸움만 일삼다니 한심하기 이를 데 없구나. 오랑캐가 쳐들어와도 대적할 사람이 없으니 어찌 이 나라가 망하지 않을 수 있단 말인가" 한탄을 하였다. 그 후에도 청나라 조공 문제로 척화파와 주화파로 나뉘어 찬반 논쟁을 일삼다가 청태종인 홍타이시 누르하치가 쳐들어오자 남한산성으로 피신한 인조仁祖는 소현昭顯세자와 함께 성문 밖으로 나와 머리를 땅에 찧으면서 항복을 하는 조선 역사상 가장 치욕스러운 오점을 남기게 된다.

김성일의 최후, 논개와 개다니무라

임진왜란 와중. 진주성.

기어이 조선으로 쳐들어온 왜군들은 파죽지세의 기세로 북상을 했다.

부산성에서 정발 장군, 동래성에서 송상현 장군 등이 결사 항쟁하였으나 전투에 능한 왜군을 막기에는 역부족이었다. 어깨에 별만 달고 거들먹거리던 장군이라는 자들이 줄줄이 도망을 하다 보니 왜군들은 벚꽃놀이를 즐기며 한양으로 들어왔다. 선조는 부리나케 도망가기에 바빴고 백성들의 참혹상은 이루 말할 수 없었다. 그러나 조선 곳곳에서 의병들이 일어나 상상을 초월한 활약을 보여주면서 전쟁은 일본의 생각과는 다르게 전개되었다.

본디 전투에 이긴 새로운 영주에게 복종을 하는 것이 일본인들의 보편적 상식이다. 이긴 자가 정통성을 갖는 것이다. 당연히 조선도 같을 것이라 생각했다. 더구나 조선의 지배계층에 불만을 가진 백성들은 일본군을 환영할 것이라 여긴 것이다. 의병의 저항을 전혀 고려하지 않은 점은 일본군들의 실책이었다. 조선의 효의식과 일본의 충의식이 충돌하는 현장이기도 했다.

뒤늦게 관군이 합세하여 곳곳에서 치열한 전투가 연일 벌어지고 있었다. 마침 김성일 대감이 경상우도 초유사慶尙右道招諭使로 내려왔다는 소식을 들은 역관. 비록 당파싸움으로 선조 왕에게 보고를 잘못한 대감이지만 역관으로서는 그동안 미운 정 고운 정 다 든 터라 왜군을 섬멸하고자 헌신한다는데 가만히 있을 수가 없어 곧장 합류했다.

"어이 역관, 너 참 의리 있다. 이 와중에 그래도 날 모시겠다고 이곳으로 왔구나."

"의리 하면 저 아닙니까. 그동안 미운 정 고운 정 다 들어서. 그놈의 정 때문에… 하지만 대감 모시려고 온 게 아니라 죽을 때까지 직분에 충실 하라는 유성룡 대감의 명에 따라…."

"도대체 넌 내 편이냐? 유대감 편이냐?"

"참 대감님도, 이 와중에 아직도 그놈의 편 가르기입니까?"

"험험. 나도 모르게 버릇이 되어서… 어쨌든 나도 이곳에서 명예롭게 죽으려고 다짐을 했다. 내 비록 잘못된 보고로 상감의 노여움을 샀지만, 이곳에서 마지막으로 저 왜놈들을 한 놈이라도 죽이고 최후를 장식하려 한다. 지난번 전쟁에는 2만 명이나 되는 왜군을 수천 명의 우리 조선 군사가 무찔렀잖아. 진주대첩晉州大捷이라고 명명될 정도였지. 그 전투를 누가 지휘했냐? 진주목사晉州牧使 김시민金時敏 장군이 아니더냐? 그 김시민 장군을 진주목사로 천거한 사람이 누구더냐? 바로 이 몸이지. 근데 누구보다 용맹한 김시민 장군이 안타깝게도 순사하고 말았지만 말이다."

"저도 들어서 알고 있습니다. 임진왜란 3대 대첩으로 기록된다고. 근데 대감께서는 3대 대첩이 뭔지나 아시는지요."

"이 와중에 꽤나 어려운 걸 묻는구나."

"쩝, 아무리 당파 싸움으로 선조 왕에게 보고를 잘못했다 하더라도 알고 있을 건 알아야죠. 이순신 장군께서 일본 수군을 결딴낸 한산도대첩과, 진주성전투, 그리고 이듬해 2월 권율 장군이 지휘해서 조선군이 일본군을 박살 낸 행주대첩이잖습니까?"

"너 전쟁을 치르면서 꽤 똑똑해졌구나. 진작 그렇게 좀 하지. 근데 오늘이 며칠이냐? 날짜 가는 것도 잊어버렸구나."

"제가 전쟁 중에 스마트폰을 잃어버려서. 아마도 1593년 4월 중순은 넘어섰을 겁니다. 왜놈들이 쳐들어온 지도 꼭 1년이 되었지요. 지난번 진주성을 쳐들어왔던 때로부터는 여덟 달이 지났고요."

"지금 내가 병을 얻어 내 목숨이 그렇게 오래 가지 못할 것 같다. 그런데 듣자 하니 다시금 왜놈들이 진주성을 쳐들어온다고 하니 이 몸으로 어찌할꼬."

"대감. 어찌 그리 약한 말씀을. 자존심 강하고 결기로 치면 당대 최고라 정평있는 분께서…."

"부탁이 하나 있다. 내가 죽거든 너는 경상우도 병마절도사兵馬節度使 최경회崔慶會 장군을 모시고 너의 직분을 다 하여라."

"예, 대감께서 돌아가시면 아쉽지만 제가 대감 따라 함께 죽을

3. 가미카제와 엽기 상혼商魂 199

수는 없고 말씀대로 최경회 대감에게 붙어서 살아가겠습니다. 그러니 어서 자리에서 일어나시길."

역관의 간곡한 만류에도 불구하고 김성일은 전쟁 중에 얻은 병고로 세상을 뜨고 만다. 김성일의 장례가 끝난 후 최 대감은 역관을 불렀다.

"어이, 역관, 저기 왜군이 엄청 많이 몰려와 있다는 거 들었지? 이번엔 규모가 다르다네. 1차 때 조선군에게 깨진 것을 도요토미 히데요시가 보고를 받고 열 받아서 다른 곳에서는 져도 되지만 진주에서는 지면 안 된다고 특별 명령을 내렸다고 해. 그래서 왜군 9만 명이 지금 진주성을 에워싸고 있다는 거야."

"저는 지금 김성일 대감께서 돌아가신 지 얼마 되지 않아 총 맞은 것처럼 아직 머리가 패닉상태인지라…."

"나도 그 점 이해한다만 전쟁 중에 장수가 죽는 건 흔한 일 아니냐? 너무 상심 말아라."

"예, 장군님의 명령이시라면 바로 상심 접겠습니다. 말씀 계속하시지요."

"근데 성 밖에 있는 왜놈들이 갑자기 공격을 멈추고 열심히 일만 하는데 무엇을 하고 있는 거야? 야, 네가 왜구 말을 하니까 저놈들한테 한번 물어봐."

"제가 물어봤지요. 근데 저놈들이 아무 말도 안 하는 겁니다. 특급 비밀이라고 하면서."

"그럼 네가 저놈들 속으로 들어갔다 오너라."

"제가, 이 피 튀기는 전투의 와중에 저놈들 진영으로 들어갔다

오라고요? 이제 대감께서도 돌아가신 김 대감님 닮아 가시는군요?"

"아무래도 이번 전투가 내 생애 마지막일 것 같다. 장렬히 싸우다 나도 김 대감 뒤를 따라가련다. 가지고 있는 통장이랑 카드 다 줄 터이니 생명수당 받았다 여기고 한 번 들어갔다가 오너라. 내 마지막 부탁이다."

"조선의 관군 사령관치고 그렇게 사정하는 분은 처음 봅니다. 알겠습니다. 일단 카드부터 주시죠."

"옜다. 내친김에 부탁 하나 하자. 이곳까지 와서 병사들의 밥이랑 빨래해주며 헌신하고 있는 논개라는 여인이 있느니라. 그 여인을 부탁한다."

"예? 여인네를? 저에게요?"

"그 여인네는 내 마누라니라. 비록 소실이기는 하지만 내가 사랑하는 사람이고 정절이 굳센 여인인지라 내가 싸우다 죽으면 그 여인네도 나를 따라 죽을 것이니 네가 부디 말려주라."

"그토록 사랑하는 사이라면 부디 죽지 말고 사셔야…."

"알았으니 빨리 적진에나 다녀와."

세작의 임무를 띤 역관 일본군 진영으로 들어갔다.

"어이, 거기, 왜군 졸병들. 너희 싸우다 말고 지금 무슨 일을 그렇게 땀을 흘려가며 하느냐?"

"인마, 넌 왜 그렇게 한가로워? 지금 죽도록 삽질하는 거 안 보여?"

"그러니까 이렇게 땅을 파고 흙을 쌓아 올리는 이유가 뭐냐고?

남강도 이번 참에 4대강 보 만드는 거에 동참했냐?"

"넌 어느 부대에서 온 패잔병이냐. 며칠 전 내려온 작계作計에 작명作命도 못 봤냐?"

"작계에 작명? 그딴 거 몰라."

"작계는 작전계획, 작명은 작전명령! 그에 의하면 진주성은 높아서 아무래도 직접 공격으로는 힘드니까 이쪽에다 진주성보다 높은 산을 만들어 그곳에서 공격하겠다는 거야. 이제 저 진주성 박살 날 일 며칠 안 남았어. 9만 명이나 되는 왜군이, 아니 우리 일본군이 성을 에워싸고 한편으로는 동문밖에 진주성보다 높은 토산을 만들고 그곳에 진지를 구축하여 포를 쏘려고 준비를 하고 있는 거란 말이다."

돌아온 역관의 보고를 받은 조선군 본부에서는 즉각 회의가 열렸다. 김천일金千鎰 장군, 최경회 장군, 고종후高從厚 장군, 일본에 통신사로 함께 갔던 황진 장군 등.

결론은 왜군들처럼 진주성 안에서도 토산을 쌓아 올리자는 것이었고 즉각 실행에 옮겨졌다. 병에 걸려 누워 있는 자를 제외하고 남녀노소 할 것 없이 모두 달려들어 하룻밤 사이에 왜병의 토산보다 높게 쌓아 올리고 포를 올렸다. 황진의 지휘로 공격을 개시하자 왜병들의 토산은 한순간에 무너졌고 승리를 눈앞에 두고 있었다. 그러나 시체 속에 숨어 있던 왜병이 쏜 총에 맞아 황진은 절명하고 만다. 황진이 누구던가. 통신사로 일본에 가서 왜인들의 동향을 꼼꼼히 살피며 '이놈들이 가지고 있는 칼과 창이 섬뜩하여 장난감과 같은 조선의 그것과는 판이한걸 보니 반드시 조선을 침입하리라' 여겨 이에 대비해야 된다고 주장하던 인물이다. 김성일이 선조에게 왜인들이 쳐들어오지 않을 것이라고 귀국 보고를 했을 때 어전에서 칼을 빼 들고 김성일의 목을 치려다 오랏줄을 받고 감옥에 갔던, 강단 있는 무인이 아니던가. 용감무쌍하게 최전선에서 왜군을 격파하던 황 장군이 절명하자 조선군의 사기는 곤두박질하고 만다. 결국 귀갑차를 동원한 왜군의 총공격에 진주성은 함락되고 김천일, 최경회, 고종후 장군은 끝까지 항전하다 남강에 뛰어들어 장렬하게 자결하면서 진주성 전투는 막을 내리게 된다.

진주성 전투에서 승리한 일본군은 거하게 축하연을 벌였고 조선 기생들이 술자리에 불려 나왔다. 이때 눈에 띄는 기생이 있어 왜장 개다니무라 로쿠스케毛谷村六助가 옆자리에 앉혔는데 그녀가 바로 최경회 장군의 소실인 논개였다. 논개는 본디 전라도 장수 사람으로 태어날 때부터 총명하고 용모가 뛰어나 주위 사람들의 부러움을 샀으나 13세에 부친을 잃고 홀어머니를 모시고 살았다. 그러던 중 논개 모녀가 송사에 휘말려 동헌으로 끌려 온 사건이 있었고, 현감인 최경회가 진상을 파악해 보니 이들에게 아무 잘못이 없었다는 걸 알고 모녀를 불쌍히 여겨 이들을 불러들였다. 그 당시 최경회의 본처는 불치병으로 죽음을 앞두고 있었는바 병환 중인 아내의 시중을 들게 할 요량으로 논개를 들인 것이었다. 바른 행동거지와 착한 마음씨에 아름다운 용모를 지닌 논개를 본 현감 부인은 '내가 죽으면 논개를 소실로 맞으라'고 당부를 하고 세상을 뜨게 된다. 18세에 최경회의 소실이 되어 대감의 총애를 받기에 이르나 얼마 되지 않아 최경회가 경상우도 병마절도사로 부임하자 함께 진주로 오게 된 논개. 그런데 오자마자 진주성 전투가 벌어져 최경회는 장렬하게 싸우다 자결하고 진주성은 함락되고 만 것이다. 어렵게 수소문하여 역관이 논개를 찾았을 때 이미 논개는 왜군의 본부에 잠입해 있었다. 승리에 취한 일본군들은 칠월칠석날을 기해 승리 축하연을 연답시고 술자리 기생들을 차출하는데 이때 논개는 기생으로 가장하여 술자리에 들어가게 된다. 왜군의 승리 연에 들어가게 된 논개는 왜장 개다니무라의 옆자리에 앉았다.

"개다리무라 장군. 장군은 꼭 내 스타일이에요."

"개다리무라가 아니라 개다니무라, 내 이름은 개다니!"

"개다리건 소다리건 한잔 더 받으시와요."

"그대야말로 내 스타일이로군. 이렇게 예쁜 조선 여자는 처음이다."

"픕, 주제에 보는 눈은 있어가지고."

"뭐라고?"

"아니 너 잘났다고요."

"아, 난 또. 내가 술에 취해 잘못 알아들은 줄 알고. 이리 와 봐. 내가 귀여워해 줄게."

"저기 저쪽 강가에서 보면 물빛에 비친 제 모습이 선녀처럼 예뻐 보인답니다. 저기 바위로 가시죠."

"그래? 그럴까?"

그리하여 강가로 유혹한 논개는 열 손가락마다 반지를 낀 채로 왜장을 껴안고 남강에 뛰어들었다.

"이놈! 이 강물에 뛰어들어 장렬히 전사하신 내 지아비의 원수, 김천일 장군의 원수, 고종후 장군의 원수, 황진 장군의 원수! 수많은 내 조선 백성들의 원수! 네놈을 그분들한테 데리고 가리라! 가서 무릎 꿇고 사죄하란 말이다! 내 죽어도 네놈을 껴안은 이 손을 풀지 않으리라!"

역관이 손쓸 여유도 없이 논개는 왜장을 껴안고 장렬하게 순절하고 말았다.

전쟁보다 급한 호랑이 사냥

임진왜란 와중. 울산성.

후에 자신이 거주할 구마모토熊本성[25]의 모델하우스라도 되는 양 직접 설계하고 공들여 지은 울산성에 주둔해 있는 가토 기요마사, 즉 가등청정加藤淸正을 공격하고 있는 권율權慄 장군에게 급히 통역으로 차출당한 역관.

"어이. 역관. 내가 입수한 정보에 의하면 말이야. 왜군들이 전투보다 더 정신을 쏟고 있는 게 있다는데 그게 먼지 모르겠단 말이야."

"참, 장군님도, 그건 말입니다."

"알아?"

"제가 누굽니까? 일본 쪽에서 일어나는 모든 것에 능통하다는 역관 아닙니까?"

"그래서 답이 뭐야?"

"저놈들이 도자기에 환장을 해서 싹쓸이하고 있는 거 말씀이시지요?"

"꼴값을 허세요. 나도 그 정도는 다 알고 있어. 그것 말고 저놈들이 혈안이 되어 찾고 있는 게 뭔지. 네가 말이야. 일본 군영에 들어가서 좀 알아보고 와!"

"예? 제가 말씀이십니까?"

"도대체 저놈들이 뭐에 미쳐있는지 알아보고 오란 말이다."

"아니. 장군님 같으면 적진으로 목숨 걸고 가라면 가겠습니까요?"

"내가 왜구 말 할 수 있으면 간다. 너 명령 안 들을 거야? 죽을래?"

"아니. 갑니다. 가긴 가는데 왜 하필 날."

"오늘부로 넌 역관이 아니라 세작이다. 알겠어?"

"이런 미소 된장 맞을…."

"너 방금 뭐라 했어?"

"미소는 왜구 말로 된장, 된장은 그냥 된장."

"…?!"

목숨을 걸고 울산성에 잠입한 역관, 왜병들을 살펴보니 분위기가 심상찮았다.

"어이, 왜병, 전쟁 중에 싸우지 않고 뭐하나?"

"싸우는 것보다 더 급한 게 있다. 우리 대장의 특명이다."

"대장이라면 기요마사 말이냐?"

"아니 본국에 있는 간빠꾸 대장님이시다."

"쥐데요시가 무슨 명령을 했는데?"

"우리 대장 쥐데요시가…아니 히데요시 간빠꾸 님이 후세를 보는데 필요한 거라고 하면서 조선 호랑이 고기를 가져오라고 해서."

"조선 호랑이가 너희 대장 후손하고 먼 관계가 있냐?"

"조선 호랑이 고기가 남자 정력에 최고라네. 우리 대장이 그걸 먹고 힘을 써서 후손을 낳으려고 하는 거지."

"허, 참. 쥐데요시가 가지가지 하는구나. 근데 너희 대장에게 후손이 있잖으냐. 지난번에 내가 그 새끼 쥐를 봤는데…."

"있었지. 그런데 그 새끼 쥐가…아니 작은 대장님, 쓰루마쓰鶴松 님이 그만 세상을 떴잖으냐. 오죽하면 아들이 죽자 성질 뻗쳐 조선을 쳤다고까지 하겠냐."[26)]

"아무리 그렇다 해도 새끼 쥐가 죽었다고 전쟁을 일으키냐? 이런 싸이코 같으니라고."

"뭐라고? 조선인 코야 우리가 많이 베어갔는데 싸이코는 무슨 코냐?"

"닥치고 계속. 그런데 호랑이는 많이 잡았냐?"

"조선 땅에 있는 호랑이는 우리가 싹쓸이했다고 보면 된다. 머지않아 조선 땅에 호랑이가 씨가 마를 거야. 일본에서는 본 적도 없는 호랑이라서 첨엔 겁이 났는데 호랑이를 잡는 자에게 엄청난 상금을 준다고 하니 조선군 잡는 것보다 호랑이 잡는데 혈안이 되어있어. 군사들이 산을 포위해서 꼭대기로 호랑이를 몰아가는 거야. 기요마사 대장님은 선봉에 서지. 히데요시 간빠꾸가 기요마사님에게 내린 특명이라 충성심 강한 대장이 직접 잡겠다는 거야."

"그런데 쥐데요시는 효과를 보았대? 호랑이 고기 먹고 새끼 쥐를 낳았대?"

"응, 두 번째 새끼 쥐, 아니 히데요리 님을 낳았는데 하나 가지고는 안 된다면서 오로지 조선 호랑이 고기만 찾는다는 거야"27)

"쥐데요시의 욕망에 조선의 모든 것들이 피폐해 지는구나. 무슨 히틀러나 무솔리니도 아니고. 쩝"

"히틀러? 무솔리니? 도대체 넌 누구냐?"

25) 임진왜란이 끝난 후 1601년부터 7년에 걸친 공사 끝에 1607년에 완성된 구마모토성은 조선에서 끌고 온 포로들을 동원하여 만들었다. 울산성에서 기근으로 겪은 고초를 참고로 성의 구조를 기요마사가 직접 구상하였다고 전한다. 120개의 우물을 만들고 다다미는 유사시 식용으로 쓸 수 있는 고구마 줄기로 만들었다. 성을 짓는 데 쓰인 천수각의 중기와는 조선의 와공들이 만들었고 은행나무를 많이 심어 은행나무성이라고도 불리었다.

26) 도요토미 히데요시는 생전 두 아들을 얻었으나 첫째 아이는 태어나서 얼마 되지 않아 숨을 거두고 둘째 아이가 권좌를 이었지만, 곧 도쿠가와 이에야스에 의해 죽게 된다. 토요토미 가문은 기껏 두 세대를 이어 가지 못하고 멸망하고 만 것이다.

27) 히데요시는 56세 때 임진왜란을 일으킨다. 하지만 이 나이에도 그는 정력 절륜의 호색한이었다. 1593년 선교사인 프로이스의 기록에 의하면 〈히데요시는 200명 이상의 후궁을 거느리고 있었다. 속속 헌상되어 들어온 여자들은 하루나 이틀 정도 희롱하다가 마음에 들면 측실로 오래 두고, 하룻밤 자보고 마음에 들지 않으면 그대로 쫓아 버린다〉고 쓰고 있다. 그렇게 많은 여자들을 상대하다 보니 정력에 좋다는 음식을 탐했다. 오늘은 날달걀에 내일은 쇠고기, 하는 식으로 몸에 좋다는 것은 모두 먹어 치웠다. 그러던 중 조선 호랑이의 내장이 정력제로서는 최고라는 말을 듣고 가토 기요마사에게 특명을 내리게 되고 충성 일변도의 기요마사는 조선에 들어가 호랑이 사냥에 몰두하게 된다. 호랑이를 잡으면 호피는 버리고 호랑이 고기를 소금에 절여 히데요시에게 보냈던 것이다. 그 효과가 있었던지 왜란 중인 1593년 측실인 요도도노가 히데요리를 낳게 된다.

왜란 선봉대장은 전쟁 반대파

 권율 장군으로부터 다시 부름을 받고 진영으로 들어간 역관.
'이번에는 또 무슨 말씀을 하시려나….'
 "어이, 역관. 내가 입수한 정보에 의하면 말이야. 저쪽 가토 기요마사가 전혀 움직임이 없어. 무슨 짓을 하고 있는지 꿍꿍이속을 모르겠단 말이야."
 "그야, 매일 호랑이나 잡으러 다니고 있겠죠. 아니면 호랑이한테 물려서 황천으로 갔던지."
 "그러면 얼마나 좋겠냐. 근데 그게 아니고 살아 있긴 있는데 살아있는 것이 아니고. 그러니까…."
 "그럼 반생반사로군요. 반죽음이 되어 있다는."
 "아무래도 안 되겠다. 너 한번 들어가 보고 와야겠다."
 "어딜 말씀이십니까?"
 "인마. 어디긴 어디야. 적진이지. 자, 이걸 가지고 가서 한번 적병을 구워삶아서 정보를 얻어 봐."

권율은 허리춤에서 보물이라도 되는 양 작은 꾸러미를 내밀었다.

"이건 초코파이가 아닙니까? 이 귀한걸!"

"야, 조선 군대에서 최고로 인기 있다는 초코파이다. 왜놈들도 조선 초코파이 하면 껌뻑 죽잖아. 내 예상인데 어쩌면 이 전쟁 초코파이 전쟁이 될지 몰라."

"무슨 귀신 초코파이 까먹는 소리를…."

"한 개 더 줄게. 중간에 슬쩍 배달 사고 같은 거 하지 말고 긴요하게 써 봐."

그리하여 적진에 들어간 세작역관. 지난번에 만났던 왜군 병사를 수소문하여 다시 만났다.

"어이, 나 모르겠나? 지난번에 만나 우리 많은 이야기를 나누었지 않은가."

"글쎄. 낯이 익기는 한데 누구였더라?"

"아니, 지난번에 호랑이 잡는 이야기했던 그 뭐냐. 쥐데요시보고 무솔리니 히틀러 싸이코 같다고 했던 조선 세작…."

"싸이코? 앗, 생각났다. 너 그 수상한 친구로군."

"쉿! 너에게 귀한 선물을 가지고 왔으니까 이것부터 받아라. 그리고 너희 대장 지금 어디서 머하고 있는지 이야기 좀 해주라."

초코파이를 받아 든 왜군 병사는 그때부터 조선 세작과 소통에 막힘이 없었다.

"우리 기요마사 대장님이 말이다. 지금 우리 진영에 없어. 일본 본국으로 돌아갔거든. 우리 최고 대장이신 히데요시 님께서 소환을 했다는 거야. 히데요시 님에게 찍혀 가지고 말이야. 우리 대장이야 말로 히데요시 님이 제일로 아끼는 사람인데 그만 이번에 단단히 찍혔어. 왜 그런 줄 알아? 그건 조선 전쟁에서 져서 그런 것도 아니고 호랑이를 적게 상납해서 그런 것도 아니고…. 함께 들어온 히데요시 님의 왼팔인 고니시 유키나가 장군이라고 있는데 그 시키가 우리 대장을 모함한 거야. 이시다 미쓰나리石田三成라고, 이 장군도 정말 유명하고 대가리 잘 돌아가는 놈인데 이 두 놈이 우리 대장을 왕따를 시키는 거야. 이것들이 명나라 짱깨하고 짝짜꿍이 되어가지고 강화를 추진하고 있는데 우리 대장이 안 된다고, 싸워야 한다고, 막 주장을 세게 하니까 싸움에 지친 이놈들은 어떻게든 안 싸우려고, 일본으로 돌아가자고, 비겁한 놈들, 씩씩…. 결국엔 우리 대장이 자기를 모욕했다는 둥, 적전분열을 일삼으며 조선 초코파이만 모은다는 둥하며 히데요시 님에게 고자질을 한 거야. 그런데 그만."

"그만?"

"히데요시 님이 저놈들 손을 들어주고 만 거야. 그래서 소환된 거야. 지금 우리 대장이 없으니까 저놈들 마음대로야."

"야, 근데 전쟁이 끝나면 좋은 거 아니냐? 넌 전쟁이 좋냐?"

"음, 전쟁은 싫어, 나도 고향에 가서 나가사키長崎 짬뽕에 오사케 마시고 싶다."

"그럼 너희 대장은 지금 어디 있냐?"

"음, 엊그제 이메일로 소식이 왔는데 며칠 있으면 다시 조선으로 들어온대. 그동안 소환되어서 후구미伏見의 자택에 근신하도록 명받아 꼼짝 않고 있었대. 그곳에 히데요시 대장님이 용무가 있어 왔는데도 배알을 허락하지 않아 만나지 못하고 하루하루를 남묘호렌게쿄나 중얼대면서 지내고 있었다는 거야. 우리 기요마사 대장도 유키나가와 미쓰나리가 음모를 꾸며 그렇게 연금당하고 있다는 사실은 알아차렸지. 하지만 어쩌겠어. 그러던 와중에 그만."

"그만?"

"대지진이 일어난 거야. 기요마사 대장님은 즉시 갑옷을 입고 300명의 부하를 이끌고 히데요시 대장이 있는 곳으로 달려간 거야."

"호, 모반을 일으킨 거야?"

"아냐, 그 반대지. 모반이 아니라 오로지 히데요시 님의 안전을 염려하여 달려간 것이야. 자칫하면 근신 중에 무장을 하고 최고 대장의 숙소로 들어간 것은 용서받지 못할 반역행위로 오해할 수도 있었지. 근데 기요마사 대장님이 누구냐. 27세에 히고肥後 땅의 대영주가 될 정도로 신임을 받고 있던 대장 아니냐. 기요마사 대장님의 충심에 감복한 히데요시 님은 다시 기요마사님을 조선으로 출정하도록 했다는 거야. 조금 기다려봐, 우리 대장 다시 올 거야."

"야, 야, 그럼 또 전쟁이 계속되는 거잖아. 지겹다. 그런데 너희도 당파 싸움을 하는구나? 우리 쪽도 당파 싸움으로 잘 싸우고 있던 이순신 장군이 감옥에 갔다 또 나오고 막 그래. 우리네 양반들끼리 자꾸 싸우는 바람에 죽겠다."

"호, 근데 우리는 당파는 아니지만 대장들의 스타일이 달라서 말이야. 유키나가와 우리 대장 기요마사님은 스타일이 정반대야. 유키나가는 조선 침략에 대해 처음부터 소극적이었고 명나라와 같은 대국을 소국인 일본이 친다는 것에 반대했었어."

"호, 그런 사람도 있었던 거야? 고거 금시초문인데? 너 초코파이 받았다고 립 서비스하는 거 아니지? 자, 기분 좋아, 하나 더 줄게. 계속해봐."

"와우, 오늘 내 생애 최고의 날인 거 같아. 일본 가지 말고 전쟁 계속했으면 좋겠다. 너 같은 휴머니스트 친구를 화살이 빗발치는 전쟁터에서 만나다니 난 정말 행운아야 그치?"

" 알았으니까 계속해봐."

"근데 우리 기요마사 님은 히데요시 대장의 명령이라면 조선 땅을 코로 땅콩을 굴리면서 한양까지 가라 해도 갈 사람이거든. 더구나 우리 대장더러 명나라까지 진격하여 원정에 성공하면 명나라 20주를 하사하겠다고 히데요시 간빠꾸가 구슬렸거든. 그러니까 죽기 살기로 싸우려는 거야. 유키나가와 우리 대장 두 사람 중 누가 무술 실력이 좋은가는 막상막하요, 용호상박이라. 결정적으로 다른 것은 유키나가는 예수교를 믿고 있는데 기요마사 님은 남묘호렌게쿄인거라. 말하자면 우리 기요마사님은 전형적인 보수꼴통 일본 무사 이고 저쪽 유키나가는 융통성 있고 폭넓은 지식을 터득한 진보적인 무장이라 할 수 있지."

"잠깐, 너 반대로 말한 거 아니지?"

"뭘?"

"아니, 네 대장보다 저쪽 대장을 더 칭찬하는 거 같아서. 계속해 봐."

"그런데 유키나가는 지난번 조선 출정에서 선봉을 섰거든. 상륙 다음 날에 바로 부산성을 함락하고 그다음 날에 동래성, 파죽지세로 밀양, 대구, 상주로 진격한 거야. 우리 대장님 군사는 제2군인지라 늦게 부산포에 상륙했는데 그때 이미 유키나가는 한양으로 가는 길을 확보한 때였어. 원래 우리 기요마사군이 도착하여 1군과 2군이 합류한 다음에 함께 선봉을 서서 한양으로 진격해야 하는데도 유키나가가 먼저 선수 쳐서 가버린 바람에 우리는 뒤늦게 충주에서 합류하게 된 거야. 우리 대장님 억수로 뿔따구가 났지, 그때부터 죽이니, 살리니, 공명심에 눈이 삐었느니, 방귀 뀐 놈이 성내느니 어쩌고 하면서 서로 칼까지 뽑아 들고 싸우기도 했다니까."

"호. 그래? 알았어. 나도 가서 보고해야 하니까 오늘은 이만하자."

"보고? 누구에게? 도대체 넌 누구냐?"

"날 알고 싶으면 우리 진영으로 한번 놀러 와. 초코파이 더 줄게. 이건 내 휴대폰 번호인데 언제든지 문자 보내. 그럼 난 간다."

이순신을 파직시킨 왜군 스파이

지난번 만난 초코파이 왜병으로부터 만나자는 문자를 받은 역관, 새로 설치한 영외 면회실로 몰래 왜병을 불렀다.

"날씨는 좋고 이럴 때 태화강 변에서 낚시하면서 막걸리 한잔하면 최고인데, 쩝, 너네는 왜 항복할 생각을 하지 않고 버티는 거냐?"

"지금은 곤란해. 조금만 기다려 줘. 우리가 제법 괜찮은 작전을 짜고 있어."

"무슨 작전? 노르망디 상륙작전? 로봇 태권브이 우주 작전 이런 거?"

"비슷해. 지난번에 내가 이야기했지? 우리 대장이 일본에 불려 갔다고. 그런데 그 틈을 타서 고니시 유키나가하고 이시다 미쓰나리라는 장군 두 놈이 비밀 작전을 짜고 있는 거야. 들으면 놀래."

"뜸들이지 말고 말해 봐봐."

"초코파이 다 먹었니?"

"그럴 줄 알고 피엑스에서 사 왔다. 자 옛다."

"아리가토. 이거 유통기한 지난 건 아니지?"

"안 먹으려면 돌려줘, 나도 참고 안 먹은 건데."

"계속할게. 조금 있으면 우리 대장 가토 기요마사님이 배를 타고 다시 조선으로 들어온다는 거야. 근데."

"근데?"

"고니시 유키나가의 명령으로 닌자를 보내 부산 앞바다 선상에서 가토 대장을 암살한다는 계획이 있었어."

"그래? 고니시가 너희 대장을 죽이려고? 정말이야?"

"지금 어떻게든 전쟁을 끝내려고 하는 게 고니시의 생각이거든. 근데 강경파인 우리 가토 대장이 돌아오면 전쟁이 더 치열해질 거란 말이야. 그러니까 우리 대장을 제거하고 가토가 조선수군에 당했다고 둘러댄 후 서둘러 전쟁을 끝내려는 프로젝트란 말이야. 그런데 문제가 생겼어."

"문제?"

"응, 우리 가토 대장이 군사 7,000명을 증원군으로 데리고 온다네. 배도 150척이나 더 끌고. 그러니까 닌자가 암살에 자신이 없다고 내빼 버렸어. 그래서 하는 말인데."

"말인데?"

"너희 이순신 장군이 지휘하는 조선 수군이 막강하잖아. 서생포西生浦 앞바다에서 지키고 있다가 우리 대장을 박살내라는 거야. 대장이 들어오는 항로 지도까지 가져왔어. 고니시가 너에게 전해

주라고 했어."

"줘봐."

"근데 우유는 없냐? 난 초코우유만 먹는데."

"이런 미소 된장 곱빼기 같으니라고. 옛다, 우유."

"옛다, 지도."

"정말 신뢰할 수 있는 소스인 거야? 너 초코파이 때문에 막 나오는 대로 씨불이는 거 아니지?"

"믿어봐, 신뢰 수준 99퍼센트에 오차범위 플러스마이너스 0.1퍼센트 포인트야. 나는 오늘 일본 세작으로 이곳에 온 거야. 너만 알고 있어야 해. 알겠어?"

"알았어. 근데 나만 알고 있으면 작전이 실행이 되냐?"

"이런, 미소 된장 더블 곱빼기 같은. 내가 세작인 것은 너만 알고 있고 내가 말한 정보는 너희 대장한테 이야기해야 일이 되지. 너 그런 머리로 어떻게 세작 노릇 해왔냐?"

"알써, 보고 잘할게. 넌 이제 그만 가봐."

"근데 걱정이 있어. 너 빼놓고 조선 사람들은 머리가 좋잖냐?"

"이게 무슨 귀신 초코파이 잘 얻어먹고 너스레 떠는 소리 하려고?"

"내가 지금 한 이야기를 너희 대장한테 보고하겠지. 그러면 너희 대장이 지금 한 이야기를 조선 조정에 보고를 하겠지. 그러면 너희 조선 조정에서 회의를 열고 '옳다구나. 왜군 장수 가토를 잡았구나.' 하겠지. 그리고 즉시 이순신 장군에게 출동 명령을 내리겠지. 그러면 이순신 장군이 수군에게 출동명령을 내리겠지. 그러면 조선 수군이 출동하겠지. 출동한 조선 수군이 가토 대장을 단방에 작살내겠지. 그렇지?"

"당근이지. 그래서?"

"그런데 이순신 장군이 누구냐? 일본 사람조차 군신軍神으로 추앙하는 분 아니냐? 나중에 러일전쟁 때 러시아 함대를 쓰시마 해전에서 박살낸 일본 제독인 도고 헤이하치로東鄕八平郞가 영국의 넬슨 제독보다 이순신 장군을 더 존경한다고 하잖아? 그런 이순신 장군이 내가 말한 이 정보를 믿지 않을 거란 말이야? 너도 그렇게 생각하지? 그렇지?"

"그럼 이 정보가 가짜란 말이냐?"

"아니 이 정보는 팩트야. 백 퍼센트."

"됐네, 그럼. 내가 가서 그렇게 전할게. 정말 믿을 만한 왜병 세작 친구한테 초코파이 두 개 주고 입수한 정보라고 말이야."

"아냐, 이순신 장군이 그렇게 만만한 인물이 아니야. 이 정보가 함정이라고 여기고 해군을 출동시키지 않을 거야. 그러면 조선 조정에서는 길길이 뛰겠지. 모처럼 전쟁 강경파인 가토를 죽일 수 있는 기회인 데다 왜군 7,000명을 수장시킬 수 있는 찬스인데 출동을 하지 않은 것은 조정에 불만을 가진 이순신의 명령 불복종이라고. 그러면서 이순신을 파직할 거야. 아마도."

"그래서 어쩌라고? 보고해? 말어?"

"보고해야 이야기가 전개된다니까. 어쨌든 이순신은 삼도수군통제사에서 삭탈관직을 당한 후에 한양으로 압송되어 사형을 앞두고 있는 차에 겨우 목숨을 건진 후 네가 속해있는 권율 장군 졸병으로 백의종군하게 될 거야. 후임으로 원균元均이 통제사로 오게 될 거고. 그 전에 우리 대장은 벌써 울산성으로 들어와 있고. 일이 많이 복잡해지지? 그렇지?"

"그럼 보고 하지 말아야겠다. 나 보고 안 할래."

"야, 야, 역사적으로 중대한 사건이라서 보고해야 이야기가 전개된다니까. 너 정말 말귀를 못 알아듣는 구나. 하든 말든 나도 몰러. 나 이젠 갈래. 사요나라~"

120cc와 420cc의 전쟁

　도요토미 히데요시의 명을 받아 다시 조선에 들어온 가토 기요마사는 부산을 거쳐 기장에서 쪽배를 타고 울산성에 들어간 후 조명연합군에게 포위된 채 오도 가도 못하는 신세가 되고 말았다. 이 틈을 타 조선 진영에서는 상대방의 군량이 어느 정도 남아 있는지를 세작을 통해 알아보라고 했다. 또다시 불려온 역관, 권율 장군 앞에 섰다.
　"어이. 역관. 네가 말이야. 일본 군영에 들어가서 군량미 얼마 남았는지 알아보고 와."
　"예? 제가 또 말씀입니까?"
　"그동안 이순신 장군님 덕에 왜놈들 보급 통로가 막혔었잖아. 그런데 지난번 가토 기요마사가 재입국한다고 해서 서생포 앞바다에서 수장시키라는 조정의 지시를 거부했다고 이순신 장군께서 파직당하는 바람에 원균 장군이 후임으로 왔잖니. 오자마자 지난번 전투에 원균이 허벌나게 깨져서 여기저기 보급로가 뚫리는 바람에 왜군들 식량이 여유가 있을 거란 말이야. 우리가 이렇게 포위하여 식량 보급을 차단하고 있지만 지금 남아있는 식량이 얼마나 되는지 그게 궁금해. 우리가 언제까지 포위를 하고 있어야 저놈들이 굶어 뒈질지 네가 가서 보고 오란 말이다."

"아니. 지난번에는 멍청한 왜병을 만났기에 다행이었지 제 목숨이 몇 개 되는 줄 아십니까?"

"내가 왜구 말을 할 수 있으면 내가 간다. 너 명령 안 들을 거야? 죽을래?"

"지난번에도 그런 말씀으로 절 협박하셨잖습니까?"

"야 인마, 장군이 일개 세작에게 협박이라니."

"무슨 초코파이라도 하나 주면서 부탁해도 갈까 말까 하는데."

"이런 속물하고는. 야, 전시 아니냐? 다 우리 조선을 위하는 일인데 꼭 그렇게 말해야 되겠냐?"

"이런 미소된장곱빼기 같으니라구."

목숨을 걸고 또다시 울산성에 잠입하여 살펴보니 군량미라 할 것도 없는 쌀가마니가 곳간 한구석에 휑하니 놓여 있었다. 돌아온 세작 역관은 본대로 보고를 했다.

"지금 왜군 군영 내에 남아 있는 쌀은 사흘치도 안됩니다."

"확실한 거야? 계산기로 찍어 봤어?"

"옛설!"

권 장군은 쾌재를 불렀다.

"이제 됐다. 사나흘 뒤면 모두들 손들고 나오겠지. 어이, 역관. 온김에 며칠 여기서 통역하고 지내거라."

"왜요? 전 하기 싫은데요."

"얀마. 니 말이 사실이 아니면 모가지를 내놔야 될 거 아냐."

장군도 군사들도 세작도 모두가 사나흘 지나면 왜군들이 항복을 할 것으로 여겼다. 그러나 닷새가 지나도 왜군들에게서 전혀 동요가 일어나지 않았다. 권 장군, 다시 역관을 불렀다.

"어이. 역관. 대체 어떻게 된 거야? 식량이 사흘치 밖에 없다면서?"

"저도 그게 궁금하걸랑요. 분명 그 정도였는데."

"이시키. 너. 모가지가 몇 개냐! 다시 가봐! 이번엔 실수 없도록 조사해 봐."

"예? 절더러 또 적진에 들어가라굽쇼?"

"이게. 까라면 까 인마! 죽을래?"

그렇게 해서 다시 일본 군영 내로 잠입한 역관. 이번에는 주방으로 곧장 들어갔다.

"어이. 취사병. 머, 내가 도와줄 거 좀 없냐? 샤브샤브 국물 우려내는 거 이런 거."

"샤브샤브 국물 우려내는 소리 하고 자빠졌네. 먹고 죽을 국물도 없어 인마."

"오늘 저녁은 머냐. 마구로 스시? 세코시? 아님 퓨전요리라고. 그런 것 좀 만들어 봐봐."

"너 이 국자로 대갈통 한 번 뽀개져 봐야, '아~, 이래서 취사병한테는 함부로 말 걸면 안 되는구나' 할 거야."

"알겠다. 근데 이 밥사발에 담긴 밥들은 다 뭐냐?"

"밥은 평상시 양대로 한 끼 120cc만 준다. 다만 세 끼가 두 끼로 줄었다."

"120cc? 지금 그러니까 애기들 주먹밥보다 못한 양이 한 끼 밥이라고? 우리 조선군이 한 끼에 420cc로 하루 두 되를 먹는데, 너네는 우리 한 끼니로 하루 먹고도 남는다고?"

"이시키가 허기가 져서 헛것이 보이나. 고노 바카야로! 칙쇼! 안꺼지면 정말 아다마 대갈통 뽀개뿐다!"

참으로 불가사의했다.

일본군들의 한 끼 식량이 조선 어린아이들의 양보다 적었던 것이다. 하루 세 끼 식량 합해봐야 조선 군사들의 한 끼도 안 되었던 것이다. 군량미 절약 때문에 그러는가 했지만 그게 아니었다. 평상시에도 그렇게들 먹는다는 것이다.

"장군 영감나리 그렇더라니까요."

"뭐? 그럴 리가 있나. 그걸 먹고 싸울 수가 있단 말이냐. 말도 안 돼."

"왜인들은 일반인이나 군인이나 모두들 그 정도만 먹는답니다."

"가등청정. 거 가토 기요마사라는 장군은 다를 거다. 힘도 장사이고 큰 칼을 휘두르고 다닌다니 그놈은 얼마나 먹나 조사해봐."

"또 가라굽쇼? 나, 안할래, 나 집에 갈래."

"넌 세작이야, 인마. 지가 무슨 백작인줄 알아."

그리하여 가토 대장 담당 취사병에게 접근하여 알아본 역관은 또다시 눈을 똥그랗게 뜨고 말았다. 가토 역시 부하들과 같은 극

3. 가미카제와 엽기 상혼   225

히 소량의 밥을 그것도 하루 두 끼밖에 먹지 않는다는 것이었다. 하루 세 끼도 모자라 오전과 오후에 두 차례 새참을 먹어 일본인들의 다섯 배 여섯 배나 되는 양을 먹어야 했던 역관, 아니 조선인들의 눈으로서는 도저히 이해가 되지 않았다.

"장군님. 그래서 일본은 작은 공기그릇이 발달하였고 우리는 커다란 대접 식기가 발달한 거 같습니다요."

"어험. 밥 먹는 양으로 치면 우리가 세계 으뜸이지. 암, 그래서 외국인들은 우리나라를 가리켜 대식국大食國, 즉 밥 많이 먹는 나라라는 별칭으로 불렀던 게야. 험험."

"나 원 자랑할 게 따로 있지. 장군 맞아?"

죽어가는 병사에게 물을 파는 상인

며칠 후 다시 불려온 역관. 매서운 눈초리의 권 장군이 지휘봉으로 역관의 배를 찔러 댔다.

"네가 정녕 목숨을 헌신짝처럼 버리려고 작정을 한 게냐?"

"저는 결코 제 목숨을 그렇게 가벼이 할 생각은 없습니다만."

"그래도 그렇지. 울산성 왜놈들이 아무리 식사량이 적다해도 이건 너무 오래 가잖냐. 어떻게 설명할래?"

"그걸 왜 저에게 물으시는지요."

"허위 보고 아니냐 이 말이야."

"허참, 제가 이제껏 재미있게 말씀드리려고 역사를 건너뛰기도 하고 들쭉날쭉 이승과 저승을 넘나들기도 하고 여러 에피소드를 짬뽕시켜가며 말씀드리긴 했지만, 이제껏 말씀드린 것 중에 역사적 사실에 어긋나는 말씀은 드린 적이 없거든요. 다시 말씀드려 왜란 중에 장군님께서 저하고 말씀을 나누었다는 사실을 비롯해 김성일 대감과 나누었던 사적인 잡담 등등은 재미있게 전개해 보

3. 가미카제와 엽기 상혼商魂

려고 제 맘대로 만들었지만 문화적이거나 역사적인 일들은 모두 진실이라니까요. 본질을 파악하지 못하시네. 본질을."

"시끄럽고, 양식도 양식이지만 울산성 안으로 들어가는 물줄기는 다 끊어 버렸는데 물 없이 저놈들이 어떻게 이렇게 오래 버티느냐고. 안되겠다. 마지막으로 한번만 더 너에게 기회를 줄 테니까 두 눈 똑바로 뜨고 갔다 와."

"저도 나름 스케줄이 있는데 못 가겠다면요?"

"전장에 굴러다니는 신짝처럼 네 모가지가 굴러다닐 것이다. 알겠느냐!"

"정 그렇게 사정하신다면 마지막으로 소원을 들어 드리죠. 다녀와서 봅시다."

울산성에 잠입해 현장을 본 역관은 처참한 광경에 입을 다물지 못했다. 살아있는 사람의 얼굴이라고는 볼 수 없을 정도로 피골이 상접해 있는 일본 병사들은 혹독한 추위에 거적때기를 둘러쓰고 있었고 얼어 죽어가는 이들이 속출하고 있었다.

왜병들에게 가장 귀한 것은 쌀과 물이었다. 한밤중엔 목숨을 걸고 성 밖으로 나와 이미 죽어 방치해 놓은 조선군 시체를 뒤져 휴대용 쌀을 훔쳐 돌아오곤 하였다. 예전 같으면 조선군의 목을 따거나 코를 베어 공을 인정받고자 하였을 터인데 굶주림 앞에서 공로 따위는 아무런 가치가 없었다.

기묘한 일은 또 있었다.

시체를 털어 가져온 쌀을 모두 모아 밥을 지으면 최우선으로 기요마사 대장에게 바친다.

"대장님. 벌써 며칠째 벽 종이를 씹고 계신데 저희들이 야간작업을 하여 얻어온 밥입니다. 한 숟갈 하시지요."

"애틋하구나. 내가 아무리 어깨에 별을 달고 있지만 너희들이 밤새 고생하여 얻어온 이 밥을 어이 목에 넘길 수 있단 말이냐."

"그러지 마시고 한 숟갈 뜨시고 혹 남으면 저희들에게도…."

"한 놈씩 이리들 오너라."

피골이 상접하여 다리의 각반조차 흘러내리는데도 기요마사 자신은 아예 입도 대지 않고 병사 한 명당 한 숟갈씩 직접 입에 넣어주는 것이었다. 받아먹는 병사들의 눈에서 뜨거운 눈물이 흘러내렸다.

성으로 들어오는 물줄기의 근원인 남쪽 솔밭의 연못을 죽은 병사들의 시체들로 메워버리고 물줄기를 막아버렸으니 섣달그믐의 혹한에 비라도 내리면 빗물에 옷가지를 적셔 짜먹어야 했다. 급기야 얼어 죽는 말 피를 받아 마시기에 이른다.

그런 병사들에게 다정히 말을 거는 사람이 있었으니 차림새로 보아 병사가 아닌 평복 차림의 일본인으로 외투를 두껍게 껴입고 자루를 메고 있었다. 역관이 가까이 다가가자 자루 멘 사내가 돌아보았다.

"이봐, 물도 있고 쌀도 있어. 어때?"

"잉? 물하고 쌀이? 너 그거 어디서 났어?"

"그딴 건 알 필요 없고, 나도 이거 목숨 걸고 구한거야. 살래? 말래?"

"사라고?"

3. 가미카제와 엽기 상혼商魂

"넌 아무것도 모르는구나? 난 일본에서 군사들을 따라온 상인인데 본디 군사들이 가는 곳을 따라다니며 밥도 팔고 떡도 팔고 옷도 팔고 팔수 있는 건 다 파는데 지금은 주로 물과 쌀을 팔고 있어."

"피죽도 못 먹어 죽어가는 너네 일본병사들에게 그걸 팔고 있다고?"

"야, 지금이 제일 호황이야. 쌀 한 홉에 황금 2매를 받아. 물 한 홉에 은 15문이고. 이보다 좋은 시절은 언제 또 올지 몰라."

"피도 눈물도 없구나. 굶어 죽어가는 너네 병사들에게 꼭 그렇게 해야 되겠냐?"

"나도 이거 마지막 떨이다. 조금 있으면 물을 찾아 성 밖으로 나가다가 포로로 잡히는 사람이 1만 명은 될 거고 급기야 대장 기요마사가 울산성을 죄다 불태우고 그 혼란을 틈타 부산포로 퇴각을 할 거야. 그럼 내 장사도 파장이 되는 거지. 지금 창고 처분하는 거다. 싸게 주는 거야. 폐점박두! 빨랑 빨랑 오시오들!"

목말라 죽어가는 자국의 병사들에게 돈을 받고 물을 팔고 인육을 먹어야 하는 상황에서도 끝까지 돈을 받고 쌀을 팔아대는 일본 상인들의 엽기적 정신 구조가 그곳에 있었다.

조선인은 강아지 일본인은 고양이

양쪽 군사들이 대치중인 울산성문 위로 왜군 병사가 나타나 무슨 소리인지 지껄이고 있다고 연락 받고 달려 온 역관.

"어이, 피죽도 안 묵었나. 할 말 있으면 크게 해봐, 크게."

"어이, 조선병. 너희들도 한 열흘 굶어봐라. 말이 나오나. 너네들이 그렇게 철벽같이 성을 에워싸고 있으니 할 짓이 아니다. 물과 식량이 떨어진 지 열흘이나 되어 마지막 한 마리 남은 말까지 다 잡아먹었다. 우리 대장 가토 기요마사님은 벽종이를 뜯어서 묵고 있다."

"종이를 먹는다고? 너네 대장은 염소새끼냐?"

"저걸 그냥. 아휴, 허기가 져서 말이 안 나오네. 아무리 그래도 성 안으로 들어오는 물줄기를 끊어 버린 건 교전 수칙에도 어긋난다. 매일 밤 태화강에 물 길러 가는 족족 조선 병사들이 죽여버리니 이렇게 되면 전작권에 자위권 발동한다."

"전작권 같은 소리하고 자빠졌네. 자위권은 또 무슨. 거기가 너네 땅이냐? 굶어서 여기가 내 땅인지 어딘지도 헷갈리나보네. 빠가야로.”

"제발 밤중에 성 밖으로 물 길러 갈 때 공격 좀 하지마라. 벌써 여럿 죽었잖냐. 좀 봐주라.”

"너나 나나 딱하다. 우리는 시키는 대로 하고 사는 인생 아니냐. 열 내지 말고 내가 너희에게 물어 볼 일본말이 있어서 그러니 네가 잘 대답해봐. 통역 잘해보라고.”

"허기져서 하늘이 노랗구만, 무슨 지럴 통역 같은 소리 하고 자빠졌네.”

"야, 통역 잘하면 우유하고 초코파이 넣어 줄게. 할래? 말래?”

"알았다. 나중에 딴말하기 없다. 근데 나는 초코우유만 먹는다.”

"'너네 손바닥만 한 성 안에서 왜 그렇게 항복안하고 버티냐?' 에서 '손바닥만 한 좁은 곳'을 일본어로 뭐라 하냐?”

"고양이 이마.”

"'개나 소나 조선 땅에 들어 와서 노략질을 해댄다'에서 '개나 소나'는?”

"고양이나 국자나.”

"'네놈들이 그렇게 설쳐대니 이 몸이 눈코 뜰 새 없이 바쁘다'에서 '눈코 뜰 새 없이 바쁘다'는?”

"고양이 손이라도 빌리고 싶다.”

"'미천한 놈들이 도자기 욕심내는 걸보니 개발에 편자일세'에서 '개발에 편자'는?”

"고양이에게 금화.”

"'항복 한다 안한다 변죽이 죽 끓듯'에서 '변죽이 죽 끓듯'은?"

"고양이 눈 변하듯."

"'왜놈들은 뜨거운 걸 잘 못 먹는다니까 이참에 뜨거운 맛을 보여줘야겠다'에서 '뜨거운 것 못 먹어'는?"

"고양이 혓바닥."

"자, 잠깐. 조금 이상하잖냐. 너 통역 잘하고 있는 거냐?"

"왜 그러냐. 내가 너무 잘하니까 또 엉뚱한 소리 하려는 거냐?"

"그게 아니고 하는 통역이 모두 고양이냐고. 왜나라에는 개나 소는 없고 고양이만 키우냐?"

"우리 일본 사람들은 개 보다 고양이를 더 좋아한다. 우리 대장도 고양이 좋아한다."

"너네 대장은 지금 염소처럼 종이를 묵는다면서 고양이에게 줄 먹이라도 있느냐?"

"그 대장 말고 최고 대장인 히데요시님이 좋아한다 이 말이다. 요전번에는 키우던 고양이가 오사카성에서 행방불명이 되었는데 시종들에게 명하여 고양이를 찾는답시고 며칠 동안 성 안이 난리가 났잖냐."

"그 쉬키 쥐데요시는 쥐 상인데 고양이를 좋아한다니 고거 신기하네. 하는 짓은 쥐처럼 교활하면서 영악한 것은 고양이하고 닮았군. 계속해봐."

"나는 배가 고파 그만하고 옆에 있는 얘가 고양이도 개도 키워 본 애니까 설명 잘해 줄 거다. 어이, 부사수, 니가 한번 말 해줘봐."

"우리 일본인들의 애완동물은 압도적으로 고양이가 많다. 그에 비해 한국의 애완동물은 압도적으로 강아지가 많다데스."

"그래서?"

"고양이와 강아지의 특성을 보면 두 나라의 국민 정서와 닮았다. 우선 고양이를 보자. 고양이의 특징은 표정으로 보아 희로애락을 전혀 알지 못한다. 강아지처럼 꼬리를 흔들지 않고 주인이 와도 반가운 행동을 하지 않는다. 심지어 한밤중에 도둑이 들어도 이 녀석은 아무런 반응을 하지 않는다. 하지만 강아지는 이와 반대다. 반가움과 미움, 싫어함이 극명하게 나타난다. 낯선 사람이 오면 죽기 살기로 짖어 댄다. 내 말이 맞지?"

"조선에 처들어 와서 몇 년 있더니만 양국 비교문화까지 꿰차고 있네. 그래 더 말해봐."

"그럼. 전쟁에 이기려면 상대국의 국민성도 파악해야지. 기왕 나온 김에 얘길 할 테니까 잘 들어 봐봐. 조선인들에게는 상대의 표정이 중요하다. 눈치를 보면서 살아가는데 익숙한 조선인들은 솔직한 반응을 나타내는 강아지를 좋아한다. 이에 비해 일본인들은 남에 대한 표정이 인색하다. 언제나 무표정으로 일관하며 속내를 드러내지 않는다. 그래서 고양이를 선호한다. 너무 반갑게 붙는 것도 부담이고 꽁지를 흔들어 대며 따라 다니는 것도 부담이다. 내가 좋아할 때 끌어안고 내가 필요하지 않을 때는 떼놓을 수 있는 것, 그것이 바로 고양이의 습성과 닮아있기 때문이다. 남에게 지나치게 간섭하지 않는 무표정 문화, 그것이 일본이다데스."

"호, 조선에 쳐들어 와서 몇 년 있더니만 양국 비교문화까지 꿰차고 있네."

"그 말은 아까 했잖은가. 내말이 너무 정확하니까 얼이 나갔나 보네. 아는가. 인간에게는 두 가지 얼굴이 항상 존재한다는 것을. 본래의 얼굴과 전혀 다른 얼굴이 함께 공존한다는 사실 말이다. 특히 여자의 경우는 더 그렇다고 하네. 같은 거짓말을 하더라도 남자의 거짓말은 얼굴에 조금은 나타나지만 여자의 거짓말은 얼굴에 전혀 드러나지 않는다고 한다데스. 그래서, 그래서 등장한 것이 바로 여자의 화장술이라고 하네. 여자는 자신을 아름답게 치장하기 위해서 화장을 하기도 하지만 두터운 화장으로 본심을 감추려고 하는 거라네. 그러지 않아도 속마음이 잘 드러나지 않는 것이 여자의 얼굴인데 화장까지 하면 완전히 오리무중이다데스."

"너무 고차원적이다. 본론을 말해봐."

"여기서 일본인과 조선인의 화장에 관해 말해보겠다데스.

우선 조선 여자의 경우, 화장을 마음먹고 하기 시작하면 대 변신을 한다. 알아볼 수가 없을 정도다. 이는 다 이유가 있다. 조선인은 대체로 솔직하다. 말도 직선적이고 표현도 돌려서 하지를 않는다. 목소리도 크고 제스처도 크다. 그러다 보니 얼굴에 희로애락의 모든 것이 시시각각 드러난다데스요. 그런데 감추고 싶기는 하다. 그래서 바르기 시작한다. 납이 가득 든 분과 크림을 덕지덕지 바르고 입술을 통째로 삐에로의 그것처럼 빨갛게 칠하고 나타난다. 그녀가 웃으면 얼굴이 하회탈처럼 찌그러진다데스."

" 맞아. 우리 조선 사람들이 솔직하기는 하지."

"일본 여자의 경우는 이와는 반대다. 기본적으로 일본인은 얼굴에 감정이 나타나지 않아. 희로애락의 변화가 일체 나타나지 않아서 도저히 얼굴만 봐서는 알 수가 없는 거야."

" 맞아. 너네 왜나라 여자들이 그렇더라."

"그래서 일본 여자들은 화장할 필요가 없는 거라. 안 해도 한만큼 표시가 없다는 것, 그리고 해양성 기후의 덕택에 언제나 촉촉한 피부라서 굳이 크림을 덕지덕지 바르지 않아도 되는 것이다. 그래서 얼굴 화장은 거의 하지 않고 립스틱만 빨갛게 바르는 거다 데스요."

"맞아. 아, 그런데 갑자기 생각난 게 있다. 아까 하회탈 이야기가 나와서 하는 말인데 우리나라 탈은 그 표정이 다양하다. 활짝 웃는 얼굴에, 찡그린 얼굴에, 화가 잔뜩 난 얼굴에, 심술이 덕지덕지 붙어 있는 얼굴에, 혹이 붙어 있는가 하면 뿔이 나와 있고 한쪽 눈이 없는가 하면 코가 삐뚤어져 있는 등 참으로 다양하다."

"맞다데스."

"그러나 일본의 전통가면극인 노能에는 무표정한 얼굴의 가면만이 등장한다. 모나리자의 웃음보다 더 미묘한 웃음을 띤 가면이 등장할 뿐이지. 일본인의 성격과 한국인의 성격이 극명하게 다르다는 점이 바로 이거야. 가까운 예를 들어 줄게. 일요일 낮 열두시에 양국의 대표적인 방송사인 KBS와 NHK에서 하는 노래자랑 프로가 있어. 전국을 순회하며 방송하는 형식은 똑같은데 진행이 전혀 달라. 우리나라는 출연자나 관객이 그냥 그야말로 즐기는 거야. 노래에 맞춰 관객들 중에 일어나서 춤추는 사람도 있고 따라 부르는 사람도 있고. 근데 왜나라는 그런 게 전혀 없어. 노래자랑 시간인데 모두들 엄숙한 거야. 출연자들도 진지하게 노래만 하는 거지. 오죽하면 프로그램 타이틀이 우리나라는 '노래자랑'인데 너네는 '목 자랑'이냔 말이야. 예로부터 조선 민족은 음주가무飮酒歌舞를 좋아했어. 위지동이전魏志東夷傳에 동이족은 가무를 특히 즐긴다고 쓰여 있다고 하니 가무의 역사가 얼마나 긴 것인지를 알 수 있지. '노세노세 젊어 노세'라며 얼쑤 절쑤 춤을 추며 일하는 것보다는 노는 걸 더 좋아했다고. 일본인이 만든 가라오케만 해도 그래. 일본에는 가라오케 박스라는 것이 있긴 하지만 우리처럼 노래만 부르는 노래 전용 방은 없더라고. 선술집이나 테이블이 여럿 딸린 바에서 술시중을 드는 종업원들과 함께 앉은 채로 노래를 부르더라고. 무舞는 결코 없고 가歌만이 존재하는 거지. 조선처럼 음주가무가 동시에 진행되지 않는 거지."

"호, 그 쪽은 우리 왜에 쳐들어오지 않고도 알고 있는 게 조금 있긴 있다데스."

"필 받았을 때 좀 조용히 하고 들어주라. 험. 우리 조선 사람들은 가와 무 어느 하나라도 소홀히 할 수 없어. 그래야 노는 것 같고 그렇게 놀아야 한다는 불문율이 있는 거야. 가라오케가 없던 시절은 기타를 치며 놀았고 그마저 없던 시절에는 젓가락으로 밥상 바닥을 치며 노래를 불렀단다. 오죽하면 시속 100킬로미터가 넘는 스피드로 고속도로를 달리는 관광버스 안에서조차 일어서서 노래하며 춤을 추는 나라가 우리 조선 말고 또 어디 있는가 말

3. 가미카제와 엽기 상혼商魂

이야. k-팝과 싸이의 말춤이 세계를 주름 잡는 것이 그냥 되는 게 아니야. 방탄소년단은 말할 필요도 없고. 이런 가무 유전인자가 꽉 차 있기 때문인 거야. 알았어? 빠가야로!"

"너 아까부터 말끝마다 자꾸 빠가야로! 빠가야로! 하는데 그거 무슨 뜻인 줄 알기나 하냐?"

"너네 왜놈들이 남의 나라 쳐들어와서 빠가야로 짓을 하니까 빠가야로라고 하는 거지. 빠가야로 보고 빠가야로라고 하는 게 뭐가 잘못되었냐? 빠가야로!"

"빠가는 바보라는 뜻으로 어리석은 자를 가리키는 말인데 원산지는 차이나이고 한자로는 말과 사슴을 조합하여 마록馬鹿으로 쓴다. 그런데 말과 사슴이 합쳐져 바보가 된 게 아니고 중국의 사기史記에 그 어원이 나와 있어. 진나라의 재상인 조고趙高가 사슴을 보고 '저건 말이다'라고 했더니 주변의 신하들이 모두 사슴을 보고 '말이다, 말이다' 하는 바람에 생기게 된 거다. 즉, 권위에 빌붙어 아첨하는 무리들이 사실대로 이야기하지 못하는 것을 빗대어 빠가라고 했다는 거야. 알간 데스까?"

"야, 빠가야로야. 넌 왜 쉬운 말을 어렵게 말하냐? 빠가야로! 초코파이는 없던 걸로 하겠다. 나 간다!"

4. 세오녀와 알몸의 기모노

· 왜놈의 별명 이비
· 임진왜란은 인신매매 왜란
· 천상여신으로 일본에 강림한 세오녀細烏女
· 알몸에 입어야 하는 기모노
· 다꾸앙은 조선 스님 이름, 고구마는 일본어
· 개고기 포식 국가 일본, 말고기 즐긴 조선
· 한국인도 야스쿠니靖國 신사 참배해야
· 장인정신이 일본에 왓쇼이! 왓쇼이!
· 일본 천황이 된 의자왕의 아들
· 손톱깎이로 조선인 대학살
· 참새 혓바닥을 자르는 할머니
· 마루타 생체실험으로 만들어 낸 정로환
· A형 혈액형으로 뭉쳐가는 일본

에필로그 – 백말띠 여자에 관한 진실 혹은 거짓

왜놈의 별명 이비

임진왜란 직후. 조선남부

"어이, 노가리 상. 오랜만이네. 7년 전쟁의 와중에서도 잘 살아 남았구나. 지난번 전쟁은 정말 무서웠다. 노가리상도 이 세상에서 제일 무서운 게 전쟁이냐?"

"내가 어렸을 때엔 무서운 순서가 있었다. 지진, 천둥, 불, 아버지…."

"아버지? 호, 그건 의외인데. 사무라이인 줄 알았는데 전쟁도 아니고 쓰나미도 빠졌고."

"마지막의 아버지는 나중에 힘이 약해져 빠지고, 그 대신 어머니로 바뀌었다고 하네. 아버지보다 어머니가 더 무서워졌다는 거지. 근데 요즘엔 그것보다 힛타구리, 봇타구리, 오야지가리라네."

"먼 구리? 먼 가리?"

"조선말로 하면 날치기, 바가지, 아저씨 사냥."

"아저씨 사냥?"

"있잖아. 젊은 애들이 퇴근길 술 취한 아저씨를 덮치고 금품을 털어가는 것."

"호, 너네도 그런 게 있냐? 고거 우리 것 수입해 간 거 아냐?"

"존심 상하게 그런 걸 수입하겠냐? 일본 고유의 범죄 문화라 할 수 있지."

"자랑이다. 그건 그렇고 너네 나라 안에서야 무슨 짓을 하던 상관없지만 왜 남의 평화로운 나라에 쳐들어 와서 못된 짓을 그렇게 해 댔느냐? 임진왜란 때 겪은걸 생각하면 지금도 치가 떨린다, 치가 떨려."

"갑자기 부끄럽게 또 그 이야기를."

"너네들은 다른 사람들에 대한 배려심이 많다고 들었는데 다른 나라에 쳐들어가서 그렇게 나쁜 짓을 감행할 땐 꼭 싸이코 집단처럼 왜 그러냐? 이해가 안가네 이해가 안가. 넌 이해가 가냐?"

"…."

"할 말이 없나 본데 너네들에게 각인시켜야 하니까 한 번 더 말해줄게. 저번에 말한 히데요시와의 사이에 있었던 일부터 다시 정리해줄 테니까. 그때 내가 통신사의 통역으로 차출되어 갔기 때문에 상황을 잘 알아.

우리가 가기 3년 전, 1587년 5월 히데요시는 규슈를 평정하자 마자 쓰시마 섬 도주 소씨에게 조선과 복속 교섭을 하라고 명령했었지. 그런데 대마도는 예전부터 조선과는 불가분의 관계를 유지하고 있었기 때문에 조선 사정을 잘 알고 있었어. 대마 도주가 생각하기를 조선에게 복속을 요구하면 조선이 당연히 화를 낼 것이라 여기고 조선 측에 일본의 통일을 축하하는 통신사 파견을 해 달라고 요청한 게야. 소씨딴에는 잔머리를 쓴 거지."

"거기까지는 나도 알아. 그래서."

"근데 조선은 처음에는 거부하였지만 소씨가 거듭 애원하듯 요청을 하자 통신사 파견에 동의하였어. 언젠가 내가 이야기한 대로 1590년 3월에 출발했지. 근데 11월에야 히데요시를 만났잖냐. 이때 만난 히데요시에 관한 인상은 벌써 이야기한 대로이고. 어쨌든 이때 대마도주가 꾀를 쓴 걸 까마득히 모르고 있는 히데요시는 조선통신사를 복속 사절로 여기고 있었던 거야. 그러니까 그 말이 튀어 나왔지. 명을 정복하는데 너희 조선이 선두에 서라고 말이야."

"그랬었나?"

"내가 바로 그 자리에 있었다니까. 너희 쥐데요시 면상을 직접 보면서 통역했다니깐! 당연히 통신사는 이를 거부했지. 아니 통일 축하 사절인줄 알고 왔는데 이건 무슨 뚱딴지같은 소릴 지껄이고 있으니 무슨 말인지 그 의미를 몰랐던 게야."

"어쨌든 그다음 이야기는?"

"거짓말 아니고 내가 그때 칼 찬 무인이었으면 쥐데요시는 그 자리에서 목이 잘렸을 거야. 통역한다고 시간이 없어서 참았지만. 어쨌든 난처해진 소씨는 이 명령은 일본이 명으로 가기 위해 육로를 빌려 달라는 것일 뿐이라고 둘러 댔지만 통신사는 이를 받아들이지 않고 돌아왔단 말이야. 이에 히데요시는 복속을 거부한 조선으로 출격할 것을 명령한 거지. 모든 다이묘들에게 각자 경제적 능력에 따라 군대를 동원할 것을 명령하고 출격 거점인 나고야名古屋성 축성 공사를 시작한 거야. 드디어 1592년 4월 13일 벚꽃이 만발할 때였지. 나고야성의 벚꽃 수만큼이나 되는 일본군 16만 명이 바다를 건너 부산으로 상륙한 거야. 조총으로 무장하고 밥 먹고 쌈질만 해대는 일본군을, 평화를 사랑한 나머지 칼도 활도 창도 장난감 같은 걸로 무장한 조선군이 당하기나 하겠어? 4월 14일에 부산성, 다음날인 15일에는 동래성이 쉽게 너무나 쉽게 함락된 거야."

"야, 아무리 그렇지만 조선군도 군대인데 그렇게 하루 만에 다 무너질 수가 있나?"

"말했잖아. 평화를 사랑하는 조선 민족이라고. 오죽했으면 군 전략을 짜는 최고 지휘관들이 무신이 아닌 문신들이었다면 말다 한 거잖아. 물론 무신을 천하게 여기고 문신들 위주로 정사가 이루어지는 신분차별부터 문제가 있었지만.

25일에 상주를 지나 28일에는 조령을 넘어 충주 탄금대, 그러더니 5월 3일 한성까지 들어온 거야. 말 그대로 파죽지세였지. 아마도 세계 전투사상 이렇게 빨리 수도를 함락한 경우는 없었을 거야. 왜놈들이 대륙 진출을 위해 호시탐탐 훈련만 한 거라는 증거지. 문제는 사로잡든 죽이든 왕을 잡아야 끝나는 건데 왕이, 선조가, 도망간 거라. 쪼다 같은 선조는 1년 전에 일본을 다녀온 통신사의 보고를 묵살하더니 처량하게 의주로 도망을 갔어."

"그래도 너네 나라 대왕이고 왕초인데 쪼다라고 하면 쫌 그렇잖냐?"

"대왕은 무슨, 왕이라는 게 도망가니 백성들이 들고 일어나 가로막고 난리를 쳤지. 봉변 끝에 겨우 심복 몇하고 날 살려라 하고 북으로 도망간 거야. 왜 1년 전에 황윤길이 '반드시 히데요시가 쳐들어옵니다'라고 한 말을 듣지 않았을까 하고 탄식을 했지만 소용이 없었어. '절대로, 결코, 네버, 히데요시는 조선을 침략하지 않을 것입니다'라고 허위 보고를 한, 이노무시키노무시키 김성일을 능지처참해도 분이 안 풀릴 것 같단 말이지. 그래서 명을 내렸어. 김성일 직위 해제!"

"피난 가는 와중에?"

"그래. 그 와중에 김성일을 파직하고 의금부에 가두라고 한 거야. 그리고 사약을 내렸어. 참으로 대단한 왕이지? 그런데 유성룡이가 만류했어. 지금은 나라의 운명도 임금의 운명도 풍전등화와 같사오니 이럴 때 일수록 화를 누그러뜨리고 한 사람이라도 유능한 인재를 살려놔야 된다고. 그랬더니 선조가 '성일이가 유능하긴 하지' 하더니 '사약은 취소!' 했지. 그리고 김성일을 경상우도 초유사로 내려 보냈어. 전란으로 폐허가 된 경상도로 내려 간 김성일은 나름 양심에 가책이 된지라 진주성 전투에서 열심히 종군하다 최후를 거기서 마쳤어. 6월이 되자 고니시 유키나가는 평양을 점령했고 가토 기요마사는 함경도를 점령했어. 머 여기까지라면 끝난 거지, 전쟁은. 근데."

"근데?"

"근데 이때부터 전세가 왜군의 뜻대로만 되는 게 아니라는 거야. 너, 의병군 알지. 조선의병대가 전국 각지에서 일어나 일본군에게 타격을 주는 거야. 의병군은 정식 군대가 아닌 말하자면 민병대로 스스로 무장하여 일본군과 싸우겠다고 모여든 것인데 제법 조직을 갖추게 되고 의병장이 지휘하면서 맹활약을 하게 된 거지. 경상도에서 곽재우郭再祐를 필두로 이곳저곳에서 의병들이 일어나서 게릴라 전법으로 싸우는데 세상에, 그뿐 아냐."

"호, 또?"

"너 이순신 장군 알지."

"알다마다. 우리 왜나라에서도 신으로까지 추앙받고 있는 분이지. 저번에 우리 해군 제독인 도고 헤이하치로가 제일 존경하는 장군님이라고 말했잖아."

"바로 그 이순신 장군이 짜잔~하고 나타나 거제도 해전에서 5월 7일에 일본 수군을 까부수더니 연전연승으로 일본군을 작살내는 거야. 그러니 어떻게 됐겠어. 일단 보급품이 거덜나게 된 거라. 일본으로부터 보급품이 도착하지 않으니 일본군이 더는 전진을 못 하는 거야. 6월이 되자 명나라에서 구원군이 압록강을 건너 조선에 들어 온 거야. 심유경沈惟敬이라는 자가 대장인데 이자가 가만 보니 일본군들이 만만찮거든. 그래서 휴전하자고 한 거야. 고니시 유키나가도 처음부터 내키지 않았던 전쟁인지라 일단 쉬고 보자는 생각에 '50일 동안 휴전!' 하고 휴전에 응했어. 이 사이에 보급품이 도착하면 또 전쟁을 해보자는 심산이었지. 그러는 사이 이여송李如松이라는 자가 대군을 이끌고 들어와 고니시 유키나가와 회담했지만 결렬되자 평양성을 공격했고 유키나가는 후퇴를 하기 시작했어. 그 후로는 여기저기서 국지전이 계속되었고 명과 일본 사이에 교섭이 진전이 없자 히데요시는 1597년 다시 조선 출병을 명했지. 이때부터 일본군들도 제정신이 아닌 거야. 조선군의 귀를 잘라 보내면 그 숫자에 따라 상을 내리겠다 하니까 여기저기서 귀를 자르고 심지어는 전투와는 아무 상관 없는 부녀자나 어린애들 귀까지 잘라 보내게 되고 한 사람의 귀를 좌우 하나씩 나누어 두 사람이라고 숫자를 속이고 하니까 나중에는 코를 베어오라고⋯."

"코, 코를 베어? 어떻게 그런 짓을."

"얀마. 그러니까 너네 왜인들이 한 짓이 천인공노할 그런 짓을 서슴없이 했다니까."

"스미마셍."

"조선인들을 무차별로 잡아 포르투칼 상인에게 넘기면 엄청난 돈을 벌게 되니까 왜병들이 전쟁을 치를 생각은 하지 않고 오로지 조선인 잡는데 혈안이 된 거라. 그래서 쥐데요시가 왜병 한 사람당 조선인 코 한 되를 베어오는 자에 한해 조선인 포로를 잡을 자격을 준다고 지침까지 내렸던 거야."

"스미마셍."

"조선인이 걸렸다 하면 아이고 여자고 할 것 없이 코를 베어가는 바람에 왜병들이 공포의 대상이 된 거라. 그때부터 아이들을 겁줄 때 어르는 말이 '이비야! 이비온다!'라고 했잖아. 이耳는 귀, 비鼻는 코, 그래서 귀와 코를 베어가는 왜놈들이 나타난다고, 애들이 그 말만 들으면 숨소리도 못 내고 그랬지."

"스미마셍."

"이게 스미마셍 한다고 끝날 일이냐?"

"그래서 그 뒤에 어떻게 되었는데?"

"어쨌든 다시 이순신 장군께서 맹활약을 하시는 바람에 왜군들은 기를 못 쓰고, 울산성에 갇힌 가토 기요마사는 벽 종이를 뜯어 먹으면서 겨우 목숨만 연명하고 있었던 거야. 그러던 와중에."

"와중에?"

"왕초인 쥐데요시가 꼴까닥 하고 저 세상으로 간 거지. 때는 바야흐로 1598년 8월 8일. 그때 정말 더웠다. 푹푹 찌는 날씨에 전쟁한다고 모두 지쳐있을 때 쥐데요시가 죽었다는 소식에 하늘도 감동했던지 시원하게 비가 내렸잖냐. 나도 온종일 만세 부르며 쏘다니면서 비를 맞으며 퍽 갔았던 생각이 난다. 이렇게 못된 짓을 한 것을 잊지 말거라. 나도 잊지 않을 테니까."

임진왜란은 인신매매 왜란

"임진왜란 때 저지른 일본의 잔혹함을 역관상에게 듣고 도저히 양심상 참을 수 없어서 참회를 해야겠다고 왔으니 그냥 들어주라."

"알았어. 그럼 진지하게 해봐봐."

"임진왜란을 일으킨 당사자가 도요토미 히데요시 잖냐. 그런데 이 위인은 일본 사람들에게서는 칭송을 받는 위인에 속하는 인물이란 말이야. 조선 사람들에게는 아니 그 후의 한국 국민들에게는 임진왜란을 일으켜서 조선을 침탈하고 많은 군사와 백성들을 죽인 천하에 용서받지 못할 인물인데 일본에서는 교토 국립박물관 옆에 도요쿠니 신사豊國神社를 마련하고 그곳에 신으로 모셔 주었단 말씀이야."

"그야 너네 나라 왕초였으니까 그렇겠지. 근데 하고 싶은 말이 먼데?"

"문제는 이 도요쿠니 신사의 맞은편에 조선 사람들의 귀를 잘라 모아둔 귀 무덤이 있다는 말이야."

"이런 쳐 죽일. 아니 하필이면 쥐데요시 신사 앞에 조선인의 귀 무덤을 두었단 말이냐? 이런 쌍."

"어제 역관상 이야기를 듣고 조사해 봤더니 사실이었어. 두 번째 침공인, 다시 말해 정유재란 때 히데요시는 지난번 이순신 장군한테 허벌나게 깨진 것도 있고 그래서 일단 전라도부터 전멸시키고 그 증거로 코를 베어 오라고 한거야. 그러니까 대명, 다이묘들이 충성을 한답시고 자기 휘하의 군사들에게 '무조건 1인당 조선 사람 코 3개씩 베어올 것' 하고 명한거야."

"아무리 그렇다고 해서 죽은 사람의 영혼을 위로해도 시원찮은데 코를 베어 오라고 하다니. 그것도 할당량으로. 쳐 죽일 놈들같으니. 그래서?"

"그래서 닥치는 대로 코를 베어 왔지. 그러다보니 이순신에게 괴멸당해 도망가면서 죽은 왜군들의 코를 베어 가기도 한 거야. 자기편인 줄 알면서도. 왜 조선 사람하고 일본인하고 구별이 안 가잖냐. 너하고 나하고도 국적 구분이 안 가듯이."

"그건 그래. 그러니까 내가 예전에 세작이 되어 일본군 진영에 내 집 드나들 듯 다녔잖냐. 얼굴도 비슷하지. 왜말도 유창하지. 험."

"어쨌든 이 코가 얼마나 많았는지 소금에 절인 채로 가져온 코가 5만 명 분이나 되었어. 이것을 히데요시가 그곳에 묻게 하고 코 무덤이라 부르게 된 거야. 지금은 귀 무덤이라 하는데 나처럼 양심 있는 일본인들은 이곳에 들러 영혼을 위로하면서 기도를 하곤 하지. 내가 대표로 그때 잘못을 고백하고 참회한다. 용서해주라. 흑흑. 스미마셍."

"또, 또, 스미마셍, 성질대로 하면 확 네 코를 그냥!"

"아, 안 돼. 코만은, 스미마셍!"

"살려 줄 테니까 나머지 이야기 해봐."

"정유재란 당시에 일본군들이 저지른 잔학한 행위를 보고 조선일일기朝鮮日日記를 기록한 일본 사람이 있었는데 의사 겸 스님이야. 말하자면 종군일기를 쓴 셈이지. 스님이라 아마도 잔혹한 일들을 세상에 알려야겠다고 마음먹은 지도 몰라. 교넨慶念이라는 이 사람이 목격한 바에 의하면 일본군들이 조선인들을 잡아 인신매매를 했다는 거야."

"내 말이…."

"인신매매를 하는 사람은 당연히 일본에서 조선으로 들어온 왜인들이지. 조선인을 사서 일본뿐만 아니고 아랍을 비롯해 유럽 쪽으로도 팔아먹으려고 한 거지. 이들 왜인들은 일본군 뒤를 따라 다니며 잡아들인 조선인들을 남녀노소 가리지 않고 사 들인 거야. 그러니까 돈맛을 본 왜병들은 조선인이라면 눈에 보이는 대로 잡아서 팔아먹은 거지. 밧줄로 목을 묶어 줄지어 걷게 했는데 꼭 원숭이 모가지에 줄을 매어 끌고 다닌 것과 같았어. 소나 말이 부족하면 대신 수레를 끌게 하였다는 거야."

"참으로 목불인견이었겠구나. 어쩌다 우리 민족이 그런 수난을 겪었을꼬. 원통하고 또 원통하도다."

"다행히 이들 조선인들 중에 기술이라도 있으면 인신매매는 피하고 일본으로 끌려가게 되었지. 대표적인 것이 도자기 기술자인데 이 시기 일본에는 도자기 붐이 일어나 도자기에 환장한 사람들이 난리도 아니었어. 임진왜란은 말 그대로 전쟁이었지만 두 번째의 정유재란은 그냥 전쟁이 아니라 도자기 전쟁이라고 해도 과언이 아닐 정도였으니까. 저번에도 역관상이 이야기 했잖나. 히데요시부터 차를 마시는 흥취에 흠뻑 빠져 있었다고. 센 노리큐라는 차의 명인까지 시하에 두고. 바로 그러던 시기니까 세상에서 제일가는 조선 도공들을 그냥 두지 않았지. 군인도 아닌데 포로로 취급해서 끌고 간 거야.[28]

대표적인 이야기 하나 해줄게. 이삼평李參平이라는 도공이 있었는데 조선에 출병 중이던 사가번佐賀藩의 번주인 나베시마 나오시게鍋島直茂가 일본으로 강제로 끌고 간 뒤에 사가현 아리타有田에서 도자기를 만들라고 했지. 가나가에 산페이金ヶ江三兵衛라는 일본 이름까지 지어주고. 그런데 일본 땅이 조선과는 달라 도자기 만드는 데 적합하지 않은 거야. 그래서 곳곳을 돌아다니다가 겨우 고령토를 찾아 도자기 만드는데 성공한 거라. 이 도자기가 바로 일본뿐만 아니라 세계적으로도 유명한 아리타 도자기인 거야. 일본인들도 감탄하여 그를 아리타 도자기의 조상으로 추모하고 있지. 이야기하다 보니 일본으로 잡혀간 조선인 이야기만 했네. 그런데 재미있는 것은 조선에 들어온 일본군이 거꾸로 조선으로 귀화한 사람도 있다는 사실을 알고 있냐?"

"일본군이 조선인으로 귀화를 했다고? 금시초문일세."

"역관상은 김해김씨에 대해서 아는 게 있냐?"

"김해에 조상을 두게 된 김씨겠지 뭐."

"순수한 한국 김씨가 아닌 슬그머니 편입된 김해김씨가 있었다는 얘기를 해줄게. 바로 임진왜란 때 조선에 들어왔다가 귀화한 사람이 김씨 성을 하사받아 살게 되었다 이 말이다."

"호, 그런 사실이? 정말로? 혼토?"

"팩트다. 가토 기요마사와 고니시 유키나가가 조선에 선발 대장으로 출병을 했다는 이야기는 알고 있을 테고. 동쪽으로 진출한 기요마사의 왼팔, 즉 좌선봉장인 '사야카'라는 무장이 있었어. 그는 조선에 들어온 지 얼마 되지 않아 곧바로 부하들을 이끌고 조선에 투항하였는데 그를 따르던 부하들도 모두 귀순하였지.

선조왕은 김해김씨 성을 내리고 충선忠善이라는 이름도 내렸어. 김해김씨 성을 내린 데는 별 뜻이 있어서가 아니라 일본과 가장 가까운 포구가 김해라서 그런 거지. 벼슬이 정이품 정헌대부正憲大夫라는 품계를 내린 거야. 대단하지. 물론 그의 부하들도 모두 김씨 성을 받았고.

그 후 사야카는 조총제작법을 가르치면서 조선의 의병들과 힘을 합해 일본군들을 격파하는데 공을 세웠어. 진주 목사인 장춘점張春點의 16세된 딸을 아내로 맞았고 6남매를 두었지. 물론 일본에 두고 온 아내가 있었지만 가토 기요마사가 가만두었겠냐. 모두 처참하게 죽이고 가산이고 뭐고 몰수되어 폐족이 되었어.

하지만 조선에서는 그의 후손들이 번창해서 후에 장관까지 지낸 사람도 나오게 되지. 임진왜란 중에 이렇게 조선으로 투항한 사람들이 1만 명이나 된다네. 대단하잖냐?"

28) 임진왜란 때 포로로 끌려간 사람들은 줄잡아 7만에서 10만 명 정도. 1605년 유정惟政스님이 데리고 온 1300여명을 포함해 귀국한 사람들은 1418명. 포로들은 철저히 감시를 당했고 1607년에 이르러서 통신사가 파악하여 귀국을 종용하고자 하였으나 그동안의 피치 못할 사정으로 인해 신분을 밝히기를 주저하면서 일본에 잔류하기를 희망하는 자가 부지기수였다. 무엇보다 기술자들이 귀국하기를 꺼려하였는데 장인들에 대한 대우가 조선에 비해 파격적이었던 점이 영향을 끼쳤을 것이라 본다.

천상여신으로 일본에 강림한 세오녀 細烏女

"조선의 영일만迎日灣은 우리 일본 천황의 조상 땅이다. 알고 있나?"

"내 친구 영일만 친구가 살고 있는 경상북도 영일만이 일본 천황의 조상 땅이라니 무시기 귀신 씻나락 까먹는 소리냐?"

"일본 천황의 뿌리는 영일만과 백제 두 곳에서 그 원류를 찾아야 하는데 다시 말하자면 설화說話속의 천황가는 영일만으로부터, 정사正史 쪽의 천황가는 백제로부터 찾아야 되는 거야."

"서기 157년경이었지. 마한 진한 변한 삼국이 남쪽에서 군웅할거를 하고 있었던 시기야. 동해 바다 포항의 호미곶이 있는 곳에 비미국卑彌國이라는 나라가 있었어. 국가라기보다는 부족들이 모여 집단을 이루고 있었다고 봐야지. 그런데 진한에서 발전한 신라 세력에 밀려 비미국은 패망한 거야. 그리하여 비미국의 왕과 왕비는 신하들을 데리고 동해 바다의 쿠로시오黑潮 해류에 몸을 싣고 고국을 떠나게 된단다. 이를테면 망명을 하게 되는 것이지.

삼국유사에 따르면 '신라 아달라 왕 때 동해 바닷가에 연오랑延烏郎과 세오녀가 살고 있었는데 어느 날 연오랑이 행방불명이 되어 세오녀가 남편을 찾아 해변을 돌아다녔지. 그런데 바위 하나가 물살을 헤치며 다가와 살펴보니 그 바위 위에 남편의 신발이 놓여 있는 거야. 세오녀가 바위를 올라타자 남편이 있는 곳으로 데려다 주었다'고 해. 그곳이 바로 일본 땅이었다는 말씀이야.

연통을 놓아 겨우 목숨을 부지한 이들이 도착한 곳은 일본의 남단 큐슈九州지방이었지.[29] 배운 것이 정치밖에 모르는 이들은 곧장 세력을 규합하고 기회를 보아 나라를 세우려고 했어. 이 시기 일본은 국가다운 국가는커녕 부족들도 제대로 형성되지 않은 미개한 민족이었단다. 연오랑과 세오녀가 산속에 본부를 만들고 숨어 지내고 있는 사이, 수상한 무리들이 산속에 숨어 살고 있다는 정보를 원주민들이 입수한 거야. 원주민 왕초가 원주민들을 소집했어.

"오이, 오이, 모두들 모여봐봐."

"머야 꼭두새벽부터, 건빵이라도 배급 주냐. 머냐?"

"확실한 정보에 의하면 지금 우리 영역에 엉뚱한 시키들이 침범했다."

"뭐라고? 우리 나와바리繩張를 누가 감히 들어왔냐?"

"이러고 있을 때가 아니다데스. 모두 무기를 들고 저 산속 굴속에 숨어 있는 외세들을 물리치자."

"와! 와!"

드디어 원주민들이 결전을 결심하고 동굴로 쳐들어오는 날 아침이었지. 보통 그런 거사는 깜깜한 그믐밤에 하는 것인데 원주민들이 뭘 알겠냐. 그냥 아무 날이나 그것도 아침 식전 댓바람에 결행을 한거지. 그날 마침 세오녀가 커다란 청동 거울 앞에 앉아 화장을 하고 있었어.

"탁탁탁, 오늘따라 화장발이 왜 이리 안 먹히는거야?"

"거 쓸데없이 덕지덕지 바르지 말라고. 나 연오랑 말고 누구한테 잘 보이려고 그러는 거고? 잉?"

"기다려봐요. 이렇게 화장술로 변신한 다음에 원주민들을 꼬시면 다 넘어오게 되어 있어요."

"꼬셔서 뭐하게?"

"아니, 우리가 가진 게 있수, 기술이 있수, 재주라고는 말빨로 돌려막기하는, 정치하는 재주밖에 없으니 부족 국가라도 다시 만들어야지. 아, 이제 립스틱만 바르면 되겠네. 그래도 여보, 우리 망명할 때 이 거울이라도 챙겨 왔으니 망정이지 신라 놈들에게 빼앗겼으면 어쩔 뻔 했어 그치?"

바로 그때였어.

일단의 원주민 무리들이 세오녀를 덮치려고 다가가는 바로 그 순간! 갑자기 하늘의 태양이 내려와 세오녀를 감싸는 것이었어. 태양은 청동거울에 내려앉더니 세오녀를 감싼 후에 원주민들의 얼굴에 내려앉은 거야. 그냥 기상학적 과학적으로 말하자면 그날 아침에 떠오른 해가 세오녀의 거울에 반사되어 원주민들의 얼굴을 눈부시게 비춘 것이란 말이지. 원주민 공격 팀 대장이 외쳤어.

"이거 무시기 조화데스까?"

4. 세오녀와 알몸의 기모노

"하늘의 신이 강림한 거 같스므니다."

"이거 큰일났다데스. 그럼 저분이 여신 강림?"

"맞스므니다. 사람이 아니무니다. 우리들의 새로운 신이무니다."

원주민 왕초가 먼저 황급히 부복하였고 그를 따라 모두가 세오녀 앞에 엎드리게 된 거야. 그리고 그들이 외쳤어.

"신이시여. 하늘이시여. 만세!"

"드디어 강림하시었나이까. 태양신이시여!"

그리하여 연오랑과 세오녀는 권력을 쥐게 되었고 원주민 부족 국가들을 통폐합하며 세력을 늘려나가게 된 거지. 그리하여 만들어진 이름, 신화 속 일본 건국의 시조대왕은 '천조대신' 한자로는 '天照大神' 일본어로는 '아마테라스 오미가미' 굳이 조선말로 통역하자면 '햇살 되게 눈부셔 대왕신'이 된 거지.

한편 연오랑과 세오녀가 떠난 신라 쪽에서는 갑자기 해와 달이 자취를 감추었어. 과학적으로 말하자면 일식이 일어난 것인데 태양을 유일한 신으로 모시던 때인지라 온 나라가 난리가 났지. 아무래도 연오랑과 세오녀가 떠나간 탓이라 여긴 신라 쪽에서 일본 땅으로 사신을 보내왔어.

"연오랑님 세오녀님. 큰일 났스요. 해가 없어져버렸스요."

"그래서 어쩌란 말이오."

"다시 돌아오이소."

"싫소. 쫓아 낼 때는 언제고 싫소이다. 나 돌아가지 않으리."

"우리 해님 돌리달라고 백성들이 난리라카이."

"그럼 내가 명주 한필을 줄 터이니 그것으로 제를 지내보시오."
"안돌아간다 카이 할 수 없지예. 하지만 명주 갖고 되겠스요?"
"어허, 해보라니까."

그리하여 받아온 명주 베를 바치고 호미곶에서 극진히 제를 지내니 해와 달이 다시 돌아 왔지. 그래서 그곳 이름을 해를 맞이한 해변 즉 영일만이라 하게 된 것이라고.

연오랑과 세오녀가 새로운 땅에서 세력을 규합하여 잘나가던 중 연오랑이 나이가 차서 세상을 떴단다. 그러자 큐슈의 또 다른 부족장이 세오녀와 살림을 합치자는 제의가 들어왔지. 둘은 곧 합쳤고 거대한 부족국가를 만들어 야마타이邪馬台라는 이름을 지었다고 해.[30] 세월이 흐른 후 가야국 김수로金首露 왕의 후손이 다시 건너와 세오녀의 뒤를 이어 탄탄한 기반을 만들었고 일본 고대국가의 틀을 형성하기에 이르렀어. 그 후 백제인과 고구려인의 도래로 드디어 일본의 야마토大和시대가 탄생하기에 이른다, 이 말씀이다."

"그러니까 일본의 시조왕이 세오녀이면 우리 선조 세오녀가 다스린 일본은 우리 땅이네. 맞지?"

"…그게 그렇게 되는 건가?"

---

29) 삼국유사에 따르면 신라에 밀린 비미국의 연오랑과 세오녀가 일본 땅으로 건너가는 것으로 되어 있다. 건너간 곳이 큐슈일 것이라고 추정되나 이즈모出雲로 추정하는 쪽도 있다. 이 두 사람에 의해 고대 일본의 야마토

정권의 기반이 닦아지게 된다. 또한 백제국의 식민지였던 야마도山門의 츄아이仲哀왕이 세오녀와 합해 야마타이邪馬臺를 만들었다는 설도 있다. 야마토에 관해서도 그 기원이 어느 곳인가에 대해서는 큐슈설과 나라설로 나뉘어져 있다.

30) 고대 중국의 진시황은 불로초 명약을 찾기 위해 주술사인 서복徐福을 동해로 보냈다. '저 멀리 동해 바다에 삼신산三神山이 있어, 그곳에 사는 신선이 불로장수의 약을 가지고 있습니다'라는 서복의 말을 믿은 시황제는 수십 척의 배와 수천 명의 남녀를 붙여 서복을 동해로 보냈으나 서복은 돌아가지 않았다. 전설에 의하면 그는 바다 위에서 신대륙을 발견하고 그 땅의 왕이 되었다고 한다. 그래서 생긴 전설이 서복은 일본의 기이紀伊반도 남단에 가까운 구마노우라熊野浦에 도착하여 진무神武천황이 되었다는 것이다. 물론 이에 대한 증거는 없으며 기원전 3세기에 야마토 조정이 이룩되었다는 것은 신빙성이 없다.

알몸에 입어야 하는 기모노

"조선 민족들은 옛날부터 같은 동족끼리 왜 그렇게 싸우느냐?"
"무신 노가리 다나까서 회쳐 먹는 소리? 그럼 너네는? 왜놈들은 안 싸우고?"
"우리도 싸우긴 싸우지. 그렇지만."
"그렇지만 또 뭐?"
"너희들처럼 가여운 백성들까지는 괴롭히진 않아. 너희들은 전쟁에서 이기면 상대방의 모든 것을 완전히 박살을 내잖아. 여자는 능욕하고 죽이거나 종으로 데리고 가질 않나. 집도 절도 모두 불태워 흔적을 없애잖느냐 이 말이야."
"네가 봤어? 봤냐고."
"백제가 멸망할 당시 모든 게 흔적 없이 사라졌다잖아. 사람이고 집이고. 땅위에 남은 것은 정림사지定林寺址석탑 하나이고 땅속에는 무령武寧왕릉만 남았다는데."
"…."

"들어 봐. 역사적으로 일본은 외환은 없었다 치더라도 내전은 많았지. 너희들 고구려 신라 백제처럼 나뉘어져 싸운 날이 허다하다고. 그렇지만 내전이 많았기는 하지만 우리 니폰의 싸우는 자세는 근본적으로 달라. 승자가 패자를 전멸시키는 역사가 아니고 승자가 패자를 아우르는 역사였어. 패자 또한 승자에게 철저히 복종하는 패턴이었지. 절대, 결코, 네버, 전쟁에서 양민들은 건드리지 않았어. 내가 어렸을 때 겪은 한 장면이야. 잘 들어 봐.

전투가 벌어질 것이라는 소식을 전해들은 농민들이 주고받는 이야기야."

"어이, 옆집 와리바시쪼개바라상 무신이야기 안 들었슈?"

"잉? 호치키스바가바라상 먼데스까?"

"우리 마을에도 곧 전쟁이 있을 거라고 하는 이야기데스."

"그려? 그럼 소식이 오겠지비."

"그쪽은 SNS도 안하는 겨? 벌써 트윗터에 난리도 아니다데스."

"스마트폰 배터리가 너무 빨리 나가서 못 봤슈."

이때 나타난 군대 홍보관,

"농사꾼 여러분들 농사 잘되스까? 나, 사실 쪼끔 미안한 말을 전하러 왔다데스. 잠시 후에 전쟁이 있을 것이니 잠깐 피해 있어야 된다데스."

그렇게 파발마가 돌고 가면 농민들은 호미자루와 곡괭이를 내려놓고 산속 높은 곳으로 안전하게 피신을 하였던 거야. 그리고 그들은 전망 좋은 데에서 양쪽 군대의 전투를 감상한다고.

"저쪽이 오늘 전열이 좋다데스네. 딱 보아하니 치고 뛰는 메뚜기 전법을 구사할 것 같네."

"내가 보기엔 도쿠가와 쪽이 잘할 것 같다데스요. 사마귀 전법으로 맞설 것 같구먼."

"내기 할래?"

"하더라고, 나는 도쿠가와 편에 걸었어. 거기는 신겐 편에 얼마 걸 거여?"

"뭐 이런 식이었어. 전쟁이 끝나면 다시 원위치로 내려와 하던 농사 계속 짓는 거야. 이해가 잘 안가지? 화끈한 걸 좋아하는 너네 민족 성질로는 이해할 수 없을 거야."

"그러면 전쟁하나마나네. 뭐가 달라지냐?"

"달라지는 점이 왜 없어? 우선 제일 신경 쓰이는 것이 세금이야. 영주가 달라지면 세금이 많아질 것인가 아닌가에 신경이 쓰이는 거지."

"생사 차원이 아니라 현실 문제로구만."

"그러니까 말이야. 문화도 그에 맞춰 발달이 된 거지. 예를 들면 말이야.

여자들도 건드리지 않으니까 도망갈 이유가 없잖아. 너, 어째서 여자들의 전통복이 너네 조선은 한복이고 일본에는 기모노인줄 아니?"

"무슨, 또 기모노 씨나락…."

"여자가 도망갈 이유가 없으니 일본에는 기모노가 발달할 수밖에. 너, 기모노 입고 여자가 뛸 수 있다고 생각해? 절대로 못 뛴다. 기모노는 몸을 꽉 조이잖아. 입는 데도 시간이 걸리고. 그런데 너네 조선은 전쟁이 터졌다 하면 모두들 도망가야 해. 그러니 여자들 한복이 발달한 거야. 입는 데 시간도 걸리지 않기 때문이야. 한복 입고 뛰는 것은 물론이고 마라톤에다 허들 경기도 할 수 있어. 어쩌면 세월이 흐른 후에 한복 입고 디스코도 추고 덤블링하는 여자 아이들도 보일거야."

"설마."

"더 들어 봐. 기모노에는 조리라는 샌들을 신고 한복에는 가죽신을 신는다. 조리를 신으면 오리걸음을 하고 가죽신을 신으면 말처럼 달릴 수 있다. 그리고 화장실에 들어간 기모노 팀과 한복 팀을 조사해보면 한복 팀은 눈 깜박할 새에 일을 마치고 나오는 반면에 일본 팀은 머무르는 시간이 몇 배나 더 걸린다."

"호."

"그리고 기모노를 입을 때에는 속옷을 아무것도 입지 않는다."

"잠깐. 그, 그럼 속옷 실종?"

"쯧쯧. 엉뚱한 생각하기는."

"그게 아니라 안에 아무것도 입지 않으면 섭섭하지 않을까 해서."

"이런 모국어 실력 하고는. 섭섭하지 않을까가 아니고. 허전하지 않을까!"

"암튼. 계속해봐."

"그럼에도 화장실에 머무는 시간이 오래 걸리는 것은 조이고 조여 입는 시간이 필요해서 그런 거야. 한복이 발달한 배경을 좀 생각해봐. 외침이 많은 조선은 전란이 터지면 피난 가기에 바빴어. 내전일 때에도 마찬가지였고. 신라와 백제가 싸우면 모든 것은 승자의 몫이었지. 승자는 철저하게 패자의 모든 것을 없앴고 여자는 능욕하고 죽이거나 종으로 데리고 갔다. 온가족이 뿔뿔이 흩어지는 것이었지. 그러다 보니 언제라도 뛸 수 있는 옷이 있어야 했어. 한복 안에 속치마가 발달한 것도 같은 맥락이었던 거야. 속치마를 벗어 활짝 펼친 다음에 세간 가운데 중요한 것만 챙겨 보따리를 이고 도망가는 거야. 한복 길이가 길어도 지장은 없어. 허리춤에 몇 번 말아 올리면 간단하게 짧아지기 때문이야."

"잠깐, 너네 일본이 임진왜란 때 우리나라에 들어와서 얼마나 많은 여자들을 능욕한지 알아? 너네 나라에서는 그런 짓 안했는지 몰라도 조선에 들어와서는 온갖 나쁜 짓을 다해서 수많은 여자들이 능욕 당한 후 죽임을 당했는지 아느냐고."

"스미마셍."

"전쟁이 끝나고 왜군들이 물러간 후에도 처참한 후유증이 말도 못했어. 일단 왜군들에게 강간을 당한 여인네들은 집에서 쫓겨났지. 남편이란 작자가 왜군이 무서워 제 부인하나 지켜주지 못했으면서도 겁탈을 당했다고 내쫓은 거야. 친정에서도 받아주지 않자 거리를 떠돌며 살아간 거지. 이런 여자들이 너무 많은지라 조정에서는 한군데 모아서 살라고 해 주었지. 그곳이 어딘지 알아?"

"스미마셍."

"한양의 이태원이란 곳이야. 이태원의 한자가 異胎圓이라 하여 다른 씨를 잉태한 곳이라는 뜻에서 생긴 거야. 이래도 너희가 여자들을 귀히 여기고 어쩌고 하는 소리를 지껄일래?"

"…."

다꾸앙은 조선 스님 이름, 고구마는 일본어

"일본인들의 식사량이 적다[31]는 이야기는 저번 임진왜란 때에 했으니 그건 그렇다 치고, 일본에는 없고 우리 조선에는 있는 것. 어렵게 생각할 것 없고 바로 비빔밥. 근본적으로 일본에는 비비거나 많은 것을 한꺼번에 넣어서 끓이는 잡탕 형식이 발달하지 못했다는 것이지. 한국의 대표 음식인 비빔밥이 발달한 배경은 외란이 자주 터지는 지라 앉아서 밥알 하나하나 세듯 먹고 있을 틈이 없었기 때문이지. 그래서 바가지든 함지박이든 비벼서 여럿이 둘러 앉아 한꺼번에 뚝딱 해치우는 것이야. 내 숟가락이 네 숟가락이고 네 젓가락이 내 젓가락이 되어 한꺼번에 덤벼들어 순식간에 먹어 치우는 거지. 국도 마찬가지야. 별도의 접시에 담아 오물오물 먹는 일본과는 달리 모두들 한꺼번에 함께 공동으로 떠먹는 것이고."

"근데 그거 모두들 함께 떠먹는 건 위생상 그렇잖냐. 일본에선 공동으로 먹을 것을 젓가락으로 집어 올릴 때, 예를 들면 다꾸앙을 집어올 때는 젓가락을 거꾸로 바꾸어 쥐고 손잡이 쪽을 이용해 다꾸앙 한 조각 가져온 다음 다시 젓가락을 원위치 하고나서 먹는다. 내 입에 들어간 젓가락으로 집어오면 실례가 된다는 거지."

"그래. 나도 봤다. 근데 내가 볼 땐 그게 더 불결해 보이더라."

"뭔 소리. 그게 왜 불결해 보이냐고."

"젓가락을 돌려 손잡이 부분으로 다꾸앙을 집어 오면 더 더러울 텐데 불결하게."

"맘대로 생각하셔. 근데 너 다꾸앙, 다꾸앙 하는데 그거 원래 너희 조선 것이라는 거 알고는 있냐?"

"다꾸앙이 조선 표준어로는 단무지인 건 아는데 무슨…."

"임진왜란 때 말이다. 강원도에 들어온 일본군이 어느 절에 들렀지. 그때 절에서 밥을 얻어먹게 되었는데 말이다. 반찬으로 단무지가 나오게 된 거야. 너무 맛이 있어서 스님에게 물었지.

"저, 스님. 한 가지 여쭤봐도 될깝쇼?"

"한 가지?"

"지금 먹고 있는 노란 무로 만든 이것을 뭐라고 하는지요?"

"그거 알아 뭐 할려고?"

"저희들도 만들어 볼까 하고요."

"그런 거 관심 두지 말고 빨랑 너네 나라로 돌아가거라. 쓸데없이 남의 나라에 쳐들어와가지고 밥 얻어 처먹으면서 별걸 다 묻고 있어."

"그거야 저도 이 전쟁이 잘못되었다는 걸 알지만 본국에 쥐데요시라는 대장이 돌아오라 해야…."

"그럼 나도 못 가르쳐 준다."

"무정하시군요. 흑흑. 그럼 이런 맛있는 걸 주신 스님의 존함이라도."

"네까짓 녀석들에게 알려줄 이름이 아니다만…네가 눈물까지 보이며 애원하니까 특별히 내 이름을 가르쳐 줄게. 택암澤庵이라고 한다."

"택암, 일본어로 읽으면 다꾸앙 스님이시군요."

"그리하여 일본으로 돌아간 일본군사가 이 단무지를 만들고 스님의 이름을 붙여 다꾸앙이라고 했다 이 말이야. 내가 직접들은 이야기니까 신빙성이 있어."

"캬, 그렇구나. 그럼 우리도 단무지라 하지 말고 택암이라고 해야겠구나. 그런데 그렇게 다꾸앙까지 가르쳐 줬는데 너네는 고맙다는 소리도 없고 사람들이 왜 그렇냐? 원래 너희는 감사하는 법을 모르느냐?"

"또, 또, 조금 칭찬해 줬더니 기고만장. 그러면 너 호박 알지?"

"호, 호박? 못생긴 여자 폭탄?"

"쩝, 먹는 호박 말이야. 비타민 씨 하면 호박이잖냐. 그거 우리 일본이 전해줬잖아."

"머시라? 내가 즐겨 먹는 호박을 너네들이 전해 준거라고?"

"고거 임진왜란 때 조선에 가져와서 퍼진 거야. 고추도 이때 들어온 건 알고 있지? 그전에 조선에는 딤채라고 있었는데 그냥 배추를 소금에 절여 먹은 거야. 일본에 신코辛香라는게 있는데 그것과 같은 거였지. 그런데 고추를 보자 바로 배추에 접목을 시킨 것이 김치가 된 거지."

"일본에서 들여왔지만 개발한 것은 머리 좋은 조선인이었다 이 말씀이네."

"그 뿐만 아냐. 너 고구마라는 이름이 왜 고구마인줄 아니? 그거 우리 일본말이야."

"뭐라고?"

"대마도에서는 고구마를 '효행우孝行芋'일본어로는 고고이모. 어째서 효행이라는 말을 붙였는가 하면 고구마를 심어 흉년에 늙으신 부모님을 연명하게 해준다고 해서 붙인 거야. 일본의 고고이모가 조선에 들어와서 고구마로 전음된 거란다. 담배는 아니고? 담배도 다바꼬라고 하면서 임진왜란 때 들어 온 거야."[32]

"그러니까 너네 일본이 임진왜란 정유재란 통틀어 7년간이나 조선땅을 유린하다보니 그쪽 풍습이나 생활용품들이 들어온 거로구나. 그런데 사실 너희들이 개발하거나 발명한 것은 아니잖나. 고구마나 감자는 서인도를 거쳐 서양에서 전래된 것인데 너네 나라가 섬나라다보니 일찍 흘러들어 간 거잖나. 그걸 생색내고 있냐? 그러면 왜의 대표적인 음식이 뭐가 있냐?"

"왜 없어? 다꾸앙 다음으로 찾는 것이 덴뿌라잖냐?"

"덴뿌라가 너네거라고? 내가 조사한 바에 의하면 덴뿌라는 일본 것이 아니라네. 고거, 한자로는 天不羅라고 쓰니까 일본 것인 줄 알고 있지만 스페인이 본고장이라네. 스페인의 선교사들이 일본에 들어와 포교활동을 하는데 그들은 금요일에는 절대로 고기를 먹으면 안 된다네. 그런데 고기 생각은 나고 그래서 생선에 밀가루를 묻혀 튀겨서 먹었다는구먼. 금요일을 스페인어로 '덴포라'라고 하고 덴포라에 먹는 것이라 해서 덴뿌라라고 이름이 붙여진 것이고."

"호, 별걸 다 조사했구나. 그건 그렇고, 우리 일본에서는 밥상에 젓가락을 좌우로 가지런히 젓가락 받침대에 놓는데 너네 조선은 왜 수저를 세로로 놓느냐?"

"그건 말이야. 조선에서는 잔치가 벌어지든가 손님이 오면 유별나게 거하게 대접을 했단다. 상다리가 휘도록 차려진 상위에 진수성찬이 차려져야 손님에 대한 예절을 갖추는 거라 여긴 거야. 이때에는 마을 사람들 다모여 함께 축제하듯 먹자판이 벌어진단다. 음식이 많이 차려지니 수저를 놓을 자리가 변변찮았지. 그래서 수저를 그릇 사이로 끼워 넣게 된 거야. 그래서 우리나라는 수저가 곧장 앞을 향해 놓이고 별도로 수저를 받치는 접시가 필요 없게 되었다, 이 말씀."

"듣고 보니 그렇네."

"마저 들어 봐. 너희 일본은 1식食 3찬饌이 정해져 있었잖냐. 밥 하나에 반찬 세 가지에 국 한 그릇. 그래서 그것을 가리켜 정식定食이라 했고. 지위 고하를 막론하고 이것이 전국시대의 통일된 식사법이었지. 상에 공간이 있으니 젓가락을 놓을 받침대도 등장했어. 일본은 기본적으로 숟가락을 사용하지 않고 젓가락만으로 밥을 먹게 되니 자연히 밥공기를 들고 먹게 된 거라. 그래서 우리나라 사람들이 그런 일본인을 가리켜 비아냥거렸지."

"머라고 했는데?"

"뭐야. 저것들, 밥 먹을 때 밥그릇을 들고 젓가락으로 밀어 넣듯 처먹다니. 비렁뱅이나 쫓기는 도둑놈들처럼. 쯧쯧, 하고 말이야."

"쩝. 그럼 밥그릇을 놓고 먹는 너희들보고 우리 일본 사람은 머라 했는 줄 아냐?"

"그럼 너희들도 우릴 비아냥거렸단 말이냐?"

"조선 사람은 밥그릇 놓고 고개를 숙여가며 먹는 것이 '개가 밥 먹는 것 같다데스네'라고 했었어."

"뭐라? 개가 어쩌구 어째? 우리 조선의 고유 식食문화를 그렇게 폄하하다니. 이걸, 확 그냥!"

"조선의 개고기 문화까지 건드리면 사람 죽이겠구나, 쩝."

31) 일본인들의 식사량이 적은 것은 고대 귀족들의 생활에서부터 나타나 있다. 특히 헤이안시대 귀족들은 상상이상으로 음식 제한이 많았다. 궁중 안에서 여러 유희를 즐기며 산해진미를 먹으면서 유유자적했을 것이란 생각이 드는데 실은 그와는 반대였다. 더구나 불교의 유입으로 인해 육식을 금하였기에 영양실조가 일어나고 건강은 심하게 나빴다. 금은으로 제조된 식기에 비해서 그에 담긴 음식은 빈약했다. 이 시기의 귀족들의 평균 수명이 남자는 35세이고 여자는 27세로 사인의 대부분은 영양실조라는 사실은 엽기에 가깝다 할 것이다.

32) 임진왜란과 함께 유입된 농산물로는 고추가 대표적이고 그 외에도

호박, 토마토 등이 들어 왔다. 곡식으로 찹쌀, 보리, 밀, 메밀, 콩, 팥, 수수, 녹두, 완두, 검정깨 등도 이 시기에 들어온 것이다. 토마토는 남만시南蠻枾라 했는데 남만에서 온 감이라는 뜻이다. 고구마는 임진왜란 때 들어온 것은 아니고 영조英祖 때에 들어 왔고 감자는 그로부터 60년이 지난 순조純祖 25년(1825년)에 들어왔다. 고구마를 일본어로는 싸쓰마이모薩摩芋, 감자는 쟈가이모馬鈴薯라고 하는 데에서 모두 일본이 원산지라고 생각하기 쉬우나 고구마는 멕시코, 감자는 칠레가 원산지이다.

개고기 포식 국가 일본, 말고기 즐긴 조선

"우리 조선의 먹을거리 중에 개고기를 두고 이러니저러니 말이 많은데 이것 짚고 넘어 가보자. 한반도에서 개고기를 먹는다는 사실은 역사적으로도 오랜 음식문화야. 한국인의 먼 조상인 동이족들은 일찍부터 개고기를 먹었다. 중국인 역관에게 직접 들은 이야기이다. 너희들이 이렇다 저렇다 말할게 아니라는 걸 그 중국인 역관과 나눈 이야기를 전해 줄게 잘 들어 봐."

"우리 중국사람 한자漢字가 국어지만 이상한 게 있다해."

"뭔소리?"

"한자는 한漢나라 때에 만든 것이라 한자라고 했다고 생각했다해. 근데 그게 아니다해."

"…?"

"중국의 역사 초기인 하夏나라 때부터 있었던 갑골 문자를 보면 그때부터 형성된 거다해."

"그래서, 말하고자 하는 게 뭐냐."

"중국 역사를 보면 삼황오제三皇五帝가 다스리던 시기가 있었고 그로부터, 하, 은殷, 주周, 춘추전국春秋戰國시대를 거쳐, 진秦, 한漢, 삼국시대三國時代, 그리고 위魏, 진晉, 남북조南北朝를 거쳐 수隨, 당唐, 송宋, 원元, 명明, 청淸, 중국中國, 머 이런 거다 해. 숨차다해."

"나도 숨차다. 그래서 머냐고요."

"지금 우리 사람이 쓰고 있는 한자의 어원을 하나라 은나라의 갑골문자부터 추적해 봤다해. 그런데 안 풀리는 한자가 여러 개 있다해."

"사서 고생하는군, 그래서?"

"예를 들면 '그럴 연然'을 파자해 보면 첫 번째의 달 월月 아니죠, 고기 육肉맞습니다해. 그 뒤에 것은 개 견犬이다해, 그러니까 개고기가 형성되는 글자인데, 문제는 아래의 불을 나타내는 점 네 개然가 모르겠다해."

"개고기를 불 위에 올려놓은 거군."

"맞다해, 근데 중국인들도 일부 지방에 따라 개고기를 먹긴 한다해. 그래도 불에 그슬려 먹진 않는다해. 왜 토사구연兎死狗然이라 하지 않고 토사구팽兎死狗烹이라하는가 하면 그 팽이라는 글자는 삶는다는 뜻이다해. 중국인들은 개고기를 절대 그슬려 먹지 않는다해."

"이 중국 짱깨의 결론은 이런 거야.

찾다 찾다 드디어 찾아 낸 것이 동이족들의 문화에 주목하게 된 것이지. 즉, 풀리지 않은 중국의 한자 어원을 동이족들의 문화에 접목해본 결과 아주 간단히 풀린 거라. 옛날부터 한국인의 조상인 동이족들은 개고기를 그슬려서 먹었던 거야. 그리고 아직도 그 문화는 조선에 남아 있어서 일부 지방에서는 개고기를 그스른다는 거지. 본디 그럴 연자는 그스를 연자인데 발음의 음편현상이 일어나서 그럴 연이 되었고 그러다 보니 후세에 그스를, 즉 태울 연燃이 다시 생겨나게 된 것이고. 이것 말고도 중국보다는 동이족의 풍습으로 풀어야만 될 한자가 수도 없이 많다는 거야."

"알았어. 그렇지만 우리 일본에서 개고기를 먹지 않다 보니까 너희 보신 문화가 화제가 되는 거잖아."

"일본인이 개고기를 안 먹는다고? 천만에 말씀. 너 잘 모르는가 본데 우리 식용 똥개처럼 너네도 누렁이를 아카이누赤犬라고 하면서 잘도 먹었어."

"뭐? 언제? 네가 봤어? 봤냐고!"

"말해줄게 들어 봐. 고대 때인 676년 천무천황天武天皇은 개고기 먹지 말라고 금지령을 내렸다는 문헌이 있을 정도로 먹어댔다는 거야. 이거 왜이래."

"고대 때야 뭘 못 먹었겠냐?"

"17세기에는 카마쿠라 무사들이 개를 풀어 놓고 개사냥을 한 후 개를 잡아먹었다네 글쎄. 아예 상류층은 식도락으로 즐겼고."

"17세기 때야 뭘 못 먹었겠냐? 지금 현재를 말하라고."

"지금 안 먹는 이유는 에도 막부江戶幕府시대에 개고기 금지령이 내려서 차츰 먹지 않게 되었다네. 너무들 많이 먹는 바람에."[33]

"거봐. 지금은 안 먹잖아?"

"그런데 개고기 금지를 하니까 암암리에 먹곤 하다가 1900년대까지는 중국, 조선보다 더 많이들 먹었다네. 1945년 히로시마廣島에 원자 폭탄이 터지고 전후戰後에 먹을 것이 없었을 때 유용하게 먹었고, 지금도 가고시마鹿兒島와 오키나와沖繩에서는 먹는다네. 게다가 말고기까지 먹는 주제에 말이 많아."

"사돈 장에 왔스요?"

"엥? 그게 무슨 말? '사돈 남 말하고 있네'겠지. 말 좀 똑바로 배워라. 벌써 조선 땅에 와 산지도 오래 됐잖냐. 로버트 할리 좀 봐봐라. '한 보신탕 하실래예'하는 할리 말이다. 캬, 조선 말솜씨 죽이지않냐? 좀 배워라, 배워."

"로버트할리인지, 로봇트할매인지 모르겠고, 어쨌든 일본 사람들 말고기 먹는다고 조선 사람들이 비아냥할 자격 없다. 조선 사람들도 말고기 엄청 먹었으니까."

"무신, 또 귀신 말고기 씹는 소리…?"

"조선 시대에는 말고기를 너무 많이 먹으니 말고기 도축 금지령까지 내렸다는 사실. 정말이다. 그게 정력에 좋다네. 너희는 정력에 좋다면 까마귀도 잡아먹잖냐? 너무 많이 먹다 보니 세조世祖가 도축금지령을 내렸는데 그 후에도 말고기 소비는 줄어들지 않고 연산군燕山君은 말고기를 먹지 않으면 왕 노릇 못하겠다고 하는 바람에 제주도에서 말고기를 가져오게 해서 즐겼다는 거야. 말고기 담백하고 맛있다. 맥주 안주로는 최고다. 마구로처럼 얇게 베어 날 것으로 먹는 말고기는 일품이다. 그리고 일본 여행 중에 일본 음식을 먹은 사람은 본의 아니게 말고기를 먹었을지 모른다. 특히 소시지에는 말고기가 섞여져 있으니 한번 맛보기를. 아니, 21세기 한국 땅에서도 말고기 얼마든지 먹을 수 있다. 제주도 가면 말고기 파는 식당이 여럿 있다."

33) 에도시대에는 개에게도 세금을 부과했다. 특히 개는 이상할 정도로 보호되어 5대장군 쓰나요시綱吉의 명에 의해 시중에는 수많은 유기견이 넘쳐나고 있었다. 유기견이라 해도 함부로 죽여서는 안 되었기 때문에 급기야 이곳저곳에 개 수용소가 생겨났다. 개 수용소를 짓는 공사비가 20만 량에 달했고 그 비용을 염출하기 위해 에도시민들에게 징수하게 된 것이 개세犬稅이다. 도시민들은 금 3푼, 농민들은 수확량 백석당 한 석의 특별세를 징수하였다. 이 악법은 쓰나요시가 죽자 폐지되었다. 자신과는 아무 관계없는 유기견을 위해 세금을 징수당한 에도의 서민들은 그동안 쌓였던 울분을 개들에게 돌을 던지며 분풀이를 하였고 개를 잡아먹는 것이 유행했었다.

한국인도 야스쿠니 靖國 신사 참배해야

"화제를 조금 바꾸어서 물어 볼게. 저번에 통신사로 일본에 갔을 때 신사 이야기를 한 적이 있는데 미처 물어보지 못한 것이 있어. 신사 앞에 기둥 세워 놓은 거 말이야 그게 머냐?"

"초기 신사에는 경계라는 것이 없었지만 관습은 세월이 흐르면서 법도를 만들기 마련인데 신사에도 그러한 것이 생겨나기 시작했지. 우선 입구에 두개의 기둥을 세우고 신성한 곳임을 나타내게 되었어. 이름 하여 도리이鳥居, 새가 사는 곳이라는 이름이지만 닭이 앉는다는 의미야. 새 중에서도 닭은 주술문화에서 신성시되었는데 신과 인간과의 사이를 연결해 주던 말하자면 사자의 역할을 닭이 하고 있다고 여기기 때문이지.[34]

수만 개나 되는 도리이 중에서 일본 3대 도리이라고 하면 히로시마현에 있는 이쓰쿠시마 신사嚴島神社와 후쿠이福井현에 있는 게히신궁氣比神宮, 그리고 나라현에 있는 가스가다이샤春日大社가 있는데 세 곳 다 목재로 된 도리이고 높이도 10미터가 넘는 것들이야."

"근데 그 도리이를 지나면 맷돌 같은데 물을 받아놓은 곳은 샘이냐?"

"도리이를 통과하면 맑은 샘물을 받아놓은 곳이 있어. 그곳에서 손과 입을 씻고 본전에 나아가는 거야. 몸과 마음을 정갈하게 하고 간다는 뜻이지."

"물을 떠서 손과 입을 씻고 간다 말이지. 난 목이 말라 연거푸 세 족자나 원샷했는데."

"쩝, 아무리 그렇기로 그걸 원샷했어? 말해줄게. 대나무로 만든 족자를 오른손으로 잡고 물을 한 바가지 떠서 왼손을 씻는 거야. 반대로 왼손으로 족자를 잡고 오른손을 씻고. 다음은 입을 헹구는데 족자를 직접 입에 대면 안 돼."

"그럼 안 돼? 벌 받는 거야?"

"그다음에는 오른손으로 물을 떠서 왼손바닥에 담아 입으로 가져가는 거고. 다 사용한 족자는 깨끗하게 해서 세워두거나 엎어두는 거야."

"알써, 앞으로는 잘할게. 근데 본전에서 절하는 방법이 우리 조선보다 복잡하더구나."

"오늘 웬 일로 꽤나 진지하다데스네. 불안하게스리."

"지난번에 얘기한 공부의 신이라는 스가와라 미치자네님께서 왕인 박사 손자이신 게 가슴이 뿌듯하고 나도 같은 민족의 핏줄이라 이제 좀 점잖아져야 안되것냐."

"됐고. 계속 들어 봐. 본전에 들어서면 우선 시주돈을 시주함에 넣고 밧줄을 흔드는 거야. 그러면 방울이 '링링'하고 울어."

"링링? 딸랑딸랑이 아니고?"

"이는 자고 있는 신을 깨우는 것이란다. 귀신이 깨어나면 두 번 박수를 치고 한 번 절하면 의식은 끝나. 박수를 치는 의미는 혼을 불러온다는 것인데 박수를 침으로서 공기를 진동시켜 신을 깨운다는 것이지. 두 번 인사하고 두 번 박수치고 마지막으로 인사를 한 번 한다. 2배 2박수 1배가 기본이야. 그전에 동전을 바치는 것 잊지 말고."

"돈은 얼마 넣어야 하냐?"

"오 엔짜리 동전을 넣는다. 오 엔을 일본어로는 고 엔이라고 하는데 인연이라는 뜻의 고엔御縁과 같은 음이라서 그렇다."

"난 그런 줄도 모르고 조선 엽전 한 냥을 바쳤네. 아깝게스리."

"메이지 천황도 신인가 하면 러일전쟁을 일으킨 전범인 노기 마레스케乃木希典 대장도 신이야. 노기 같은 경우는 러일전쟁에서 이긴 영웅이지만 스스로 목숨을 끊은 자이지. 메이지 천황이 죽자 부부가 함께 천황의 뒤를 따라 간다며 자살을 했어. 그래도 그는 신의 반열에 올라 있지. 2차 대전에 가미카제로 전장에서 처참하게 스러져간 군인들도 신이야."

"별게 다 신이 되었다는 이야기는 저번에도 한 것 같고⋯ 아참, 거 야스쿠니 신사 이야기 좀 해보소. 신사 중에 말썽이 제일 많다고 이야기 들었는데."

"그러게. 말썽이 많은 이유가 있다데스. 본디 야스쿠니 신사는 일본국을 위해 목숨을 바친 영혼을 안치하던 초혼사招魂社야. 메이지유신 과정에서 희생된 사람들의 영혼을 모신 것이 시발점이었고 그 후 러일전쟁이나 청일전쟁 등에서 싸우다 죽은 사람들의 영혼도 안치하게 되었지.

현재 2백만 명이 넘는 영혼이 안치되어 있는데 제2차 대전 때 죽은 영혼들이 90퍼센트야. 제2차 대전이 막바지에 이르던 시기, 젊은이들은 죄다 전장으로 끌려갔지. 그 가운데에서도 가미카제라고 불리우는 특공대들은 미군의 요새를 공격하기 위해 비행기에 몸을 실었어. 가는 연료는 있지만 오는 연료는 싣지 않은 채로 출정한거야. 가족 모두가 환송을 나왔으나 어느 누구하나 눈물을 흘리는 사람은 없었단다. 젊은이들은 오히려 입가에 미소를 머금고 말이야. 그리곤 하늘을 향해 두 손을 번쩍 치켜들면서 외쳤어. '천황폐하 만세!' 그들은 어제 밤에 가족들과 마지막으로 가진 저녁 밥상에서의 일을 잊지 않고 있었어. 아버지는 아들에게 엄숙히 말했단다.

'이번에 네가 가미카제 특공대로 선발된 것은 가문의 영광이다. 너는 죽으면 신이 된다. 신이 되어 언제나 우리들과 함께 있는 것이다. 우리 가문에 야스쿠니 신사에 안치된 사람은 아무도 없다. 비로소 네가 그 위업을 이루는 것이다.'

그리하여 그들은 전장에서 스러져갔고 야스쿠니에 위패를 봉안하게 된 거지. 문제는 일급 전범들과 함께 합제를 지내니 그게 문제인거라. 세계사 속에서도 유례없는 범죄를 저지른 전범들과 함께 말이야."

"호, 너도 그렇게 생각하냐? 너 알고 보니 정말로 일본 사람치고는 싸가지가 있구나."

"일본 전국에는 8만개의 신사가 있는데 그중에서도 가장 국수적인, 즉 내쇼널리즘을 극대화하고 있는 곳이 바로 야스쿠니 신사야. 무려 247만 명이나 되는 호국 조상을 기리는 곳이다 이 말씀이거든. 전범들만 아니면 참배하는 것은 좋은데… 우리 일본을 위해 목숨을 바친 영혼들이니까. 참, 너도 그곳에 가면 꼭 참배해라."

"야스쿠니에 참배를? 내가 왜? 내가 왜놈이냐?"

"그게 말이야. 너네 조선 선조들도 2만 명이 넘게 안치되어 있다. 그렇게 많은 조상들이 모셔져 있는데 그냥 지나칠 수 있냐? 안 그래?"

"네 말을 듣자니 그렇긴 하네. 앞으로 야스쿠니가면 꼭 참배를 해야겠네. 억울하게 끌려가서 죽은 우리 선조들의 영혼을 위로하기 위해서. 근데 어째 쫌 그렇다. 하루빨리 우리 조상님들의 혼백을 거기에 두지 말고 우리나라로 모셔 와야 되는데…."

"나도 그렇게는 생각하지만 일본식 사고방식으로는 안 되는 거야. 일단 한번 모신 신은 절대로 다른 데로 옮길 수가 없는 거야."

"호, 잡신문화라고 하면서도 그런 면은 엄격하군. 근데 아무나 참배해도 되냐? 신도증 이런 거 있어야 되는 거 아니냐? 하다못해 십일조 납부 증명서나 시주증명서 이런 거."

"신사는 아무나 들어가도 된다. 그렇지만 불당에 안치된 절에는 아무나 들어가지 못하고 가족이나 친척이라야 된다."

"근데 한 가지 궁금한 게 있던데 말이다."

"말해봐. 모르는 것 빼고 다 말해 줄게."

"신사 뒤쪽 으슥한 곳에 가면 조그마함 돌비석이 있고 거기에 한자로 수자水子라고 쓰여 있던데 누구냐? 유명한 사람이냐? 여기저기 신사에 많이 있던데."

"역관상. 눈도 밝구나. 험, 그건 사람 이름 아니다. 미즈코라고, 이 세상에 태어나지 못하고 죽은 아이들을 기리는 곳이다."

"태어나지 못하고 죽은, 그러면 낙태?"

"맞다. 어쩔 수 없이 낙태를 했지만 그 어린 영혼이 구중을 맴돌고 있으니 위로하고 참회하는 곳이라 보면 되겠지."

"아하. 그래서 신사의 구석진 곳, 눈에 잘 띄지 않는 곳에 비석을 세우고 그곳에서 합장을 하는구나. 쩝. 나무관세음 보살. 남묘호렝게쿄. 근데 궁금한 게 있다. 신사와 사寺 그리고 궁宮은 어떻게 다르냐?"

"호, 오늘따라 질문 한번 디테일하구나. 신사는 설명했듯이 일본 종교의 근본인 신도를 믿는 곳이다. 말하자면 범신론, 추앙받을 수 있는 모든 것은 신사에 모시고 숭배할 수 있는 것이다. 조상 숭배에서 애니미즘, 샤머니즘에 불교까지 모두 혼합한 것이라 보면 된다. 이에 비해 사, 즉 사찰은 조선의 절과 같이 불교를 숭상하는 곳이고 궁은 본디 왕족들이 죽으면 그곳에 모시고 제를 올리던 곳인데 왕족에 버금가는 이들도 모실 수 있게 되었다. 유명한 메이지 신궁明治神宮이 대표적인 곳으로 그곳에는 메이지 천황을 신으로 모신 곳이다. 참고로 결혼식은 신사에서 장례식은 절에서 한단다."

"호. 종교가 틀려도? 목사도? 수녀도?"

"아니, 반드시 하라는 건 아냐. 근데 수녀가 뭔 결혼을 하냐?"

34) 신사에서는 6월과 12월 두 번에 걸쳐 억새풀로 커다란 원형의 테를 만들어 행사를 하는 곳이 많다. 치노와茅輪라고 불리는 이 테는 본디 여성의 성기를 뜻하는 것이었다. 예로부터 여성은 신과 통하는 영력을 갖추었다고 믿어져왔기 때문이다. 치노와는 처음에는 여성의 성기 형태와 유사하게 만들었으나 차츰 원형으로 바뀌었다가 지금의 도리이로 변형되었다. 도리이는 속계俗界와 성계聖界의 경계표시가 된다.

장인정신이 일본에 왔쇼이! 왔쇼이!

"노가리상. 요 며칠 동안 너무 진지한 대화를 나눈 것 같은데 진지한 질문 하나 더 해도 괜찮겠냐?"
"너답지 않아 불안하다만, 그래, 머냐?"
"너네 왜나라의 사찰은 어느 시대부터 있게 되었냐?"
"그거 이야기 하자면 나라 시대로 거슬러 올라가야 하는데 쇼토쿠 태자 얘기를 안 할 수 없지. 쇼토쿠 태자는 574년에서 622년까지 생존한 인물이야. 스이코推古 천황시대에 섭정을 하면서 정치권력을 장악했고 대외적으로는 견수사遣隋使를 파견하였지. 이때 시작한 견수사는 후에 중국 정권이 당나라로 바뀌면서 견당사遣唐使가 되었고 일본 문화와 정치에 엄청난 영향을 준거야.

쇼토쿠 태자는 1만 엔 지폐가 처음 발행되었을 때 초상화가 지폐 도안으로 등장할 만큼 존경받는 대표적 인물로 조선의 세종대왕과 견줄 수 있는 인물이기도 하지. 592년 일본 유학중이던 백제의 왕자 아좌태자阿佐太子는 쇼토쿠 태자의 초상화를 그리게 되는데 이게 일본의 고대사에서 유일하게 초상화가 있는 셈이지.

어느 날 쇼토쿠 태자는 아좌태자에게 부탁을 했어.

"어이, 친구. 우리 왜 나라에도 귀국과 같은 사찰을 건립하고 싶은데 기술이 부족하니 도와주라데스."

"사찰이라. 좋지. 왜와 백제는 형제나라이고 그대와 나 또한 의형제이거늘 어찌 거절할 수 있으랴. 아바마마께 즉시 이 메일로 결재를 부탁할게."

이렇게 하여 백제 위덕왕威德王은 기술박사들을 대거 일본에 파견하여 사천왕사四天王寺 건립에 착수한거야.[35]

백제인들의 화려한 건축기술로 사찰이 세워지기 시작했어. 하루일과가 끝나면 모두들 모여 앉아 고향이야기로 꽃을 피우곤 했지.

"사찰 건립을 하는데 하루 이틀 걸리는 것도 아니고 한참 걸릴 터인데 오늘따라 갑자기 고향산천이 그립고 가족도 생각나고. 쩝."

"그러게. 오늘따라 밤하늘의 별빛도 선명하고, 이런 밤이면 고향에서 별 하나 나 하나, 별 둘 나 둘, 하면서 뒷동네 순이와 놀던 생각이 나는군요."

"자, 우리 막걸리 한잔하면서 고향 노래 불러봅시다. 안 나오면 쳐들어간다, 쿵자자자짜. 엽쩌언 열다앗냥~.

"내 고향 남쪽바다~ 그 파란 물 눈에 보이네~ 쿵따라 삐약삐약~

"어머나~어머나~이러지 마세요~ 여자의 마음은~ 짜잔 짜잔

~"

"고향이 그리워도 못가는 신세~쿵짝쿵짝"

"왔소~ 왔소~ 우리가 왔소~ 절을 지으려고 우리가 왔소~ 왔소~ 왔소이~ 왔쇼이~ 왔쑈이~~"[36]

이윽고 사천왕사 건립이 끝나자 기술 박사들이 하직 인사를 하였지. 쇼토쿠 태자가 해단식에서 말했어.

"수고 많았소. 그런데 부탁이 하나 있소."

"말씀하시지요."

"사찰을 훌륭하게 건립했지만 관리하는데 신경 많이 쓰인다데스. 그래서 말인데."

"말씀 던지시라니까요."

"그대들 중에 누가 남아서 사찰 보수에 신경써주었으면 하는데…."

"…."

"곤란한가. 그러면 직접 위덕왕께 부탁한다는 문자를 보내야겠군."

"알았다. 내가 남겠소."

"아리가토. 그대의 이름은 무엇인가."

"버드나무 유柳 자 성을 따서 유중광柳重光 이라 합니다."

"그대에게 새로운 성을 하사하겠소. 사찰을 짓고 보수하는 직분에 걸맞게 불경佛經의 금강경金剛經을 본 따 금강이라는 성을 내릴 터이니 천대 만대에 이를 때까지 강건한 절을 짓도록 하시오."

"그 성을 기꺼이 받아 금강중광金剛重光으로 살겠습니다."

4. 세오녀와 알몸의 기모노

그리하여 기술박사 금강중광과 일꾼들이 왜에 남아 사찰 건립과 보수를 담당하였고 후손들이 금강조金剛組, 즉 공고구미라는 회사를 만들어 일본 건축 문화에 지대한 공을 세우게 되었던 거야.

말이 나온 김에 공고구미에 관한 일화를 소개해 줄게. 쇼와시대에 들어 한때 공고구미의 가세가 기울고 망하게 되었지. 이때 공고구미의 좌장은 실패한데 대한 책임을 지고 자결을 감행하고 말았어. 부인과 아홉 살 난 자식을 데리고 사천왕사에 가서 조상님들께 절을 한 후 좌장은 그 자리에서 할복으로 생을 마감한 거야.

홀로 된 부인은 살아갈 길이 막연해지자 아홉 살 자식을 데리고 사천왕사의 주지를 찾아가 상담을 했지.

"주지스님. 간곡히 부탁드릴 말씀이 있습니다."

"많이 야위었다데스. 그래 부탁이란 뭡니까?"

"저 아이가 이제 아홉 살밖에 되지 않은데 성장할 때까지는 먹여야 하는데요."

"아홉 살 인생이라. 불쌍하고 가련하고 안됐다데스네."

"그래서 말인데요. 무슨 일이라도 할 터이니 일거리를 주십시오."

"하, 지금 그렇지 않아도 구조 조정 중인데. 허헛참."

"절간의 허드렛일이라도 열심히 하겠습니다. 제발."

앗! 좋은 생각이 떠올랐다데스. 이번 태풍에 오중탑이 무너졌다.

"그거 한번 재건축 해보시오."

"오중탑요? 아 그 웅장한 오중탑?"

"왜 어렵습니까?"

"아뇨, 아닙니다. 너무 기뻐서요. 즉시 실시하겠습니다."

그리하여 미망인은 해산했던 인부들을 다시 불러 모았어. 그리고 비가 오는 와중에 상복을 입은 채로 공사를 진두지휘했단다. 오중탑이 서서히 되살아나고 있었어. 미망인은 아홉 살 난 아들을 건설 현장에 세워놓고 말했지.

"잘 보아라. 비록 공고구미는 부도가 나서 쓰러졌지만 다시 일어설 것이다."

"예, 어머니."

"네 눈앞에서 자결하신 아버지의 모습을 잊지 말거라. 그리고 세찬 빗속에서 다시 일어서는 저 오중탑을 잊지 말거라."

"예, 어머니."

"이 광경이 도하 신문에 특필이 되자 천황이 친히 내려와 공사 현장을 찾았고 미망인을 위로 격려한 거라. 이 사실로 전국적인 인사가 된 미망인은 다시 공고구미를 재건하게 되었지. 실로 1400년 간 이어져 내려온 가업은 일본인에게 장인정신을 심어주게 된 근간이 된 거야."

---

35) 일본의 역사서『일본서日本書紀』에, 백제인에 의해 지어진 아스카사飛鳥寺는 592년, 시텐노지, 즉 사천왕사는 593년에 각각 건립을 시작했다는 기록에 따라 아스카사를 공식적인 일본 최초의 절이라고 본다. 아스카사는

성덕태자의 발원에 의해 지었다고 하나 당시 권력자인 소가蘇我씨의 불교 지원으로 이루어진 것으로 보아야 한다. 아스카사는 고구려 형식인데 비해 사천왕사는 백제형식으로 건립되었다.

36) 사천왕사의 건립을 기념하면서 지금도 매년 행하고 있는 '사천왕사 왔소 마쓰리'에서 구호로 쓰고 있는 '왔쇼이, 왔쇼이'에 대해 일본에서도 이설이 많으나 백제어에서 비롯된 것이라는 것이 정설이다.

일본 천황이 된 의자왕의 아들

"내가 역관이라 쉬지 않고 일본어 공부를 하는데 히라가나 한쪽만 익히면 될 걸 왜 가다가나까지 만들어 가지고 사람을 속 썩이냐? 그리고 한자까지 공부해야 하고. 한자는 또 읽는 법이 제각각이고…."

"히라가나가 여자들의 글자라고 한다면 가다가나는 남자들의 글자라고 할 수 있지. 본디 우리 왜나라 남자들은 한자를 썼어. 그런데 그 한자의 읽는 방식이 너네 조선과 전혀 다른 거야. 예를 들면 '백문이불여일견'이라는 한자는 '百聞不如一見'으로 쓰는데 그 읽는 법이 '백문'을 먼저 읽고 그다음에 '일견'을 읽고 마지막으로 '불여'를 읽는 거야."

"자, 잠깐. 그럼 너네는 백문일견불여라고 읽는 거야? 그런 거야?"

"그렇게 단순하게 순서만 바꾼다면 무슨 문제가 있겠냐. 그렇게 음으로 읽지를 않고 '백문은 일견에 비할 수 없다'라고 음과 뜻으로 섞어서 읽으면서 한문의 순서를 그에 맞추는 거란다. 그러다 보니 불不자가 맨 끝으로 가게 돼. 순서는 백문일견여불이 되는 거지."

"참으로 가관일세, 아니 우리가 글자를 전해 주었으면 그에 따를 일이지, 너네 마음대로 그렇게 바꾸어서 일을 만드는구나. 엽기로세."

"그 한자에다 읽는 뜻과 순서를 정해 붙이는 것이 가다가나라이 말씀이야. 훗날에는 외래어나 상품 이름 등에 가다가나를 쓰게 되었지. 커피를 코-히라 하고 맥도널드를 마쿠도나르도, '브라더'는 '브라자' '마더'는 '마자' '파더'는 '화자'…."

"됐고, 그럼 가다가나가 후에 대접 받은 게 되냐? 천대받은 게 되냐?"

"대접인 거 같기도 하고 천대인 거 같기도 하고… 근데 너 우리 일본이 쓰고 있는 가나문자가 실은 너희 조상들이 만들었다는 건 알고 있냐?"

"무시기. 진짜?"

"백제가 멸망하기 오래 전부터 일본 조정에서는 백제에서 전해 온 글자와 말을 쓰고 있었잖아. 그런데 중간에 기가 막힌 사건이 일어났던 거야. 바로 대화개신大化改新, 다이카 개신이지. 그 사건이 일본에 글자를 만들게 된 결정적인 계기가 된 거야.

645년 5월 어느 화창한 봄날. 나카노오에中大兄 황자가 서도 연습에 골몰하고 있을 때 고구려 사자가 황급히 당도해서 말했지.

"황자님. 우리 고구려를 좀 도와주시지요. 지금 당나라 군사 10

만 명을 거느린 장검張儉이라는 장수가 이미 영주營州를 출발해서 고구려의 국경인 요하遼河를 넘었다고 합니다."

"10만이라니, 대륙은 역시 대단하군. 우리는 기껏해야 2, 3만 정도인데. 역시 당나라하고 맞짱 뜬다는 건 무리겠지?"

"아니, 맞짱은 우리 고구려가 뜰 테니까 지원을 좀 해 주십사하고."

"호, 짱깨하고 맞짱을 뜨다니 과연 소문대로 고구려 장군들은 일진짱 출신이 많은가 보군요."

"그게 문제가 아니라 지금 당태종이 독한 마음만 먹으면 반도의 세 나라는 어떤 운명에 놓일지 모릅니다. 좀 도와주시라니깐요."

이어서 백제에서도 사자가 당도하였어.

"지금 신라의 동태가 하 수상합니다. 당나라와 연합하여 우리 백제를 공략하려고 획책을 하고 있습니다. 형제국인 우리 백제를 도와주시길."

"알았소. 일단 내일 어전회의에서 천황께 아뢰어 봅시다."

그리하여 어전회의가 열리고 천황인 이루카入鹿는 황자에게 물었지. 참고로 황자는 이루카 천황의 직계가 아니야. 정적이기도 하고.

"황자의 생각은 어떤가?"

"저는 반도에 출병을 해서는 안 된다고 생각한다고 제 심복부관인 가마코鎌子가 그렇게 말하라고 했는뎁쇼."

그렇지 않아도 마음에 들지 않는 황자인터라 천황은 언성을 높여 물었어.

"출병에 반대 한다면 다른 대안이 있겠지? 고구려 백제 사자를 납득시킬만한 대안을 말해보라."

"저 그것이 아직 부관이 자료를 준비해 주지 않아서리."

"황자 주제에 대안도 없이 반대만 하다니 쩝!"

결국 결론은 아스카니이마스飛鳥坐 신사에서 당나라의 멸망을 기원하는 의식을 열어 민심을 한데 모으고 고구려에 원조 물자를 보내기로 하였지. 곁들여 마침 왜에 어학연수 중인 백제의 왕자 풍豊도 의식에 참가하게 하여 신라로부터 백제를 지켜 달라는 기원도 함께하기로 한 거야.

5월 13일에는 고구려의 개모성蓋牟城이 함락되었다는 급보가 전해졌어. 다급해진 사절단의 독촉에 이루카 천황은 18일에 의식을 진행토록 하였지. 기도문은 나카노오에 황자가 읽도록 천황의 특명이 내려졌단다. 이때 부관인 가마코로부터 매일같이 백제어로 된 기도문을 읽는 특별 훈련을 받은 터라 어느 정도 소화해 낼 수는 있었어. 이 시기 백제어는 가장 품격 있고 세련된 언어로 일본의 상류층이면 모두들 백제인 가정교사를 두고 백제어를 터득하고 있었던 거야.

드디어 모든 중신들이 모인 가운데 의식의 기도문이 읽혀졌어. 엄숙한 공기에 황자는 숨이 멎을 것 같았으나 마음을 애써 진정하고 기도문을 읽어 나갔지.

"음, 으음. 신이시여. 부디 신라의 진덕眞德여왕을 도와 백제의 의자義慈왕을 멸망케 하쇼서!"

"으잉?"

"으잉?"

황자는 더욱 목소리를 높이며 외쳤어.

"신이시여! 그카고 부디 당의 태종太宗을 도와 고구려의 보장寶藏왕을 멸망시키옵쇼셔!"

"저런 죽일!"

중신들의 얼굴이 모두들 파랗게 질리는 가운데 황자는 아직 사태 파악을 못한 채 더욱 목소리를 높이며 외쳤어.

"그카고 당 태종의 군대를 도와 이루카 천황도 멸망시켜 버리시옵쇼셔!"

멍청한 신관은 종을 댕댕 울리며 마무리 했었지.

"부디 그 바람이 이루어지길!"

백제어의 격조가 너무 높아 그만 기도문을 거꾸로 읽고 만 것이야.

그대로 지나갈 일이 아니었지. 의식을 주관한 신관은 그 자리에서 목이 달아났고 황자는 연금되고 말았어. 연금된 황자는 죽을 날만 기다릴 수는 없었지. 위기는 곧 기회인 것. 심복 가마코와 함께 비밀리에 거사를 단행하여 이루카 천황을 죽이고 정권을 잡게 돼. 이것이 바로 유명한 다이카 개신인거야. 정권을 잡은 나카노오에 황자는 후에 천지天智 천황이 되었고 그를 지옥 문턱까지 데리고 간 기도문 실수 사건을 잊을 수가 없었지. 글자가 없었기에 어려운 백제어를 쓰다 벌어진 일을 말이야. 그리하여 그는 백제에서 온 학자들에게 글자를 만들어 주기를 당부하였어. 백제인들은 한자의 초서를 기본으로 하여 히라가나를 만들고 한자의 변을 취하여 가다가나를 만들었다는 말씀이야. 그런데 바로 이 천지천황이 백제 의자왕의 아들 풍이라는 설이 있는데 아주 신빙성이 있다네."[37]

"와우! 스고이! 과연 우리 조선의 조상님들이 최고야. 그치?"

---

[37] 일본체류 중에 백제의 멸망을 맞이한 풍은 흑치상지黑齒常之와 더불어 백제로 돌아와 백제 부흥운동을 주도하지만 663년 나당연합군에게 일본에서 온 2만7천의 구원군이 대패하자 고구려로 피신한 후 일본으로 다시 건너와 천지천황의 자리에 오르게 되었다는 설이 있다.

손톱깎이로 조선인 대학살

"어이, 노가리상. 네 말대로 하자면 너네 가나글자는 우리 선조들이 만들어 준 것인데 고맙다는 소리는 하지 않고 그 글자로 우리 민족을 그렇게도 괴롭혔냐?"

"잘나가시다가 또 무슨 가슴 아픈 얘기를 하시려고?"

"36년간 평화로운 우리나라를 식민지 통치니 뭐니 한다면서 우리말을 못 쓰게 하고 세계에서 가장 멋있다는 우리 한글도 못쓰게 하고 너네 히라가나인지 희한한 가나인지를 강제로 쓰게 하고 말이야. 씩씩."

"스미마셍."

"그뿐이냐? 관동關東 대지진 때 너네 일본말 때문에 우리 동포를 얼마나 살육했냐? 내가 웬만하면 말을 하지 않는 성격인데 해도 너무했지 않냐? 너 그때 일본 자경단自警團이 한 일 아는 대로 이실직고 해봐. 그러고 나서 이야기 하자."

"스미마셍. 기억나는 대로 이야기 해줄 테니까 성질 죽이고 들어 봐. 때는 1923년 9월 하고도 1일. 관동지방, 그러니까 도쿄지역을 중심으로 대규모의 지진이 일어났지. 리히터 지진계로 7.9 도니까 엄청난 거야. 2011년 3월에 동북東北지방, 도호쿠 지방에서 일어난 지진보다야 낮은 거였지만 아직 환경이 열악하던 시기니까 피해가 클 수밖에 없었지.

그때의 지진으로 행방불명자를 포함해서 사망자가 15만이네, 20만이네, 하는 걸 보면 그 참상이 이루 말할 수 없어. 하필이면 점심을 지을 때인 11시 58분에 지진이 일어나니까 화재가 덮쳐서 시내 전역이 화염에 휩싸였는 거라. 말 그대로 아비규환이 시작되었는데 괴기한 소문이 돌았어."

"괴기한 소문? 죽은 사람이 '내 다리 내놔라'머 이런 거?"

"조선인들이 이 시기를 틈타 일본을 지배하려고 일본인들을 죽인다는 거야. 우물에 독약을 타고 다니니 우물을 먹지 말고 조선인들을 보는 대로 죽여야 한다는 소문이 퍼진 거야."

"그게 말이나 되는 소리냐? 다 같이 참혹한 지경에 빠져있는데?"

"지진의 참상으로 인해 민심이 흉흉해지니까 일본 정부가 고도의 루머를 조작해 낸 거지. 시선을 다른 데로 돌리려고. 왜 정치하는 작자들이 그런 거 잘하잖아. 상식적으로는 절대 일어날 수 없는 걸 일어났다고 꼼수를 부려서 국민을 호도하려는 거."

"너네 왜나라에도 그런 걸 하냐? 고거 우리 조선에서 수입해 갔구나. 꼼수하면 조선 정치가가 세계에서 최고로 단수가 높다."

"좋은 전통 갖고 있어 좋겠다. 어쨌든 이 소문을 들은 일본인들이 모두들 들고 일어난 거야. 자경단을 만들어 '조센징들을 죽이자!'하고 죽창과 낫 곡괭이 등을 들고 조금이라도 의심나는 사람들을 모조리 죽이는 거야. 그런데 조선인이나 일본인이나 생김새가 똑 같다보니 누가 조선인인지를 알 수가 없는 거야. 그래서 기묘한 식별법이 등장한 거지."

"기묘한?"

"들어 봐. 지나가는 의심스러운 사내를 붙잡아 세운 일본인 자경단이 물었어."

"이 동전 전부 얼마냐?"

맞추면 주는 겁니까?"

"빠가야로, 죽고 싶지 않으면 빨리 말해!"

"엣또… 시입고엔 고십전 입니다요."

"크크, 네놈이 바로 조센징이구나. 십오엔 오십 전을 고따위로 발음하다니."

"다시하면 안될까요?"

"그럼 이건 뭐냐?"

"참내, 물을 걸 물으셔야지요. 그건 서울말로 손톱깎이입니다."

"조센징이 틀림없구나, 얍, 이 죽창을 받아라!"

그랬던 거야. 한국인이 일본어를 할 때 가장 서툰 부분인 '쓰' 발음, 예를 들면 손톱깎이인 '쓰메키리'의 발음을 시켜 보았고 어두 유성음과 장음과 단음, '쥬고엔 고줏센=십오엔 오십전'을 구사하게 해보고 조금이라도 다르면 가차 없이 죽창이나 몽둥이 등으로 살해했다는 거야. 공식 집계로만 6천 명이 넘는 조선인이 살해되었다네. 엉터리 식별 법으로 무차별 살상을 감행하다보니 애매한 일본인들도 함께 살해되었는데 지방 사람들이나 오키나와 쪽 사람들은 사투리를 쓰다가 죽었고 중국인을 비롯한 외국인들도 혀를 굴리다가 덤으로 살해되었다고 하니 상상이 가지? 더구나 가관인 것은 하필이면 그날 충치를 뽑아 발음이 새는 사람도 죽었고 본디 혀가 짧거나 말이 어눌한 사람들도 함께 저세상으로 갔다는 허망한 이야기란다.”

"참으로 참혹하고도 엽기로고. 기가 막힐 뿐이구나.”

참새 혓바닥을 자르는 할머니

"어이, 너네 왜나라에도 동요나 동화 같은 게 있냐? 칼만 차고 돌아다니느라 그런 정서적인 건 없지?"

"무슨 귀신 칼차고 씻나락 까먹는 소리. 세상에 동요, 동화가 없는 나라가 어디 있냐?"

"흥부놀부, 장화홍련 같은 이야기가 있단 말이지?"

"있어. 흥부놀부와 똑 같은 이야기가 있지. 잘 들어 봐. 옛날 어느 곳에 할아버지와 할머니가 살고 있었지. 할아버지는 마음씨가 착한데 비해 할머니는 심술궂었어. 마음씨 좋은 할아버지는 참새 한 마리를 예뻐하며 키우고 있었는데 어느 날 이 참새가 할머니가 빨랫감에 쓰려고 둔 풀을 먹어버린 거야. 그러니까 화가 난 할머니는 참새의 혓바닥을 냅다 잘라버렸어."

"멋, 머를 잘라? 혀, 혓바닥을 잘라?"

"뭘 그걸 가지고 그리 놀래? 그랬는데 말이야. 혀가 잘린 참새는 숲속으로 도망갔어. 할아버지가 불쌍히 여겨 숲으로 가서 참새를 위로하자 이를 고맙게 여긴 참새는 할아버지에게 상자 하나를 드렸지. 집에 와서 열어보니 금은보화가 가득 들어있었던 게야. 할머니가 욕심이 생겨 똑같이 숲에 가서 참새로부터 상자를 얻어 왔지. 그런데 그 상자 속에는 지네, 벌, 뱀, 도깨비들이 잔뜩 들어 있었던 거라."

"지금 그게 흥부전하고 같다는 이야기냐?"

"왜 머가 달라?"

"야, 흥부전에는 제비 다리를 부러뜨리잖아. 그런데 참새 혓바닥을 자르는 건 잔인함의 차원이 틀리지. 아무리 칼을 쓰는 문화라지만 혓바닥을 자르는 것은 잔인의 극치, 싸이코패스 종결자라고 할 수 있네. 그거 말고는 없냐?"

"옛날 옛적 어느 마을에 할아버지와 할머니가 살고 있었지. 그런데 어느 날 할아버지는 산에 나무하러 가고 할머니는 냇가에 빨래하러 갔어. 그런데 냇가에서 복숭아가 둥둥 떠내려왔는데 그 복숭아를 할머니가 머리에 이고 집으로 가져 왔지. 너무 큰 복숭아라서 할아버지와 할머니가 힘들여 복숭아를 잘랐어. 그랬더니 그 안에서 자그마한 사내아이가 나온거라."

"자, 잠깐, 그거 어디서 많이 듣던 이야길세. 혹시 그거 우리 조선 전래민화 표절 아니냐?"

"표절 풀 뜯어 먹는 소리하고 자빠졌네. 이거 일본 전래 동화인데 무슨."

"이상한데. 어렸을 적 울 할머니가 맨날 냇가에 빨래하러 갔다가 된장인지 무언지 가지고 왔다는 이야기를 했는데."

"마저 들어 봐. 근데 태어난 지 얼마 되지 않은 이 사내아이가 무럭무럭 자라더니 어느 날 도깨비 나라에 가서 도깨비들을 물리치고 오겠다며 할머니가 만들어 주신 경단을 가지고 도깨비 나라로 쳐들어간 거지."

"경단을 들고 가면서 개와 원숭이 그리고 꿩을 부하로 데리고 가지?"

"맞다. 잘 아는군."

"고거, 우리 조선민화 표절한 거 아니라고?"

"가만 보아하니 36년간 일본이 지배하는 동안 조선으로 흘러들어 갔구만. 어쨌든 이 아이는 복숭아에서 태어났다고 해서 이름을 '모모타로桃太郞' 즉 '복숭아 도령'이라 명명한 거야. 이 모모타로가 도깨비들을 물리치고 많은 금은보화를 가지고 개선하게 되는 것이 줄거리야. 일본의 중국中國지방, 쥬고쿠라고 부르는 곳인데 중심 도시인 오카야마岡山라는 곳이 있어. 바로 그곳이 모모타로 이야기의 발원지이고 오카야마 역 앞에는 모모타로 동상이 있어. 그리고 이곳의 옛 지명인 키비吉備의 이름을 딴 특산물이 바로 유명한 '키비단고吉備團子'라는 경단이라 이 말씀이야."

"작은 섬나라에서 다른 나라를 쳐 들어가 금은보화를 빼앗아 온다는 말인데 고거 묘하게 너희 일본의 외국 침략 근성하고 들어맞는 것 같네. 또 없냐?"

"'잇슨보시一寸法師'라는 이야기도 어렸을 적 많이 듣고 자랐는데 한 치 정도밖에 되지 않은 난장이 아이가 제 키보다 큰 칼을 차고 호랑이 등을 타고 역시 도깨비를 물리친다는 이야기야."

"호, 그건 처음 듣는데, 잇슨이면 손가락 한마디 정도를 말하는데 야, 아무리 너네가 조그만 섬나라에 산다고 하지만 고만한 인간이 어디 있냐?"

"서양에는 엄지 공주, 동양에는 잇슨보시, 뭔가 짝이 맞는 것 같지 않니?"

"알았스, 이야기를 더해봐."

"잇슨보시의 꿈은 사무라이였어. 그래서 길을 떠나기로 하자 노부모는 공기그릇을 배로, 젓가락은 노로 사용하게 하고 바늘을 칼로 쓰라고 허리춤에 채워준 거야. 한양으로 가다가 잠시 머무는 집에 하인 겸 지내게 되었는데 그 집 아가씨와 친해진 거지."

"갈수록 가관이네. 한양이라니. 그건 조선 땅이름이잖아."

"이해하기 쉽게 한양이라고 한 거 몰라서 묻냐? 어쨌든 그렇게 지내다가 어느 날 도깨비가 나타나 아가씨를 해치려 하자 잇슨보시가 아가씨를 보호하고자 도깨비와 맞짱 뜨게 된 거야. 너무나 가소로워 도깨비는 잇슨보시를 한입에 털어 넣어버렸지."

"그, 그래서."

"크, 재밌지? 그치?"

"재미는 개뿔, 계속해봐."

"뱃속에 들어간 잇슨보시는 가지고 있던 바늘 칼로 도깨비의 뱃속을 여기저기 찌르며 돌아다니니까 견디지 못한 도깨비가 잇슨보시를 뱉어내고 요술방망이도 팽개치고 도망을 가버렸어. 잇슨보시는 그 요술 방망이로 자기 키를 키워 그 아가씨와 혼인을 한 후 시골 노부모를 한양으로 모셔와 잘 먹고 잘 살았다는 이야기.[38] 어때? 재밌지? 그치?"

"재미는 소뿔. 결론적으로 너네 일본은 비록 소국이지만 나중에는 크게 된다는 걸 암시하는 것이네, 뭘."

"호, 어떻게 알았지? 어렸을 적부터 그렇게 가르쳐야 커서 크게 꿈을 꾸지. 너네 조선에서는 맨날 흥부놀부, 장화홍련, 콩쥐팥쥐, 고딴 이야기만 해대니까 커서도 질투, 암투, 결투하느라 낮밤을 새지. 한심스럽긴."

"근데, 이 자슥이 어디 조선의 순수한 민화를 매도하고 있어! 너네는 그딴 이야기해서 나중에 크게 된답시고 이웃나라나 쳐들어가고 남의 땅을 자기네 땅이라고 우겨대고, 엉? 그거보단 낫잖아."

"그러는 너네는 제일 재미있는 전래 동화라는 게 겨우 해님 달님이더라고."

"야, 야, 그게 어때서 그러는데? 스토리나 알고 그러냐?"

"흥분하지 말고 들어 봐봐. 떡 하나 주면 안 잡아먹지, 하는 호랑이 꾐에 빠져 어린 오누이를 남겨두고 잡혀 먹은 어머니 이야기잖아."

"조선말 좀 배우더니 모르는 게 없구나. 그래서?"

"하나 물어보자. 만약 누가 역관상의 부모를 죽였다 치자. 그럼 그 살인자를 어떻게 생각하냐?"

"생각하고 말고가 어딨어. 그놈을 그냥 능지처참하지."

"그렇지? 그게 정상 아니냐? 근데 자기 어머니를 죽인 호랑이를 맞서 싸워 죽일 생각은 하지 않고 도망만 가는 경우는 무슨 경우냐?"

"야, 야, 그 오누이는 어리잖아. 어떻게 무서운 호랑이와 맞서 싸우냐. 일단 도망을 가고 봐야지."

"그게 틀렸다는 거야. 어리긴 뭘 어려. 나무 위로 올라가기도 하고 밧줄 타고 하늘로 잘도 올라 가드만. 그 정도 힘이 있으면 한번 싸워야지. 죽더라도! 그런데 도망만 가다가 결국 막다른 골목에 이르러 하늘에 대고 기도를 하드만. 야, 기도빨이 먹혔으니 망정이지 아니었으면 호랑이한테 먹혔을 거 아냐. 내 말은 왜 그렇게 사냐고. 그러니까 너네 조선은 언제든지 피하려고만 하다가 이 나라에게 먹히고 저 나라에게 치이고 그러다가 궁지에 몰리면 좀 더 힘센 강대국에 손 내밀어 해결하려 하고. 쯧쯧. 한심하다. 한심해."

"쩝, 그래서 너네들이 그렇게 심성 고운 우리 조선에 쳐들어와 못살게 굴었던 거냐? 똥 묻은 개가 재 묻은 개 나무란다더니, 가관이로구만."

---

38) 동화나 그림책에 나오는 잇슨보시는 입신출세의 뜻을 품고 서울인 교토로 여행을 떠나는 것으로 되어 있지만 원본의 이야기는 다르다. 오토기조시御伽草子에 따르면 노부부에게 잇슨보시는 기다리고 기다려 얻은 아이였으나 아무리 기다려도 키가 크지 않았다. 삼센티 밖에 되지 않은 잇슨보시는 도깨비 취급을 받기에 이르렀고 노부부는 '저애를 어딘가로 보내야 할 텐데 도리가 없네' 하며 탄식했다. 이 이야기를 엿들은 잇슨보시는 부모에

게 걱정거리를 주느니 내가 떠나야겠다고 결심하고 고향을 등지게 된다. 가출을 하면서 그의 활약이 전개되는 것이다.

마루타 생체실험으로 만들어 낸 정로환

"어제 너네 일본 동화랍시고 모모타로 이야기하고 잇슨보시 이야기 잘 들었다. 혀 잘린 참새 이야기가 엽기적이었지만."

"뭘 그 정도 가지고 엽기적이라고."

"어릴 때 교육이 얼마나 중요한가를 어제 너네나라 동화를 듣고 깨달았다. 어린이들에게도 남을 괴롭히고 잔인한 짓 하라고 가르치니까 그렇게 이웃나라를 침략하고 세계를 향해 맞짱을 뜨고 그러다가 허벌나게 깨지고 그랬지."

"일본이 깨졌다고? 언제?"

"벌써 잊었냐? 2차대전 때 까불다가 원폭 두드려 맞은 거."

"아니 조선시대 이야기를 잘 풀어가다가 원폭 이야기가 왜 나오냐?'바쿠토자휴-차'도 아니고."

"뭔 소리?"

"꼭 세련되게 카리호르니아 본토 발음으로 해야 알아 듣냐? 빽 투터 퓨처!"

"캘리포니어 발음? 잘났다. 내 얘기 들어 봐."

때는 1945년 8월 6일이었어.

2차대전이 막바지에 이르러 곳곳마다 일본군이 패주하고 있었지만 일본은 항복을 하지 않고 버티고 있었지. 하는 수 없이 미국은 최후 수단을 쓸 수밖에 없었지. 트루먼은 원폭투하 명령서에 사인을 했고. 지령을 받은 B-29 에놀라게이호는 고요하고 푸르른 일본 땅 상공으로 곧장 날아갔지. 목표지점인 히로시마 상공이 임박해오자 조종사는 본국에 무전을 날렸어.

"모시모시, 아니 헬로-, 여기는 에놀라게이호. 무사히 상공으로 들어왔다. 이제 1분후엔 히로시마 상공이다. 예정대로 확 쎄리 한 방 멕이겠다. 오바."

"알겠다. 천황이라는 애 놀라게 하지 말고 한방에 확실하게 해라."

히로시마 상공의 고도 9,600미터에서 투하한 원자폭탄은 히로시마 시내 중심부를 향해 곤두박질치다가 580미터 상공에서 폭발하였고 단 10초 만에 도시를 날려 버린 거야. 히로시마의 인구는 30만 명, 그중 14만 명이 사망하고 말았어. 유사 이래 유례없는 참혹한 광경이었지. 그 정도로 당했으면 웬만하면 항복을 할 터인데 원폭 맞고 정신이 혼미해서인지 사흘을 기다려도 답이 없자 두 번째 폭탄 투하 명령을 내린 거라. B-29 벅스카호 조종사는 목표지점인 고꾸라小倉 상공에 진입하자 본국에 보고를 했지.

"히힛, 나의 멋진 솜씨를 보여 주겠다. 잠시 후면 일본이 고꾸라지는 걸 볼 것이다. 엇, 근데, 좃도맛떼, 아니, 저스트모먼!"

4. 세오녀와 알몸의 기모노

"어째 그런가?"

"고꾸라에 구름이 끼었다. 날씨가 영 맘에 안 든다. 다른 데로 가봐야겠다."

"그래도 폭탄은 구름을 뚫고 내려간다. 떨어뜨려라."

"안 된다. 모처럼 내가 작품 하나 만드는데 화끈하게 터지면서 거대한 불기둥을 만드는 걸 확인해야 된다."

"절대로 터지는 광경을 돌아보지 말라는 명령을 잊었느냐?"

"내 작품이 그 정도로 쎈 거냐? 그렇다면 더 더욱 보고 싶다."

"정히 그렇다면 니 끌리는 대로 해라."

"말하는 사이 벌써 나가사키쪽으로 날아왔다. 여기는 구름 한 점 없이 날씨 한번 베리군도다. 여기다 내 작품을 만들겠다. 괜찮은가? 오바."

"끌리는 대로 하라니까."

그날 날씨의 여신은 고꾸라의 편이었지.[39] 나가사키에 투하된 원자폭탄은 439미터 상공에서 폭발, 군수물자를 생산하던 미쓰비시 공장 등은 공중분해 되었고 인명 피해 또한 막대하여 즉사한 사람을 포함해 8만 명에 달하는 사람이 죽었지. 그렇게 원폭 두 대를 연이어 맞고 나서 무조건 항복을 했잖냐. 그때 맥아더 장군이 너네 천황을 미 대사관저로 불렀어."

"맥아더 장군이 아니고 테끼사스 본토 발음으로 막가사 장군."

"너네들은 막가는 족속이라 막가사라 부르는 모양인데 텍사스 본토 발음은 매카서."

어이, 덴노헤이카, 이리 와 바."

"하잇. 막가사 장군 각하! 일진짱 덴노헤이카 대령했스무니다."

"열중쉬어! 차려!"

"착! 착!"

"너네 또 장난 칠거야? 귀싸대기를 왕복으로 맞고 엉덩이에 먼지 나도록 빳따를 백 대 맞고 한 대 더 맞아야 정신 차리겠어?"

"제발 그것만은, 이제 싸움하면 사람이 아니무니다. 일진회를 해체하고 다른 아이들 괴롭히지 않겠스무니다."

"이제까지 뺏은 돈하고 패딩하고 신발 등 다 돌려줘. 알겠어?"

"하잇! 장군 각하, 충성!"

"그렇게 패망했지. 근데 요즘에 와서 슬슬 자위대가 살아나면서 일본 우익들이 겁도 없이 설치기 시작하고 있는 거지. 영원히 군대를 보유하지 않겠다느니 원자 핵 보유는커녕 핵을 실은 배도 일본에는 정박을 못하게 한다느니 했지만 지금 그 헌법을 바꾸려고 호시탐탐 기회를 엿보고 있는 중이잖아."

"네 이야기를 듣고 있자니 갑자기 배가 아프다. 그때 내가 나가사끼 짬뽕 먹다가 폭탄이 터지는 바람에 체하고 설사하고 죽을 뻔했네. 지금도 나가사끼 짬뽕만 먹으면 설사를 한다. 그래서 시도 때도 없이 정로환을 먹고 있다."

"정로환? 그 얘기도 해줄 테니까 들어 봐."

"호, 웬 정로환 이야기를?"

"일본군이 중국을 점령하고 러시아와 일전을 벌일 기세로 북진을 거듭하던 때에 뜻하지 않은 일이 일본군들의 발목을 잡고 있었지. 다름 아닌 군인들의 설사병인거라. 일본 군인들은 중국 땅의 혼탁한 식수에 배탈이 나 힘도 못쓰고 연일 고꾸라지고 있었어. 싸워서 죽는 병사보다 설사로 죽어나가는 병사가 더 많았던 거지. 중국 동북부 길림성의 731부대장 이시이石井는 급히 본국에 보고를 했지.

"천황폐하, 애들이 먹는 족족 좍좍 쏟아내고 있스무니다."

"모시모시, 머라고데스까? 설사데스까?"

"네, 팩팩 쓰러져 가고 있스무니다."

"환장하것다데스, 지금이 어느 땐데 한가로이 설사나 하고 자빠졌나데스까?"

"그것이 짱깨들이 사는 동네가 영 물이 좋지 않스무니다."

"알겠스. 무슨 일 있더라도 설사약 빨리 만들라데스. 빨리!"

"하잇, 내 벤또를 니까무라상에게 먹이면서라도 만들겠스무니다."

"잉? 설사났다는데 무신 벤또를 또 까묵어데스?"

명령을 받잡은 일본군 의료대장 이시이는 731부대원을 집결해 놓고 말했어.

"총알 만드는 일보다도 더 급하다. 설사약을 만들어라!"

"설사 시키는 약입니까. 멈추는 약입니까?"

"이시키, 두말하면 잔소리지. 멈추는 약이지. 설사약을 만들어라. 어떠한 설사라도 한방에 잡을 수 있는 약이어야 한다."

그래서 설사약 개발에 박차를 가한 거야. 임상실험을 하기 위해서는 설사를 하는 인간들이 필요했지. 실험의 1순위는 중국인 그 다음은 조선인, 그래도 실험도구가 모자라면 멀쩡한 중국인 조선인들을 마루타丸太 생체 실험장으로 몰아넣었어. 그리고 배탈이

나면 여지없이 실험이 계속 되었던 거지.

그리하여 태어난 약! 그것은 어떠한 설사일지라도 세 알만 먹으면 딱 멈추는, 욕심내어 네 알을 먹으면 변비로 돌아서는 세계에서 가장 으뜸가는 설사약이었어. 이시이 대장은 회심의 미소를 짓고 약의 이름을 붙였어.

"그래, 좋았어, 그거야. 정로환!"

중국을 넘어 로시아까지 정복하기 위해 만든 약! 정로환征露丸.

"크흐, 난 왜 이렇게 머리가 좋은 거지"

그 다음 상표를 고안해야 했어.

"맞아 그거야. 그거, 나팔!"

진군나팔을 불며 러시아를 무너뜨리자는 상표였지.

"아, 스벌. 정말 내 머리는 누구도 못 따라와. 아이큐 430이라는 허본좌도 날 따라오진 못할 거야."

그래서 이 세상에 태어난 것이 나팔표 정로환이었던 거야. 지금도 일본에서 불티나게 팔리고 있는 정로환은 이렇게 마루타 생체실험을 거쳐 이 세상에 태어나게 된 것이야. 목표를 정하면 윤리도 도덕도 방기한 채 수단과 방법을 가리지 않고, 나아가는 일본 민족의 저돌성과 집요함을 다시 한 번 알게 되는 소름끼치는 일이지. 그런데 그만, 승승장구하던 일본이 전세가 기울기 시작하더니 드디어 1945년 8월 6일과 9일 히로시마와 나가사키에 원자 폭탄을 두드려 맞고 무조건 항복을 하기에 이르렀지. 미국과 러시아가 일본을 갈라먹기 하려고 덤비자 일본은 곳곳에서 항복의 깃발을 내밀었어. 불똥은 정로환에까지 튀었단다.

4. 세오녀와 알몸의 기모노

"큰일 났다데스. 우리가 전쟁에서 졌다데스."

"까불다가 그랬죠. 근데 사장님, 왜 그러시무니까?"

"우리 회사의 약 이름이 정로환이잖아. 그거 뜻이 '때려잡자! 정복하자征! 로스케! 로시아露!'잖냐. 이거 계속 쓰다가는 로시아한테 맞아죽는 거 아니냐 이 말이다."

"큰일났다데스네."

"야, 그러지 말고 궁리 좀 해봐."

"아, 좋은 생각있스무니다. 한자를 바꾸면 됩니다."

"잉?"

"이거 정복할 정의 한자에서 잽싸게 두인변 을 빼내면 되무니다. 그러면 바를 정正자가 되무니다. 러시아露여! 그대들이 올바릅니다正! 어떻스무니까. 크크크."

그렇게 정로환은 개명을 한 후에 살아남았다. 지금도 잘 팔리고 있다. 어떤가, 너네 일본의 변신이!"

39) 1945년 트루먼 대통령이 원자폭탄 투하에 대해 승인할 시 이미 투하 목표 도시가 정해져 있었다. 제1목표는 히로시마이고 예비 제2목표는 고꾸라, 예비 제3목표는 나가사키였다. 첫 번째 투하는 예정대로 히로시마였으나 두 번째 투하시 고꾸라 상공에는 공습의 여파로 발생한 구름과 안개로 인해 시야확보가 어렵게 되자 나가사키로 선회하여 투하하게 된 것이다. 이외에도 교토가 제1목표로 정해졌다가 취소되었고 니이가타新潟 또한 투하 목표지로 선정되었다가 번복되는 등 절체절명의 순간들이 이어졌다.

A형 혈액형으로 뭉쳐가는 일본

"어이, 노가리상, 지난번 내가 일본에 갔을 때 말이야. 기묘한 점을 발견했는데."

"기묘한 점이 어디 한둘이라 말이지."

"일본 사람들은 왜 남의 혈액형에 그렇게 관심이 많은가 이 말이야. 마주 앉아 이야기 좀 나눈 후에는 꼭 물어요. 혈액형을."

"꼭?"

"조금 친해지려 하면 일단 묻고 보는 게 혈액형이더라고."

"그러는 그대는 무슨 혈액형이냐?"

"거봐, 노가리 상도 방금 내 말 끝나자마자 묻고 있잖아. 남의 혈액형을 그토록 알아서 뭘 하자는 거냐?"

"그게, 조선 사람들도 혈액형을 묻더라. 근데 조선 사람이 묻는 의도하고 일본 사람이 묻는 의도하고는 조금 달라."

"무슨?"

"일본 사람은 상대방의 혈액형을 알면 그 사람의 특징에 맞추어 가려고 하는 거지. 저 친구가 소심한 A형이니까 말투에 신경 좀 써야 되겠다든가 직선적인 성격의 B형이면 아예 말대꾸를 하지 말아야겠다는 생각을 처음부터 하는 거지."

"호."

"근데 조선 사람들이 상대의 혈액형을 묻는 의도는 전혀 다르다네. 상대가 'O형이다' 그러면 '내 그럴 줄 알았어! 욱하는 성질 스트레이트로 부리는 걸 보면' 하고 상대를 판단한다는 거지. 그 판단이 좋은 쪽보다는 안 좋은 쪽으로. 그런데 그대는 무슨 형이냐고? 내가 판단 해줄게."

"AB형이다. 왜?"

"음, AB형은 말이야. 자기중심적 성향이 강해. 이 지구가 자기를 중심으로 돌고 있다고 생각하는 거지. 과학적이고 분석적인 두뇌이긴 하지만."

"그럼 노가리상은 무슨 형이냐?"

"난 불행하게도 B형이다. 일본 사람이 가장 싫어하는 혈액형이다. 너무 개성적인 면이 강해서 조직에 순응하지 않고 튀려고 하는 경향이 많다는 거야. 게다가 성질머리도 O형처럼 직선적이라 상대방 입장은 전혀 고려하지 않고 말을 내뱉는 바람에 많은 사람이 상처를 입어. 대책 없이 무조건 큰 소리를 내고 보는 거지. 근데 정작 그러는 본인은 자기가 무슨 짓을 하는지 모른다는 거야. 일본 사회에선 B형은 무슨 죄지은 사람처럼 살아간단다. 결혼 상대도 심지어 B형하곤 하지 않으려 한다. 오죽하면 내가 조선에 와서 눌러 앉았겠냐?"

"아무렴 그렇게까지 하려고. 그럼 일본인은 무슨 형을 제일 좋아하냐?"

"조직 내의 화합을 제일로 치는 일본 사회인지라 A형을 제일 선호한다. 결혼도 취직도 A형이면 오케이다. 치밀한 계획을 세우고 또 점검하고 꼼꼼하게 차근차근 처리하는 것이 A형의 특징이야. 근데 B형은 자유분방한 성격인지라 조직의 구속을 받는 걸 싫어하는 거라. O형과 마찬가지로 버럭 성질 낼 것 다 내고 자기 마음대로 하니 누가 좋아하겠냐? 그러다보니 A형 사회로부터 따돌림을 당하는 거지. 참고로 일본의 혈액형은 A형이 40%에 가깝다. A형을 선호하다 보니 자꾸 늘어날 수밖에. 어쩌면 이대로 가다간 일본은 머지않아 모든 국민이 올 A형으로 바뀔 거야."

"무섭군."

"새로운 형태의 국수주의, 내쇼널리즘을 형성하는 거지. 국민 중 누구 하나 '우리 모두 일본의 피를 조직에 맹종하는 A형으로 바꿉시다!'하는 사람은 없어. 그렇지만 사회 전반적으로 그러한 풍조가 있다 보니 머지않아 나치에 버금가는 순혈주의가 형성되어갈 거야. 일본인의 국민성을 짚어 볼 수 있는 면이지. 사무라이 기질에다 피까지 A형으로 똘똘 뭉쳐가니까 일본 사회가 어떻게 변해 가는가를 예측할 수 있는 거야. 모든 역사는 이겨야만 되고 이긴 자들에 의해 실행되는 것은 모두 정의고 선이라는 사무라이의 정신에다 조직의 화합을 제일로 치는 A형 혈액을 지닌 일본인들의 심리는 불가사의할 정도로 기묘한 면이 있어.

2차대전 때 주변국을 침략하여 만행을 저지르면서도 전혀 양심의 가책을 느끼지 않는 점은 천황을 정점으로 맹종하는 사무라이식 군국주의와 획일적인 신판 순혈주의 때문이라고 할 수 있지. 침략이 아니라 진출이라고 우기는 데에서 알 수 있듯이 그것이 사무라이의 정신과 맞물려서 정당하게 행한 행동이라 여기다보니 전후에 주변국들에게 사과다운 사과를 하지 않는 이유인거라. 전쟁에 패한 천황이 항복을 선언하자 줄줄이 할복을 하는 자들이 500명이 넘은 것은 전쟁을 일으키는데 대한 속죄의 표시가 아니라 패전으로 인해 천황을 지키지 못한데 대한 맹종주의에서 비롯된 결과물이라고 봐야지."

"듣기만 해도 섬뜩하구나. 일본에 A형 말고는 없냐? B형은 잠자코 있냐?"

"물론 일본에도 B형도 있고 O형도 있지만 조선과 비교하면 틀려."

"예를 들면?"

"일본의 B형은 조선의 B형과 달라. 말하자면 A형스러운 B형인거지. 모두들 조직에 순응하는데 B형이랍시고 튀어나오면 두드려 맞잖냐? 그러니 자연히 조직에 순응하는 거지. 왜 조선에 관광 오는 일본인들 보면 삼각형 깃대를 들고 서 있는 가이드 뒤에서 대열에서 낙오될까 봐 조마조마하면서 일사불란하게 돌아다니는 걸 보면 알잖냐?"

"우리 조선인들은 머리가 우수해서 그런지 그런 깃발 없어도 잘 모여. 오히려 깃발을 들이대면 자존심 상해할 거야. 누굴 유치원생으로 아나 하고 말이야."

"그게 자존심 강한 B형 스타일인 거라, 깃발이 없는 대신 흩어졌다가 모이는데 시간이 많이 걸리긴 하지만… 언젠가 이야기했지만 조선은 선비가 이끌어 가는 사회잖냐? 그러니 자존심 하나는 세계 제일이지. 자존심 세고 머리에 든 것은 많고. 그러니까 사무라이 같은 무식한 놈들한테 당한 게 분하고 또 분한거야. 무지한 놈들이 칼을 들고 이웃집을 강탈한 것을 윤리적으로 용납을 못하는 거야. 그런데 사무라이들은 칼 잘 쓰는 놈이 최고지. '억울하면 너도 칼 들고 나와! 붙자!' 이거지. 근데 선비들은 그런 야만인 짓은 못 하겠고 '지나간 일은 잊어 줄게. 그러니 사과해라! 한 마디면 된다. 우리 조선 속담에 말 한 마디에 천냥 빚도 갚는다는데 미안하다 해라!'이렇게 되는 거지."

"말하자면 칼을 들고 설치는 이웃한테 윤리적으로 그럴 수 있냐 하면서 양심에 호소하는 격이로군."

"조선에도 A형 인간이 많지만 일본과는 달라. 거꾸로 B형에 가까운 A형인거야. 조선은 일단 목소리 큰 B형이 이끌어 가는 사회야. 그걸 A형이 서서히 깨달은 거지. 목소리에서 B형에게 밀리면 진다는 것을. 그래서 차츰 목소리를 B형만큼 지르게 된 거지. 그러니까 한국에서는 모두가 B형 사회를 지향해 가는 것이고 일본은 A형 사회를 향해 나가는 것이지."

"결국 조선은 B형이 이끌어 가는 선비 사회구조이고 일본은 A형 사회가 이끌어 가는 사무라이 사회인지라 이 둘의 교합점을 찾는 것이 서로를 이해하고 발전해 갈 수 있는 길이라는 것이군."

"여러 분야에서 세계를 놀라게 하고 있는 B형의 장점인 기획력과 아이디어 창출, 거기에다 A형의 치밀한 실천력과 단합이 함께 어우러진다면 금상첨화인 조합인 거지. 양국 관계도 그렇게 힘을 합하면 세계가 부러워하는 근린국가를 만들게 될 거라 이 말씀."

epilogue

백말띠 여자에 관한 진실 혹은 거짓

이때까지 출연했던 출연진 다 모여 봐. 오늘은 해단식에 앞서 조선과 일본의 공통적이면서도 특이한 이야기를 하나 해줄게.

우리 조선이나 일본이 공통적인 생활문화를 갖고 있는 것이 있는데 그중에서 길흉화복을 따지는 것 중에 재미있는 것이 바로 띠 문화야.

띠는 말이야. 한국 일본 중국 세 나라의 공통된 동아시아의 풍습이잖냐. 12동물들이 차례로 1년씩 돌아가면서 세상을 지배하는, 일종의 말하자면 애니미즘 신앙의 변종이라고 할 수 있지. 이 12동물들이 인간 역사의 전면에 등장한 계기부터 시작해 볼게.

이 세상을 관장하던 옥황상제가 어느 날 휘하 중신들을 모아놓고 말했어.

"인간들이 갈수록 종자가 늘어나서 이 세상을 다스리기가 매우 복잡해졌소. 그리하여 짐은 짐 대신 이 세상을 관할하는 역할을 정하여 나의 권한을 그들에게 부여할까 하오."

옥황상제의 분부는 그대로 법인지라 곧 실행에 옮겨졌지. 신하들은 권한을 위임받기 위하여 아부를 하였으나 그 아부가 너무 극에 달하였어.

이를 보다 못한 옥황상제는 다시 명을 내렸단다.

"쯧쯧, 모두들 한심하구나. 인간들이 웃겠다."

그리하여 상제는 이 권한을 동물들에게 주기로 하였어. 동물들 또한 누구는 주고 누구는 안주고 할 수 없으니 공평하게 선착순으로 10마리에게만 그 권한을 주기로 하였지. 갑을병정무기경신임계甲乙丙丁戊己庚申壬癸인 10간과 짝을 맞추려는 것이었어.

"선착순이다. 열 명이다. 더는 안 된다."

이 명령을 전달하는 동물로서 쥐가 뽑혔어. 쥐는 바다를 헤엄쳐 가기도 하고 나무를 타기도 하며 아무리 작은 구멍이라도 드나들 수 있었고 특히 잠이 없었기에 밤새워 달릴 수도 있었거든. 아무도 존재가치를 인정은 하지 않지만 밤잠 자지 않고 일만은 열심히 한다는 쥐는 정말 열심히 상제의 명령을 전달하였단다.

"1월 1일이다. 쮜직. 아침 6시다. 쮜직. 옥황상제님 계시는 궁궐 뜰이다. 신년 새배도 겸하니까 복장에 신경 써서 집합할 것."

동물들에게 일일이 전달하면서도 쥐는 내심 자신이 1등을 하고 싶었지. 그래서 각 동물들을 유심히 살피기 시작하였어. 호랑이를 비롯해 말, 나무를 잘 타는 원숭이 등이 라이벌이었던 거지. 그러나 어찌된 일인지 이들은 느긋한 거야.

"난 세상에서 제일 빠르다고 자타가 공인하는 호랑이다. 아침 다섯 시에 출발해도 내가 1등이야."

"히히힝, 천만에. 내가 맘먹고 달리면 날 당할 자 없을 걸, 따 놓은 당상이지."

"나 원숭이는 달리고 줄 타고 날아갈 수도 있어. 30분이면 가고도 남아."

이렇게 모두들 자만하고 있었어.

그런데 전혀 액션이 다른 동물이 있는 거라. 바로 소였어. 소는 모임이 있다는 소식을 듣자마자 바로 짐을 꾸리는 것이었어. 소는 자신이 느리다는 것을 익히 알고 있는지라 1월 1일이 되려면 아직 일주일이나 남아있는데 짐을 싸고 출발을 했지. 드디어 1월 1일 아침 해가 떠오름과 동시에 궁궐 문 앞에 도착한 소는 아무도 없음을 알고 희열에 넘쳐 하늘을 향해 울부짖었단다.

"살다 살다 세상에 내가 1등을 하다니! 음메! 수문장님, 제가 1등이지요? 그렇죠?"

문을 지키던 수문장이 깃발을 크게 쳐들며 외쳤어.

"맞다 1등이다. 1등 입시요! 소님이 1등이오!"

그런데, 그런데, 수문장의 외침이 끝나기도 전에

"천만에 내가 1등이오!"

하고 외치면서 소등에서 뛰어내려 결승 라인 앞으로 쪼르륵 달려간 자가 있었으니 바로 쥐, 그놈인 거야. 세상에. 그리하여 역사는 쥐를 1등으로 인정하고 첫 번째로 이 세상을 지배할 수 있게 해줬어. 간사한 쥐. 잔대가리만 열심히 굴리는 쥐, 잠도 자지 않고 쓸데없이 부지런 떠는 바람에 주변이 괴로워하는 쥐, 제 욕심 차릴 궁리는 결코 잊지 않는 쥐…. 전혀 뜻하지 않게 1등을 빼앗긴 소는 식음을 전폐하고 드러누워 버리고 말았어.

"흑, 내가 아무리 부지런해도 저토록 간교한 놈에게 1위 자리를 빼앗기다니, 용서할 수가 없어, 흑, 흑 이렇게 억울하게 1등 자리를 빼앗기면 된장 맞을, 소는 누가 키워, 소는!"

그러나 어쩔 수가 없었어. 부지런하지만 머리가 우직스럽고 동작이 느린 소는 쥐를 복수하고자 하였으나 어떻게 해볼 도리가 없었지. 결국 소는 하는 수 없이 자기가 해볼 수 있는데 까지는 해보아야 겠다고 마음을 고쳐먹었고 여물을 먹을 때나 되새김질을 할 때나 밭을 갈 때나 동산 위에 올라 고향을 바라보며 생각할 때나 열심히 소는 뒷발질을 해대었어. 이렇게 열심히 일생 동안을 뒷발질을 해 대다 보면 한 마리는 걸리리라. 쥐시키!

그러다가 용케 한 마리라도 잡힐 경우 소는 하늘을 바라보며 포효를 해댔어.

"보라! 해 냈지 않은가. 쥐새끼를 잡았노라 메에에엥"

그때부터 생겨난 속담이 있어. '소 발에 쥐잡기'즉 뜻하지 않은 행운을 일컫는 말이야.

속속들이 닥친 동물들은 자子=쥐 축丑=소 인寅=호랑이 묘卯=토끼 진=용 사巳=뱀 오午=말 미未=양 신申=원숭이의 순서대로 결승라인에 들어왔어.

아홉 명이 들어 왔고 이제 한 명만 들어오면 될 즈음 수문장은 결승 테입을 준비하고 긴장을 늦추지 않았지.

그때였어. 숭례문을 지나 광화문 사거리 코너를 돌며 숨차게 달려오는 팀이 보이기 시작한 거야. 술戌인 개가 앞서 있고 2,3보 차이 뒤로 유酉인 닭이, 닭의 뒤로 해亥인 돼지가 땀을 뻘뻘 흘리며 결승점을 향해 마지막 스퍼트를 하고 있었어.

"멍! 멍! 이대로라면 마지막 남은 티켓은 내 차지이다. 왈왈!"

드디어 결승라인에 진입하기 1초전, 그야 말로 1초전, 테잎을 들고 긴장을 늦추지 않고 있는 수문장은 아연실색하고 말았어. 개의 뒤에서 달려오던 닭이 평소에는 잘 쓰지도 않던 날개를 펴더니 갑자기 비상하여 테잎을 통과하고 말았던 거야. 닭의 승리였어.

"꼬꼬댁 꼬꼬, 이건 몰랐지, 내 비장의 무기지롱."

개는 분노하였지.

"이건 사기다. 이럴 수가 있단 말인가."

개는 닭을 공격하였고 닭은 놀란 나머지 눈동자를 굴려대며 외쳐댔어.

"왜, 왜 머가 잘못되었는데 꼬끼오"

개는 다시 닭을 공격하며 따졌어.

"거기서, 날개를 쓰다니, 반칙이다!"

"왜 머가? 쓰지 말라는 규칙도 없었잖아."

막 개에게 물리려는 순간 또 다시 닭은 날개를 펴고 지붕 위로 비상하였어. 개는 멍하니 바라볼 수밖에. 그래서 '닭 쫓던 개 지붕 쳐다본다'는 속담이 생긴 거야. 닭 공격에 실패한 개는 이미 통과한 아홉 명을 찾아다니며 호소하였어.

어떻게든 연판장을 만들어 구명운동이라도 해 줄 수 없느냐고 했지만 아무도 서명을 하지 않았지. 말 그대로 개 무시였어. '개 무시한다'는 속어가 이때 등장한 거라. 그때 먼저 억울함을 당하였던 소만이 다가와 위로를 해 줬어.

"야, 개, 나도 당했다. 나도."

"그래도 넌 2등이잖아. 난 뭐냐 이게. 마지막 티켓 하나였는데."

"소송이라도 해 보거라."

닭이 지붕위에서 소리쳤다.

"야, 소, 니가 먼데 남의 일에 참견하고 있어. 별꼴이야 꼬끼오."

"야, 개야, 쟤는 아무래도 안 되겠다. 완전 싸가지, 그냥 무시하고 상제님께 호소를 해봐라."

그래서 생겨난 말이 '소 닭 보듯 한다'는 말, 아무생각 없이 무시한다는 말이지.

어쨌든 개는 분을 참지 못하고 대문 앞에서 농성을 하기 시작했어. 머리에 붉은 띠를 두르고 외쳐댄 거야.

"닭은 날개를 사용했다! 이 시합은 무효다. 무효다! 다시 하자!"

고래고래 소리를 지르기 시작했어. 그때였어. 열두 번째로 들어온 돼지가 돌아가려던 걸음을 멈추고 사태를 예의 주시하기 시작하였지.

'꿀꿀, 일이 재미있게 돌아가는걸. 잘만하면 나도?'

발걸음을 돌린 돼지도 개와 합세 하게 된 거라.

"어이, 돼지. 넌 머냐?"

"너 혼자 데모하는 것 보다는 둘이 하면 낫지 않겠냐, 해서."

"그렇긴 하다만, 평소 너답지 않아서."

"평소 내가 어쨋길래?"

"넌 너 먹을 것만 챙기잖아. 근데 남 생각도 할 때가 있는지 해서."

"야, 난 저 닭이 평소부터 맘에 안 들었어. 그냥 그랬어. 묻지 말아줘, 꿀꿀."

이 둘은 힘을 합해 소리를 질러대었어.

"멍멍 꿀꿀! 왈왈 꿀꿀!"

상제는 밤낮으로 바깥이 소란한지라 비서를 불렀단다.

"어이, 비서실장! 뭐냐, 시끄러워 도대체 잠을 이룰 수 없잖아?"

"실은 이번 경주에서 탈락한 동물들이 데모를 하고 있습니다."

"자세히 이야기 해봐봐."

"닭이 경주중 평소 쓰지 않던 날개를 썼다고 하옵니다. 규칙에는 날개에 대한 언급이 전혀 없사옵니다."

"제대로 하는 게 없어, 제대로. 근데 닭은 조류야? 조류는 이번 경주에서 배제하기로 했잖여."

"그게, 글쎄, 닭이 조류인 것 같기도 하고 아닌 것 같기도 하고, 조류 독감에 걸리는걸 보면 조류이긴 한데."

"쯧, 근데 농성하는 게 누군가?"

"개와 돼지입니다."

"이런 개, 돼지 같기는."

상제의 이 한마디에 생겨난 말이 '개돼지 같다'거나 '개돼지만도 못하다'거나, 맘에 안 들면 '개판 오분 전'이라고도 하고. 어쨌거나 옥황상제는 시끄러운 나머지 좋은 게 좋다고 개와 돼지를 넣어 주어 열두 명이 탄생하게 된 거야. 개와 돼지는 그 후부터 사이가 급격히 좋아졌다는 이야기. 하지만 아직도 개는 닭만 보면 쫓아간단다. 그런데 동물 중에 고양이가 빠졌다는 거 아니냐. 사실 그 시절 고양이와 쥐는 인사 정도는 하고 지낼 정도의 사이는 되었지. 그러나 내심 서로를 미워했어. 무상급식문제 때문이지.

"무상급식?"

응, 그때도 그런 문제가 있었던 거야. 고양이가 운영하는 한양 네코초등학교에 무상급식을 하려고 하니 식량이 조금 모자랐어. 1학년부터 3학년까지밖에 줄 수 없는 거야. 그래서 쥐더러 식량을 좀 도와 달랬는데 도통 듣질 않는 거야. 쥐는 평소 재산을 비축해 두는 게 사는 낙인데 자꾸 고양이가 빌려 달래니까 불안하기도 하고 그러던 차에 행동대장 넘버 투 쥐가 무상급식 때문에 열받는다고 사표를 던지고 잠적해버리는 바람에 그 틈을 타 고양이가 식량을 차지하고 무상급식을 전면 실시하게 된 거라. 그래서 서로가 감정이 엄청 격앙되어 있었지. 앙심을 품고 있던 쥐는 모임 공지사항을 알리면서도 일부러 고양이만 빼 버린 거라. 그런데 고양이도 모임이 있다는 소리는 들었어. 그러나 언제인지 정확한 날짜를 모르겠는 거야. 전달하는 자가 쥐라는 걸 알고는 자존심을 숙인 채 쥐에게 문자를 보냈어.

"옆집 서생원, 혹시 소문 들었수?"

"먼 소문?"

"무신 대회가 있다면서."

"광우병 촛불시위 말하는 건가? 그건 벌써 끝났는데."

"그것 말고, 상제님 궁궐에서 특별 모임이 있다던데 날짜가 언제인지."

"아, 난 또. 1월 2일이여. 그럼 난 바빠서, 찌찌직."

꼼수를 부린 거지. 고양이를 속인다는 것이 후에 얼마나 큰 재앙을 불러 올 것인지는 꿈에도 모르고 말이야.

고양이는 1월 2일에 맞춰 열심히 달려 상제가 계신 궁궐 앞에 도착했단다.

"야옹, 야옹, 수문장님!"

"무슨 일이고?"

"오늘 모임이 있다하여, 야옹, 제가 1등이지요."

"별 고양이 개풀 뜯어먹는 소리, 어제 끝났어, 인마."

그제야 속은 것을 안 고양이는 그때부터 꼼수 쥐를 찾아 나섰지. '잡기만 잡으면 내 능지처참하리라! 삼족을 멸하리라! 이놈들을 잡으면 곧장 잡아먹지 않고 한참 고문하다가 처치를 해야지. 이 철천지원수 같으니라고. 통째로 다 잡아먹고 입술을 빨갛게 하고 돌아다니면서 자랑해야지. 야옹! 나에게 꼼수를 부리면 다 이렇게 된다, 알간?' 하면서.

그때부터 입술에 빨간 게 묻으면 '쥐 잡아먹은 것 같다'고들 하게 되었지.

어때? 흥미진진하지? 그치?

근데 좀 더 들어 봐. 띠 중에서 무슨 띠하고 무슨 띠가 상극인지 제군들은 아는가? 이제까지의 이야기를 종합해보면 소띠하고 쥐띠거나 닭띠하고 개띠라고 생각되겠지만 내가 말해 줄게. 우리나라에서는 돼지띠와 뱀띠의 궁합이 상극중의 상극이라 여겨 결혼까지 시키지 않는단다. 그런 소리 금시초문이라는 표정들인데 내 말이 곧 진리요. 생명이요. 과학이며, 어쨌든 더 들어 봐.

사실을 말하자면 길지만. 한자어 중에 집 가家자 알지? 이 글자의 형상은 집안에 돼지가 들어 있는 형상이야. 중국학자들은 수백 년에 걸쳐 이 한자를 연구 추적하였어. 도대체 이 한자는 어찌하여 인간이 사는 집이라는 뜻으로 쓰였는가. 인간이 사는 집이라면 돼지가 아닌 사람인人 자가 들어 있어야 이치에 맞는 일이 아닌가, 하고 말이야.

-옛날에는 돼지가 보물과 같은 동물이라서 사람이 함께 키웠다.

-아니다. 인간과 돼지는 원래 같은 종이었을 것이다. 그래서 함께 살았다.

추측만 난무할 뿐 수백년 간의 추적에도 불구하고 풀리지 않는 숙제였어. 이 한자를 풀지 않으면 다른 한자를 풀어 본들 의미가 없는 일이었지. 왜냐, 인간의 최소 구성을 이루는 단위는 부父 모母 형兄 제弟 그리고 나, 이들이 함께 사는 곳이 집이라. 그런데 그 최소 단위인 집이라는 글자의 의미를 모른다고 하면 다른 글자의 생성 과정을 안다한들 부질없는 일인 거야. 고민을 거듭하다가 중국이 아닌 다른 민족의 풍습에다 대조해 보기로 했지. 동쪽으로 이 한자를 가지고 가서 동쪽나라의 풍습을 살펴 본거야. 그랬더니 과연, 동이족들은 옛날에 집안에서 돼지를 키웠다는 사실이 있었던 거라. 동이족들이 사는 곳에는 유달리 야생동물이 많았어. 들짐승이 많았기에 큰 활을 메고 다니며 사냥을 한다고 해서 동이족이라는 호칭을 얻었어. 동이의 한자가 東夷라, 동쪽에서 큰 활을 메고 다니는 민족이라 이 말씀이야. 근데 들짐승뿐만 아니라

곤충에다 조류니 파충류까지 많았던 거야. 그중에서 가장 무서운 것은 뱀이었어. 뱀은 밤낮을 가리지 않고 몰래 스며들어 와서 사람들을 물어 죽게 하곤 했지. 어느 날 동이족들은 대단한 것을 발견하게 된 거야. 그것은 다름 아닌 뱀이 돼지 앞에서는 쪽을 못 쓴다는 것이었지. 아무리 맹독을 지닌 뱀일지라도 돼지와 싸워 이기질 못했어. 독뱀이 돼지 다리를 물어봤자 돼지의 삼겹살, 오겹살로 무장된 지방층을 독이 뚫고 침투할 수 없었기 때문이지. 돼지는 뱀을 보자마자 한입에 털어 넣고 씹어버리는 것이었고. 동이족들은 집을 높이 짓고 아래층에 돼지를 키웠어. 낮에 외출할 때에도 인간은 없더라도 돼지는 사육하게 된 거라. 사람이 없는 사이 뱀이 몰래 들어와 잠복하고 있을 수도 있기 때문이었지. 이리하여 동이족은 편히 생활할 수가 있었단다. 그래서 집을 뜻하는 한자 家자는 동이족이 만들었다는 이야기가 설득력이 있는 거야. 아까도 언급하였지만, 인간의 최소 단위인 집이라는 글자를 만든 민족이 그 밖의 글자들을 만들었을 것이고 그러한 민족의 특징이 한글을 만들었고 가나를 만들기에 이른 것이라 이 말씀이야 내 말씀이.

어쩌면 세계의 모든 글자는 동이족이 만들었는지도 몰라. 내 말이 쫌 심했니? 한자는 알겠는데 그건 쫌 그렇다고? 알았어. 이제 본론으로 들어갈게.

너네 일본이나 우리 조선이나 양국 모두 백말 띠를 아주 좋지 않은 띠로 여기는데 그 이야기 해주려고 이제껏 길게 설명을 한 거야. 들어 봐봐. 본디 조선에서는 띠를 차별하지 않았어. 모두 좋은 띠란 말이야. 저마다 타고난 운명이 있고 사주四柱가 있고 팔자 八字가 있는데 각 띠마다 기본 운명은 타고 난거야. 거기에 태어난 월과 시가 합해져서 일생의 운명을 이룬다는 것이지.

다시 말하면 기본요금은 똑 같은데 가는 길이 원거리냐 근거리 냐. 고속도로냐, 비포장도로냐. 네비게이션을 달았느냐 아니냐에 따라 달라진다 이 말이야. 어쨌든 백말 띠에 대해 이야기 해 줄게. 결론적으로 말하면 백말 띠 속설은 일본에서만 통하는 이야기야. 띠 중에 좋은 띠가 있고 좋지 않은 띠가 있다고 하는데 대표적으 로는 여자가 말띠, 그것도 백말 띠인 경우에는 팔자가 세다는 말 이 있지. 조선에서는 나쁜 띠가 없어, 중국에서는 용의 어머니가 백말이야. 최고로 좋은 띠란 말이야. 그런데 왜 일본에서는 백말 띠를 좋지 않다고 하는가 하면 말이야. 너희들. 로미오와 줄리엣 이라는 소설 읽어 봤지? 안 읽어 봤으면 말하지 마. 또 로미오는 읽었는데 줄리엣은 아직 읽지 않았다고 90년대 개그하려 하지 말 고.

어쨌든 일본에도 로미오와 줄리엣 같은 기가 막힌 사랑이 있었 단 말이야. 원수지간 집안끼리의 청춘 남녀가 사랑을 나누는 거 지. 근데 이 두 청춘 남녀가 넘어서는 안 될 선을 넘어선 거라. 우 연히 마을에 불이 났었어. 마을 사람 모두가 불 끄러 간 사이에 둘 이서 오붓하게 물레방앗간에서 사랑을 나눈 거야. 거기까지는 좋 았는데 그다음에 만나려고 하니 보는 사람들이 많아 만날 수 없 게 되니까 애가 타는 거야. 그래서 '맞다! 불을 지르면 마을 사람 들이 불 끄러 가니까 그때 만나면 되겠구나' 하고선 불을 지른 거야.

그렇게 불을 지르고서 둘이서 만나니까 이건 완전히 스릴과 서스펜스가 넘치는 거라. 그러니까 재미를 붙여 자꾸만 불을 지르게 되고, 급기야 사람들이 불에 타 죽는 지경에 이른 거야.

결국 붙잡혔지. 그리고 똑같이 불에 태워 화형을 시킨 거야. 바로 그 화형당한 처녀가 백말 띠 태생이라서 그 후로 백말 띠 태생은 운명이 좋지 않다는 등 폄하하게 되었다는 거지.[40]

일설에는 도쿠가와 이에야스의 손녀인 센히메千姬가 도요토미 히데요시의 아들인 히데요리豊臣秀頼와 정략 결혼했는데 후에 이에야스는 히데요시가 죽자 히데요리를 죽이고 천하를 움켜쥔 거야. 그 후 센히메는 두 번째 결혼을 하게 되고 아들딸 낳고 잘 사는가 했더니 아들과 남편이 연이어 죽게 되는 비극을 맞이한 거라. 독수공방인 이 여자가 어찌나 외로웠던지 한밤중에 성루에 나와 지나가는 남정네가 있으면 불러들인 거라. 하룻밤 욕정을 채운 이 여자는 남자를 우물에 빠뜨려 죽인거지. 결국 기구한 인생을 정리하고 머리를 깎고 절에 들어가게 된다는 이야기인데 바로 이 여자가 백말 띠였다는 거지. 그 후로 일본에서는 백말 띠를 아주 좋지 않은 띠로 여겼던 거라. 근데 이 이야기는 맞는지 틀리는지 지금도 모른다는 거야. 실제로는 센히메가 아주 정숙하고 마음씨도 착할뿐더러 두 번째로 결혼한 남편과 히메지 성에서 다복하게 잘 살다가 남편인 혼다 다다도키本多忠刻가 죽자 절에 들어가 여승이 된 후에 깨끗하게 삶을 마감했다는 이야기가 전해 내려오고 있어. 그런걸 보면 백말 띠의 속설은 일본에서도 근거 없는 것이라고 할 수 밖에… 참고로 조선에서는 경오庚午년생이 백말 띠이고 일본에서는 병오丙午년생이 백말 띠라 해. 그러니 더욱 근거가 없는 속설인거지. 이상! 끝.

모두 해산!

40) 이와 비슷한 이야기는 소설과 연극의 소재로 자주 등장한다. 사랑으로 일생을 망친 여자의 전형적인 모델이라고 하는 야오야 오시치八百屋おㄴ. 1682년 큰 화재가 있었을 때 가족 모두가 절로 피신을 했고 이때 16세였던 오시치는 그곳에서 동년배의 미소년을 만나 사랑에 빠진다. 하지만 집이 새로 지어져 이사를 하게 되고 만나게 되지 못하자 또 화재가 나면 만날 수 있을 것이라고 생각하여 불을 지르다 붙잡혀 화형을 당하게 된다. 이하라 사이가쿠井原西鶴의 『호색일대여好色一代女』를 비롯하여 각종 소설이나 연극 소재가 된 유명한 이야기로 오시치는 화형에 처해지고 상대 남자는 자결을 하려다 실패한 후 절에 들어가 서운西運이라는 스님이 되었다는 스토리. 오시치가 백말 띠 태생이라고 하여 비운의 여성을 상징하게 되었다.

〈참고문헌〉

『고대조선과 일본문화』김달수 고단사
『나가사키 부라부라부시』나카니시 레이 분게이 쥬사
『도요토미히데요시』시마오카 아키라 세비토출판사
『무사도』니토베 이나조 고단사
『백제화원』우타 노부오 긴다이분게이사
『비고 일본소묘집』시미즈 이사오 이와나미 문고
『성풍속사전』나가노 에이조 케이유사
『역사독본』(5권부터 10권)진부쓰오라이 출판사
『역사와 인물』츄오코론사
『역사 의외의 결말』니혼하쿠가쿠클럽 PHP 문고
『일본고대사와 조선』김달수 고단사
『일본문화와 정신구조』아이자와 시즈오 타이요출판
『일본사〈시초〉사전』이즈미 히데키 PHP 문고
『일본성씨대사전』호분칸
『일본전국성씨』니홍고캉가에루카이 가도가와서점
『입욕·목욕탕의 역사』나가노 에이조 유잔가꾸출판
『잡학 재미있는 백과』(1권부터 10권) 가도가와 문고
『잡학대왕』일본잡학연구회 츄케이출판사
『조선민예론집』아사가와 타쿠미 이와나미 문고
『조선통신사-살아있는 일본이야기』진 병팔 청년정신
『조일전쟁』백 지원 진명출판사

『축소지향의 일본인』이어령 고려원

『한국인의 일본사』정혜선 현암사

『헤이안 일본』모로 미야 일빛

『호포기』미야모토 도쿠조 신쵸사